U0599457

应用型系列法学教材

# 法律文书写作

## 第二版

主　编　叶　秀

副主编　郭艳东　杨春梅　张鹏飞

WUHAN UNIVERSITY PRESS
武汉大学出版社

图书在版编目(CIP)数据

法律文书写作／叶秀主编． -- 2 版． -- 武汉 ：武汉大学出版社，
2025.2(2025.9 重印)． -- 应用型系列法学教材． -- ISBN 978-7-307-24889-2

Ⅰ. D926.13

中国国家版本馆 CIP 数据核字第 2025G4H177 号

责任编辑:李彤彤　　　责任校对:鄢春梅　　　版式设计:马　佳

出版发行:**武汉大学出版社**　　(430072　武昌　珞珈山)

(电子邮箱:cbs22@ whu.edu.cn 网址:www.wdp.com.cn)

印刷:武汉邮科印务有限公司

开本:787×1092　　1/16　　印张:18　　字数:421 千字　　插页:1

版次:2012 年 4 月第 1 版　　　2025 年 2 月第 2 版

2025 年 9 月第 2 版第 2 次印刷

ISBN 978-7-307-24889-2　　　定价:58.00 元

# 前　　言

为全面贯彻落实党的二十大精神，深入学习贯彻习近平法治思想，推动"八五"普法规划落实，推进中国式现代化法治保障建设，本书的撰写具有鲜明的时代特征和现实意义。

法律文书写作课程主要面向全国应用型大学法学专业学生开设，在学习法学基础理论后，结合各部门法知识，学会根据法律事实，准确适用法律，将所学的知识运用到法律实践活动中，能够写作合法合规的高质量法律文书。掌握法律文书写作是法律职业工作者基本的职业技能，本书为学生和法律职业工作者提供了法律文书写作的基本规范和要求，适用对象广泛。

本书旨在使学习者在法律文书写作知识上有所积淀，理解司法实务中依法写作主要法律文书的结构及要求，掌握法律文书写作规律，培养具备专业法律文书写作技能的能力。在编写过程中，本书不宜将种类繁多的法律文书逐一讲解，由此，我们主要选取了司法实务中常见的若干重点法律文书的写作样式和范例，凸显实用性。

就编写体例而言，本书以司法实践部门、机构的法律文书的基本种类为主线，分为九章，第一章是总论，第二章至第九章是具体类型的法律文书的写作论述，包括公安机关法律文书、人民检察院法律文书、人民法院刑事法律文书、人民法院民事法律文书、人民法院行政法律文书、商事仲裁法律文书、公证法律文书、律师实务文书，突出重点法律文书写作种类。在章节编排上，侧重于论述写作要点、样式和范例，这也是本书的实践性特点，达到实操性和应用性，与应用型大学的人才培养定位、要求相一致。

本书由叶秀担任主编，郭艳东、杨春梅、张鹏飞担任副主编。参加本书编写工作的有叶秀、郭艳东、杨春梅、罗靖仪、黄裕婕、欧俊杰、刘炫廷、吴哲冕（排名不分先后，下同），作者单位为广州新华学院、五邑大学、广东警官学院等。

本书的编写时间紧急，任务量大，编者们均付出了很多心力，受编者水平的限制，本书仍存在可商榷之处，欢迎各位读者批评指正，向我们提出宝贵意见，在此不胜感激！

编　者

2024 年 1 月 10 日

# 目　　录

# 第一章  总  论

**【导语】**

　　法律文书写作是法科学生必修的一门具有实践性和应用性的基础课程。法律文书通常有广义和狭义之分，本书选狭义之说。本章为总论部分，系本书开篇之作，主要讲述法律文书的概念、特点、种类、写作基本要求和写作的语言表达等内容。

**【本章要求】**

　　了解法律文书的分类，掌握法律文书的概念和特点、法律文书写作的基本要求、法律文书的语言表达。

## 第一节　法律文书的概念和特点

### 一、法律文书的概念

　　"法律文书"一词，有广义和狭义之分。广义的法律文书，泛指一切涉及法律内容的文书，即包括狭义的法律文书在内的规范性文件和非规范性文件，规范性文件主要指由国家机关制定和发布、具有普遍约束力的规范性法律文件。①

　　狭义的法律文书，则指仅对特定对象具有约束力的非规范性文件，是由依法行使侦查、检察、审判、公证、仲裁等职能的机关和部门以及案件当事人及其代理人、辩护人等，在进行诉讼和非诉讼法律活动中，依法制作或使用的具有法律效力或法律意义的文书的总称。狭义的法律文书既包括公安机关、人民检察院、人民法院、公证机构和仲裁机构等机关依法制作和使用的法律文书，还包括案件当事人及其代理人、辩护人等依法制作和使用的法律文书。本书所称法律文书，仅指狭义意义上的法律文书。

### 二、法律文书的主要特点

#### (一)制作主体的特定性

　　法律文书的制作主体具有特定性，即指在诉讼和非诉讼活动中主要行使侦查、检察、审判、公证、仲裁等职能的机关和部门，以及处理相关法律事务的案件当事人和代理人等。有权制作或使用法律文书的主体主要包括：侦查机关(包括行使侦查职能的公安机关、人民检察院、监察机关和国家安全机关，以及军队、监狱对其管辖案件进行侦查的部门)；人民检察院、人民法院等司法机关；公证机构、仲裁机构；诉讼或者非诉讼案件的

---

　　① 江逸清、陈方明、娄胜亚：《"法律文书"概念的探讨》，载《法学》1982 年第 7 期。

当事人，即案涉公民、法人或其他组织；案件当事人的代理人，即法定代理人、委托代理人和辩护人等。

**（二）文书内容的法定性**

法律文书是一种特殊的实用文书，文书内容的法定性是其本质特征。法律文书是为了解决法律实务问题而制作或使用的文书，其既要依照法律规定解决案件具体实体问题，又要遵循法律合乎各种诉讼和非诉讼案件的处理程序。实体的合法和程序的合法都是法律文书内容法定性的重要保证。

法律文书内容的法定性还表明其是具有法律效力或法律意义的文书。司法机关制作并生效的公诉书、裁定书或判决书等文书，对案件当事人具有法定约束力和强制执行力；而案件当事人及其代理人制作的起诉状、答辩状或合同等文书，虽无当然的法律效力，但具有确保法律正确实施的重要意义。

**（三）法律文书的时间性**

法律文书多因诉讼活动而产生，为了兼顾实体正义与程序正义，诉讼活动有着期日、期间的严格要求，对于哪一诉讼环节应由哪一主体制作何种文书均有相应规定，因此法律文书也体现出很强的时限性和时效性，制作法律文书应及时。以刑事诉讼程序为例，从案件的立案、侦查、移送起诉、审查起诉直至最后的审判、执行，各环节均要求文书制作主体及时制作并送达相关法律文书。如涉及人民检察院通知公安机关立案的，《公安机关办理刑事案件程序规定》第一百八十二条①规定，公安机关应当在收到通知书后 15 日以内制作立案决定书，并将立案决定书复印件送达人民检察院；对于公安机关移送起诉的案件，根据《刑事诉讼法》第一百七十二条②和第一百七十六条③规定，人民检察院应当在 1 个月内作出决定并制作公诉书。在律师代理委托人进行诉讼时，民事起诉状和答辩状等法律文书的制作和送达也具有时间性。即使在非诉讼活动中，尽职调查报告的制作、合同类文书的签订和生效等也体现着时间性。

---

① 《公安机关办理刑事案件程序规定》（公安部令第 159 号）第一百八十二条："对人民检察院要求说明不立案理由的案件，公安机关应当在收到通知书后七日以内，对不立案的情况、依据和理由作出书面说明，回复人民检察院。公安机关作出立案决定的，应当将立案决定书复印件送达人民检察院。

人民检察院通知公安机关立案的，公安机关应当在收到通知书后十五日以内立案，并将立案决定书复印件送达人民检察院。"

② 《中华人民共和国刑事诉讼法》第一百七十二条："人民检察院对于监察机关、公安机关移送起诉的案件，应当在一个月以内作出决定，重大、复杂的案件，可以延长十五日；犯罪嫌疑人认罪认罚，符合速裁程序适用条件的，应当在十日以内作出决定，对可能判处的有期徒刑超过一年的，可以延长至十五日。

人民检察院审查起诉的案件，改变管辖的，从改变后的人民检察院收到案件之日起计算审查起诉期限。"

③ 《中华人民共和国刑事诉讼法》第一百七十六条："人民检察院认为犯罪嫌疑人的犯罪事实已经查清，证据确实、充分，依法应当追究刑事责任的，应当作出起诉决定，按照审判管辖的规定，向人民法院提起公诉，并将案卷材料、证据移送人民法院。

犯罪嫌疑人认罪认罚的，人民检察院应当就主刑、附加刑、是否适用缓刑等提出量刑建议，并随案移送认罪认罚具结书等材料。"

### (四)文书形式的规范性

法律文书通过长期实践的不断创造和改进,逐渐形成了相对固定的结构,一篇法律文书的基本要素主要由标题、正文、落款三部分组成,除了表格类、笔录类文书外,法律文书通常需要包含制作机关、文书名称、案号、当事人的基本情况、案件事实、审理过程、法律依据、法律结论、署名和成文日期等部分。

为提高法律文书质量,确保文书撰写做到格式统一、要素齐全、结构完整,各司法机关和部门相继制定了文书制作规范和文书统一样式。如,公安部于 2012 年出台了《公安机关刑事法律文书式样(2012 年版)》,并在《关于修改和补充部分刑事法律文书式样的通知》(公法制〔2020〕1009 号)中对《犯罪嫌疑人诉讼权利义务告知书》《被害人诉讼权利义务告知书》《证人诉讼权利义务告知书》《提请批准逮捕书》《起诉意见书》《扣押清单》《查封/解除查封清单》7 个法律文书样式进行了修改,补充了《准许被取保候审人离开所居市县决定书》《准予补充鉴定/重新鉴定决定书》《不准予补充鉴定/重新鉴定决定书》3 个法律文书样式;最高人民检察院于 2020 年 1 月 15 日印发《人民检察院刑事诉讼法律文书格式样本(2020 年版)》,并于同年 5 月 20 日印发《人民检察院工作文书格式样本(2020 年版)》,又于 2021 年印发《人民检察院公益诉讼法律文书格式样本(2021 年版)》;最高人民法院于 2015 年制定和发布《行政诉讼文书样式(试行)》,于 2016 年制定和发布《人民法院民事裁判文书制作规范》《民事诉讼文书样式》,又于 2020 年制定和发布《公益诉讼文书样式(试行)》;国家市场监督管理总局于 2022 年正式上线全国合同示范文本库,依据《中华人民共和国民法典》第四百七十条第二款规定,当事人可以参照各类合同的示范文本订立合同。

最高人民检察院于 2017 年在《关于加强检察法律文书说理工作的意见(试行)》的基础上,修订并发布了《关于加强检察法律文书说理工作的意见》;而 2015 年起最高人民法院陆续公布了《关于人民法院案件案号的若干规定》《人民法院案件类型及其代字标准》《各级法院代字表》《关于在同一案件多个裁判文书上规范使用案号有关事项的通知》《关于加强和规范裁判文书释法说理的指导意见》等。以上文书制作规范和文书统一样式的出台,使得法律文书逐渐规范化,既为法律实务工作者和当事人提供必要指引,又保证了法律文书制作的完整性、权威性、科学性、规范性。

## 第二节　法律文书的分类

### 一、依法律活动进行分类

法律文书的种类繁多,依文书涉及的不同法律活动进行划分,可以将法律文书大体分为诉讼类法律文书和非诉讼类法律文书。

### (一)诉讼类法律文书

诉讼类法律文书,是指涉及诉讼程序的、具有法律意义的文书,既包括由国家司法机关在刑事诉讼、民事诉讼、行政诉讼过程中制作和使用的文书,还包括由诉讼当事人及其代理人制作的诉状类文书。

### (二)非诉讼类法律文书

非诉讼类法律文书，是指不涉及诉讼程序的法律事务，即当事人之间存在争议、但不具备诉讼要件，或虽具备诉讼要件、但当事人之间不通过诉讼程序解决，在处理此类法律事务过程中制作和使用的文书。非诉讼类法律文书既包括合同协议类文书，律师函、法律意见书、尽职调查报告等主要由律师出具的非诉讼类文书，还包括公证书、仲裁裁决书等其他非诉讼类法律文书。

## 二、依文书的制作主体分类

法是以国家强制力为后盾，通过法律程序保证实施的社会规范。国家强制力即军队、警察、法庭、监狱等机关，法律程序即立法程序、行政程序、审判程序、调解与仲裁程序等。在诉讼或非诉讼法律活动中，各机关依照法定程序各司其职，公安机关是行政执法机关和刑事执法机关，在刑事执法中负责刑事案件的侦查、拘留、执行逮捕等，人民检察院是法律监督机关，人民法院是审判机关，由于职能不同，因而制作或使用的法律文书的种类也不同。本书即是依据文书的制作主体划分类别，对公安机关、人民检察院、人民法院、公证机关、仲裁机关及律师实务中制作或使用的法律文书进行重点介绍。

### (一)公安机关的法律文书

公安机关制作和使用的文书：受案登记表、受案回执、呈请立案报告书、刑事立案决定书、刑事不予立案通知书、取保候审决定书、取保候审执行通知书、监视居住决定书、监视居住执行通知书、撤销监视居住决定书、传唤通知书、拘传通知书、拘留证、提请批准逮捕书、逮捕通知书、讯问笔录、询问笔录、犯罪嫌疑人诉讼权利义务告知书、被害人诉讼权利义务告知书、证人诉讼权利义务告知书、现场勘查笔录、检验笔录、搜查笔录、查封笔录、扣押笔录、辨认笔录、查封决定书、扣押决定书、协助查询财产通知书、鉴定意见通知书、撤销案件决定书、终止侦查决定书、起诉意见书、通缉令等。

### (二)人民检察院的法律文书

人民检察院制作和使用的文书：补充侦查意见书、起诉书、不起诉决定书、抗诉书、补充侦查提纲、量刑建议书、检察建议书、批准逮捕决定书、不批准逮捕决定书等。

### (三)人民法院的法律文书

人民法院制作和使用的文书：立案通知书、应诉通知书、出庭通知书、法庭笔录、评议笔录、宣判笔录、裁定书、判决书、调解书、决定书、执行通知书、审结报告、死刑案件综合报告、执行死刑案件情况报告等。

### (四)公证机构的法律文书

公证机构制作和使用的文书：公证申请书、调查笔录、公证审批表、公证书、拒绝公证通知书等。

### (五)仲裁机构的法律文书

仲裁机构制作和使用的文书：仲裁协议书、仲裁申请书、仲裁答辩书、仲裁反请求书、指定仲裁员函、仲裁回避申请书、仲裁裁决书、仲裁保全措施申请书、仲裁调解书、撤销仲裁裁决申请书、执行仲裁裁决申请书等。

### (六)律师实务文书

案件当事人和律师及律师组织自书或代书的文书:主要为诉讼类文书与非诉讼类文书,前者如刑事自诉状、刑事附带民事起诉状、民事起诉状、行政起诉状、民事答辩状、行政答辩状、刑事反诉状、民事反诉状、刑事上诉状、民事上诉状、行政上诉状、刑事申诉状、行政申诉状、民事再审申请书、行政复议申请书,后者如律师函、法律意见书、律师见证书、尽职调查报告、执行类法律文书、合同的草拟与审查(如买卖合同、租赁合同、借款合同等)等。

## 三、依文书的文种分类

### (一)报告类文书

报告一般适用于汇报工作、反映情况、提出建议、答复上级机关询问等。在法律活动中,此类文书通常是公安机关内部、人民法院内部以及法院系统内部在办理案件中使用。如:公安机关侦破报告、刑事案件立案报告书、破案报告、呈请刑事拘留报告书、呈请逮捕报告书、预审终结报告、补充侦查报告书、人民法院审结报告、人民法院死刑案件综合报告、复核死刑、死缓案件审结报告、人民法院执行死刑情况报告等。

### (二)诉状类文书

诉状类文书是人民检察院代表国家行使侦查、公诉和法律监督职权或公民、法人和其他组织在刑事、民事及行政诉讼中用以维护自身合法权益、行使诉讼权利的法律文书。如:公诉意见书、起诉书、不起诉决定书、起诉状、反诉状、自诉状、上诉状、答辩状、申诉状、抗诉书等。

### (三)决定类文书

"决定"一般适用于决策机关作出重要决策、部署重要工作、奖惩有关单位和人员等。在法律活动中,此类文书通常是公安机关、人民检察院、人民法院等机关依法所作的权威判定,一旦作出决定,有关组织和个人必须依照执行。如:拘留决定书、解除拘留审查决定书、取保候审决定书、撤销案件决定书、终止案件调查决定书、补充侦查决定书、批准逮捕决定书、逮捕决定书、不起诉决定书、酌情不起诉决定书、存疑不起诉决定书、复议决定书、刑事决定书、民事决定书、行政决定书、执行决定书、公证决定书等。

### (四)裁判类文书

裁判类文书,是指各级人民法院代表国家行使审判权,依法对其所管辖案件的实体问题或程序问题作书面决定时制作和使用的法律文书。如:根据文种不同,可划分为判决书、裁定书和调解书;按照案件性质的不同,可划分为民事判决书、刑事判决书、行政判决书、刑事附带民事判决书、民事裁定书、刑事裁定书、行政裁定书等;根据适用程序的不同,可划分为第一审程序裁判文书、第二审程序裁判文书、审判监督程序裁判文书等。

### (五)笔录类文书

笔录类文书是如实反映和记载侦查、起诉、审判各种诉讼活动的重要阶段和实际情况的法律文书。如:讯问笔录、勘查笔录、尸体检验笔录、侦查实验笔录、搜查笔录、法庭笔录、评议笔录、宣判笔录等。

**(六)调解类文书**

调解类文书,是指当事人发生纠纷,在适用于调解的情况下进行诉前调解或诉讼调解过程中制作或使用的法律文书。如:调解协议、调解笔录、民事调解书、行政调解书、刑事附带民事调解书、仲裁调解书等。

**(七)通知类文书**

通知类文书,是指司法机关就案件的某一特定事项和要求,告知有关机关和人员所制作和使用的法律文书。如:传唤通知书、拘传通知书、拘留通知书、对被捕人家属通知书、执行通知书、要求说明不立案理由通知书、通知立案书、通知撤销案件书、受理案件通知书、应诉通知书、参加诉讼通知书、合议庭组成人员通知书、简易程序审理通知书等。

## 四、依文书的形式分类

依文书的形式分类,可分为以下几类:

**(一)叙述性文书**

叙述式又称为书写式,此类文书必须根据案情详细叙述事实,充分论证理由。叙述性文书应严格释法说理。如:起诉意见书、起诉书、判决书等。

**(二)表格式文书**

表格式文书以表格的形式存在,只有少量的事项需要留出空格予以填写,要填充的项目明确且固定,无须详细地叙述和说理。如:受案登记表、罪犯入监登记表、公证审批表等。

**(三)填空式文书**

填空式文书的内容结构比较单一,大部分的文字事先已打印好,制作者只需在空白处按要求填写好。如:通缉令、批准逮捕决定书等。

**(四)笔录式文书**

笔录式文书只打印出笔录头,其余均为空白横格,文书正文部分只如实记录问答内容。如:讯问笔录、现场勘查笔录、法庭笔录、评议笔录等。

# 第三节 法律文书写作的基本要求

中国共产党第二十次全国代表大会强调坚持全面依法治国,推进法治中国建设。"坚持依法治国、依法执政、依法行政共同推进,法治国家、法治政府、法治社会一体建设"是习近平法治思想的核心要义"十一个坚持"之一。法治进入历史新时期,为更好地推进法治中国建设,法律文书写作必须注重法律思维和法治思维的运用,符合写作基本要求。法律文书写作的基本要求可以归纳为"合用""合体"及"合理"。

## 一、"合用"——符合文书应用情境

法律文书的写作应当联系实际,做好写作前的准备工作。制作主体在写作前应搜集、整理材料,确定写作立场和写作主旨,使制作的法律文书符合应用情境。

**(一)明确文书写作的立场**

无论是何种法律文书,均是由不同制作主体围绕案件事实和法律规定而制作和使用的。因此，判断法律文书是否符合应用情境，首先与制作主体的立场有关。法律事实永远小于案件客观事实，故对同一案件客观事实，原被告当事人由于不同立场，在起诉状和答辩状主张认定的法律事实可能不尽相同。而居于公正、中立地位的法官，也会由于刑事、民事和行政不同性质案件审判中的裁判逻辑思维不同，而在制作裁判文书时释法说理的侧重点不同。在刑事案件裁判中，刑事法官审判要严格遵循罪刑法定原则，法无明文规定不为罪、法无明文规定不处罚，法官适用最严格的证明标准和证据规则，因此刑事法官是"法官找法"，保证无罪的人不受刑法追究。在民事案件裁判中，强调意思自治及对于弱者的特殊保护，同时，趋于对和谐社会的追求，更加强调调解的作用，因此民事法官一定程度上追求"法官造法"，处理纠纷时要特别注重实质公平。在行政案件裁判中，应遵循合法性审查的思维，既需要审查行政行为的合法性，也可能需要审查行政行为法律依据的合法性，因此又被概括为"法官依法"。①

**（二）明确文书写作的主旨**

写作的主旨，是作者在文书中所表现的写作目的和主张。法律文书是用于解决诉讼或非诉讼活动中法律问题的一类文书，制作者应有明确的制作目的和对待解决的法律问题的主张。因此，判断制作和使用的法律文书是否符合应用情境，还需结合法律文书的制作主体、文种、文书形式及应用目的进行综合判断。例如，《刑事诉讼法》第九十一条第一款规定："公安机关对被拘留的人，认为需要逮捕的，应当在拘留后的三日以内，提请人民检察院审查批准。"该规定明确了公安机关为防止犯罪嫌疑人实施妨碍刑事诉讼的行为，认为符合法定逮捕条件②时，应当制作《提前批准逮捕书》。《刑事诉讼法》第九十一条第三款规定："人民检察院应当自接到公安机关提请批准逮捕书后的七日以内，作出批准逮捕或者不批准逮捕的决定。人民检察院不批准逮捕的，公安机关应当在接到通知后立即释放，并且将执行情况及时通知人民检察院。对于需要继续侦查，并且符合取保候审、监视居住条件的，依法取保候审或者监视居住。"该规定明确了人民检察院对于公安机关移送要求审查批准逮捕的案件，人民检察院有批准权，并应当制作《批准逮捕决定书》或《不批准逮捕决定书》。③ 上述规定明确了在刑事案件中，人民检察院对公安机关提请批准逮捕

---

① 王道玮：《裁判文书语言与说理》，人民法院出版社 2022 年版，第 118~123 页。

② 《中华人民共和国刑事诉讼法》第八十一条第一款规定："对有证据证明有犯罪事实，可能判处徒刑以上刑罚的犯罪嫌疑人、被告人，采取保候审尚不足以防止发生下列社会危险性的，应当予以逮捕：（一）可能实施新的犯罪的；（二）有危害国家安全、公共安全或者社会秩序的现实危险的；（三）可能毁灭、伪造证据，干扰证人作证或者串供的；（四）可能对被害人、举报人、控告人实施打击报复的；（五）企图自杀或者逃跑的。"

③ 《中华人民共和国刑事诉讼法》第九十一条："公安机关对被拘留的人，认为需要逮捕的，应当在拘留后的三日以内，提请人民检察院审查批准。在特殊情况下，提请审查批准的时间可以延长一日至四日。

对于流窜作案、多次作案、结伙作案的重大嫌疑分子，提请审查批准的时间可以延长至三十日。

人民检察院应当自接到公安机关提请批准逮捕书后的七日以内，作出批准逮捕或者不批准逮捕的决定。人民检察院不批准逮捕的，公安机关应当在接到通知后立即释放，并且将执行情况及时通知人民检察院。对于需要继续侦查，并且符合取保候审、监视居住条件的，依法取保候审或者监视居住。"

这一情形中制作和使用的法律文书。从上述规定可以看出，公安机关在制作《提前批准逮捕书》时，应已查明案情、有确切证据、确定案件性质，根据具体案情适用法律，批捕文书的制作目的是防止案涉犯罪嫌疑人实施妨碍刑事诉讼的行为，进而提出批准逮捕的主张。同样地，人民检察院在接到公安机关提前批准逮捕书后应当做好审查工作，对符合或不符合逮捕条件的，分别作出批准逮捕或不批准逮捕决定的文书。

## 二、"合体"——规范文书结构和格式

法律文书写作应当遵循文书制作规范，既具备文书的基本结构要素，又符合文书制作的格式要求。近年来最高人民法院、最高人民检察院、公安部、司法部陆续公布的诉讼文书样式，法律文书的统一化、规范化表明，一份法律文书质量高低、优劣与否，成为国家法律能否得到充分执行、国家意志能否得到贯彻的重要标准之一。

### (一)法律文书的基本结构

除少部分文书外，绝大多数的法律文书都有高度规范的结构。以人民法院的判决书为例，一篇法律文书主要由首部、正文、尾部三部分组成。

1. 首部

首部包括文书标题即法院名称、文书名称，以及案号。

2. 正文

正文包括当事人的基本情况、事实、理由、裁判依据、裁判主文、尾部。首部包括诉讼参加人及其基本情况、案件由来和审理经过等；事实包括当事人的诉讼请求、事实和理由，人民法院认定的证据及事实；理由是根据认定的案件事实和法律依据，对当事人的诉讼请求是否成立进行分析评述，阐明理由；裁判依据是人民法院作出裁判所依据的实体法和程序法条文；裁判主文是人民法院对案件实体、程序问题作出的明确、具体、完整的处理决定。

3. 尾部

尾部包括诉讼费用负担和告知事项、署名和日期。

除了表格类、笔录类文书外，法律文书通常均需包含上述各部分。

### (二)法律文书的基本格式

除了文书的基本结构外，法律文书从纸张质量到规格尺寸都有统一规定，以保证文书制作的整齐划一，统一归档标准，庄重严肃。2016年制定和发布的《人民法院民事裁判文书制作规范》规定了关于裁判文书的要素和文书格式、标点符号、数字使用、印刷规范等技术化标准。其中，要求纸张标准为A4型纸，成品幅面尺寸为210mm×297mm，版心尺寸为156mm×225mm。标题中的法院名称和文书名称一般用二号小标宋体字；标题中的法院名称与文书名称分两行排列；案号之后空两个汉字空格至行末端；案号、主文等用三号仿宋_GB2312字体。一般每面排22行，每行排28个字；采用双面印刷，单页页码居右，双页页码居左；标题位于版心下空两行，居中排布；排版后所剩空白处不能容下印章时，不能用"此页无正文"的方法解决，适当调整行距、字距即可；审判长、审判员每个字之间空两个汉字空格，审判长、审判员与姓名之间空三个汉字空格，姓名之后空两个汉字空格至行末端；印制的文书封面也分别对国徽图案尺寸、标题中法院名称的字体、裁判文

书名称的字体大小有规范要求。

## 三、"合理"——遵循法律逻辑

"合理",即法律文书写作应符合法律逻辑,以事实为依据,以法律为准绳。而法律逻辑既需要遵循逻辑的基本规律,又需要捍卫法律、尊重事实,思考法律规范与法律事实之间的关系,实现法律之逻辑的正当性。法律文书制作注重法律思维的运用,决定了客观地认定事实、准确地适用法律同样也是法律文书制作的基本要求。2018 年最高人民法院印发《关于加强和规范裁判文书释法说理的指导意见》中就提到,为进一步提高释法说理水平和裁判文书质量,裁判文书要释明法理,说明裁判所依据的法律规范以及适用法律规范的理由;要讲明情理,体现法理情相协调,符合社会主流价值观;要讲究文理,语言规范,表达准确,逻辑清晰,合理运用说理技巧,增强说理效果。

### (一)以事实为依据,事实"涵摄"于规范之中

客观事实一旦进入法律程序,就意味着这些事实受到法律规范的制约,成为案件事实,案件事实的认定是法律文书的重要组成部分,也是运用法律思维进行推理论证的核心内容之一。如刑事案件的法律文书是要依据被告人的犯罪事实作出罪名成立与否的论证,民事案件的法律文书是要依据原、被告民事纠纷的争议事实作出认定的论证。因而,在制作法律文书中应注重对案件事实的认定和解释,认定和解释案件事实包括三个方面:

1. 客观地反映案件事实

任何一个客观存在的事实都不可能完整地保存下来,即案件事实有可能与客观事实不相符合,甚至出现相悖的情况,① 但作为具有结论性的法律文书应准确客观地反映案件事实。只有全面客观地认定犯罪事实和有关事实,法律文书所作出的结论才有坚实基础,如果在认定事实上失去客观性,必然不能准确恰当地执行法律,法律的权威性将遭到破坏。因此,只有当文书的制作者对案件整体信息、法律关系构成、权利义务内容等情况与客观事实相符时,才能写入法律文书中,切忌随个人的主观猜测而模糊案件事实,任何凭空、虚妄、缺乏根据的情况,都不应列入。

2. 全面地阐述案件事实

案件事实既包括实体法事实,也包括程序法事实。对案件事实的全面阐述有利于准确、及时地查明案件真相,得出充分、合理的法律结论。以刑事诉讼案件为例,实体法事实既包括犯罪主体、犯罪客体等与犯罪构成要件有关的事实,也包括未遂、既遂、是否累犯、犯罪动机、手段恶劣程度等影响量刑轻重的事实情节,更包括排除行为违法性和可罚性的事实,以及犯罪嫌疑人或被告人的姓名、年龄、文化程度等个人情况,等等。程序法事实则包括应否审理和管辖的事实、申请回避的事实、采取人身强制措施、强制性侦查措施、取证合法性事实,等等。特别是对于数罪并罚的被告人的案件事实、刑事附带民事案件的案件事实,每一个被告人的犯罪情况、每一种行为应承担的刑事责任、被告人是怎样造成以及造成多少物质损失等对定罪量刑具有法律意义的事实,在法律文书写作中都应支

---

① 陈金钊、熊明辉主编:《法律逻辑学》(第三版),中国人民大学出版社 2022 年版,第 210页。

分节解地进行梳理。

**3. 准确地表达规范性事实**

法律文书写作需要全面阐述案件事实，但绝不是巨细无遗地叙写所有事实，而是要将根据法律规范进行衡量，即将目光来回穿梭于规范与事实之间，进而将案件事实"涵摄"于法律规范，准确地表达规范性事实。① 这就要求写作者熟悉法律的构成要素以及法条中的判断准则，对案件事实是否属于法律的调整范围、案件事实应该划归于哪一法律部门调整、案件事实在具体部门法中应当如何具体归类与涵摄等问题具有清晰地认识，并在法律文书中准确地表达规范性事实。以一公司雇佣员工李某在工作过程中，被同公司的另一名员工刘某殴打受伤为例，李某被刘某殴打受伤而非自伤，当然属于法律的调整范围，该伤害可能属于民法上的"人身损害"或"工伤"，此时李某可选择依据《中华人民共和国民法典》中的人身损害赔偿规定或精神损害赔偿规定去请求相应赔偿，李某也可选择适用工伤的原理进行工伤申报与鉴定，无论作何选择，李某在其书写或者代写的法律文书中都应将其受伤的案件事实"涵摄"于相关法律规范，才可能获得法官的支持。

**（二）以法律为准绳，法律充分支持逻辑推断**

法律文书写作应以法律为准绳，是指法律有明文规定的，我们在制作法律文书时必须严格遵守。如，什么程序下的法律文书必须由哪个法律机关或人员进行制作；什么样的事实内容和案件情况必须采用哪种法律文书的体裁和格式表达；什么类型的法律文书必须由哪个法律机关或领导进行审查批准、应经过哪些法律手续才能生效等，都应依法进行。

法律文书写作应以法律为准绳还强调法律思维的运用，法律文书写作的本质即是运用法律思维进行法律论证。法律论证既包括立法论证，又包括司法论证，法律文书写作中的论证主要是指司法论证，即根据法律规范判定案件的法律关系和法律责任的论证，这里的司法论证既包含诉讼过程中的法律论证，也包含非诉讼（案件当事人自行进行法律活动或律师从事法律咨询服务等）过程中的论证。无论属于何种形式，法律文书写作均需严格依照法律规定、依法援引相应法律条文以充分论证事件性质。具体应遵循以下三点：

**1. 援引的法律应当与案件事实相关**

在法律论证中，首先需要考虑的是引用的法律与案件事实的相关性问题。程序法事实的认定要以程序法为依据，实体法事实的认定则要以实体法为依据。例如，认定犯罪嫌疑人的故意杀人的犯罪行为依法应当提起公诉追究其刑事责任的，应援引《刑事诉讼法》第一百七十六条②的规定；而在认定事实的基础上作出被告人应当以故意杀人罪追究刑事责任的判断时，应援引《中华人民共和国刑法》第二百三十二条③的规定。

---

① 王泽鉴：《民法总则》，北京大学出版社 2009 年版，第 39 页。

② 《中华人民共和国刑事诉讼法》第一百七十六条："人民检察院认为犯罪嫌疑人的犯罪事实已经查清，证据确实、充分，依法应当追究刑事责任的，应当作出起诉决定，按照审判管辖的规定，向人民法院提起公诉，并将案卷材料、证据移送人民法院。

犯罪嫌疑人认罪认罚的，人民检察院应当就主刑、附加刑、是否适用缓刑等提出量刑建议，并随案移送认罪认罚具结书等材料。"

③ 《中华人民共和国刑法》第二百三十二条："故意杀人的，处死刑、无期徒刑或者十年以上有期徒刑；情节较轻的，处三年以上十年以下有期徒刑。"

2. 援引的法律条文应当全面、准确、具体

2009 年 10 月 26 日公布的《最高人民法院关于裁判文书引用法律、法规等规范性法律文件的规定》明确规定，人民法院的裁判文书应当依法引用相关法律、法规等规范性法律文件作为裁判依据，并对法律条文的援引作出规范。根据这一规定，在法律文书写作中援引的法律规定应当准确完整写明法律、法规、规章的名称和条款序号，所引法律的名称用全称加书名号；引用《中华人民共和国宪法》时，不用全称，也不加书名号，直接表述为"宪法"；需要引用具体条文的，应当整条引用，凡是律条之下有款、项者，均应引用到条下的款或项，不能只引到某条，并需要加注引号引用条文，只有这样才能表述准确和完整，充分地论证案件的性质、分清是非正误。在法律实务中，案件当事人或律师制作的法律文书在缺乏相应规定的情况下，也应注意规范援引。对于为追求行文的简洁，对法律、行政法规和司法解释等法律文件的名称使用简称的表述不合理、不得体及使用法律文件简称不当的问题，除参照适用司法机关的引用规范外，还应注意法律文件的简称应保留文件名称中的基本信息，并确保缩写后的主题词能够表达法律文件的基本内涵。如《最高人民法院关于适用〈中华人民共和国民法典〉有关担保制度的解释》，不宜简称《有关担保制度的解释》，而应保留民法典、担保制度、解释这几个体现该文件重要特征的基本信息，宜简称为《民法典担保制度解释》。

3. 援引的法律条文应当注意引用顺序

即在援引的法律文件或法律条文较多或存在冲突时，应有一个合理、科学的排列顺序或适用选择。并列引用多个规范性法律文件的，引用顺序如下：法律及法律解释、行政法规、地方性法规、自治条例或者单行条例、司法解释。同时引用两部以上法律的，应当先引用基本法律，后引用其他法律。引用包括实体法和程序法的，先引用实体法，后引用程序法。确需引用的规范性法律文件之间存在冲突，根据立法法等有关法律规定无法选择适用的，应当依法提请有决定权的机关作出裁决，不得自行在裁判文书中认定相关规范性法律文件的效力。

法律文书写作应"以事实为依据，以法律为准绳"，进行法律论证时应同时遵循同一律、不矛盾律、排中律和充足理由律等逻辑基本规律，符合从大前提、小前提、再到结论的三段论逻辑结构。

**（三）法律逻辑的正当性**

法律逻辑的正当性，还要求在法律文书写作中加入非形式逻辑的运用。法律实践中针对形式逻辑之下可能出现的利益冲突问题，主要适用利益衡量方法论，在法律文书写作中做到形式合法与实质合理的协同论证。"法律的生命不在于逻辑，而在于经验"[①]，要求我们把握好法理和情理的辩证统一。

例如，在北大方正公司、红楼研究所诉高术天力公司、高术公司计算机软件著作权侵权纠纷案中，由于涉及计算机软件著作权侵权隐蔽性强、取证难度大，原告安排其员工假扮普通消费者去购买被告的产品及被告提供的盗版软件，被告认为其是被"利诱陷害"

---

[①] 《把握好法理与情理的关系》，载中华人民共和国最高人民检察院网：https://www.spp.gov.cn/spp/zhuanlan/202011/t20201117_486344.shtml，最后访问日期：2024 年 1 月 21 日。

且原告进行的"陷阱取证"有违公平原则，破坏了市场秩序。关于该取证方式是否合法的问题，最高人民法院在判决书中进行了取证方式合法性判断的利益衡量，由于社会关系的广泛性和利益关系的复杂性，除另有明文规定外，法律对于违法行为不采取穷尽式的列举规定，而存在较多的空间根据利益衡量、价值取向来解决，故对于法律没有明文禁止的行为，主要根据该行为实质上的正当性进行判断。就本案而言，北大方正公司通过公证取证方式，不仅取得了高术天力公司现场安装盗版方正软件的证据，而且获取了其向其他客户销售盗版软件，实施同类侵权行为的证据和证据线索，其目的并无不正当性，其行为并未损害社会公共利益和他人合法权益。加之计算机软件著作权侵权行为具有隐蔽性较强、取证难度大等特点，采取该取证方式，有利于解决此类案件取证难问题，起到威慑和遏制侵权行为的作用，也符合依法加强知识产权保护的法律精神。①

可见，法律文书写作中的情理是在个案中进行的价值衡量，需要积累社会主义法治经验，结合历史环境、经济状况、价值观念等具体情形作出判断，对法律文书写作者的知识和素养提出很高的要求。

## 第四节 法律文书的语言表达

### 一、法律文书与语言的关系

法律文书，即是一种文书，通过书面语言来记录和传达的。与一般的文书不同，法律文书通常包含法律规范和对法律事实的评价，是一种具有法律效力或者法律意义的文书。因此，法律文书通过语言释法说理，对当事人送达与社会公开，能够体现法所具有的规范作用。尤其司法机关制作和送达的法律文书，一方面，既尊重当事人的正当权利，又规制了个体的法律行为，并对其行为作出评价和指引；另一方面，法律文书的适当公开也为社会公众对司法、执法进行监督提供了渠道，让公平正义以看得见的方式实现。

法律文书既可通过语言明确案件当事人身份，又可通过语言阐明对案件的来源和经过，还可通过语言记录查明的案件事实并进行说理论证，并通过语言传达案件的结论。以行政案件一审判决书文书样式规范要求为例。"原告是公民的，写明姓名、性别、出生年月日、居民身份证号码、民族和住址，居民的住址应写住所地，住所地和经常居住地不一致的，写经常居住地"，表明法律文书可以明确诉讼当事人身份；请求确认行政机关的行政行为违法或无效的，应在法律文书的审理经过和事实查明部分，阐明案由系行政机关的何种具体行政行为引发的诉讼，并重点论述该具体行政行为合法与否；最后基于法院根据案件的已有证据确定法律事实，结合相关法律依据，分析原告的请求是否成立，对该具体行政行为的合法性作出结论，视情况作出判决驳回原告诉讼请求，或责令行政机关重新作出处理，或判决该具体行政行为违法、撤销、重新作出的结论。

---

① 《北大方正公司、红楼研究所与高术天力公司、高术公司计算机软件著作权侵权纠纷案》，载中华人民共和国最高人民法院公报网：http：//gongbao.court.gov.cn/Details/fe5fd189833fdd797d0904b 69fd5ad.html，最后访问日期：2024 年 1 月 21 日。

## 二、法律文书的语言规范

语言，即语形、语义、语用，要真正规范表达一个语词和语句，还应当遵循语境规则。根据逻辑学基本规律，思维的逻辑性反映在语言的运用过程中，又具体体现在语言的语词、语字和语用上。

### （一）注意法律文书的语词规范

法律文书写作应该使用法律语言。而法律语言不仅应符合自然语言规则，还应特别注意对赋予了特别含义的法律概念、术语和语句的使用。最高人民法院曾指出，人民法院对于所适用的法律规范，一般按照其通常语义进行解释；有专业上的特殊含义的，该含义优先；语义不清楚或者有歧义的，可以根据上下文和立法宗旨、目的和原则等确定其含义。① 例如，"应当"和"必须"虽没有含义上的本质差别，但是在法律文书写作中强调义务性规范时，应该使用"应当"，而不用"必须"。再如，保全制度作为民事诉讼一项重要的法律制度，保全制度中的证据保全是指司法机关对有关证据依法收存和固定，与"保存"的含义不尽相同，不可混用。

### （二）注意法律文书的语字规范

清晰、正确地用字对于法律文书的规范非常重要。一些文字，或是由于他们的文法特征，又或是由于他们的语言习惯特征，在法律文书中经常出现错用的情况。常见的法律文书易错字有："其""故""了""的"等。以"其"字为例，"其"常见于用来代指前文表达、说明过的某个主体，在法律文书中使用可以有效减少对特定主体名称的重复表达，使法律文书行文更加简练。但是，"其"字在做代词时，既可以指代主动语态的主语者，也可以指代被动语态的接受者，若使用不当，容易犯指代不明的错误，使句子表意不清。例如：张三、李四二人多次就合同修改问题进行协商，其均不同意删除合同 5.2 条。在这个例句中，"其"字既可以代指主动语态的主语者即张三，又可以代指被动语态的接受者李四。读者无法明确知晓"其"字的指代对象，进而无法准确掌握本句所要表达的意思。此外，在日常写作中，"其"字很少置于句末，违背这一语言习惯，将使句子稍显别扭，进而不符合法律文书写作规范的要求。例如：被告人张三持木棍打其。这个例句中"其"字置于句末，违背语言习惯，使得整个句子有失正式、庄重之感，不符合法律文书写作规范的要求。

### （三）注意法律文书的语用规范

法律语言的使用是法律文书写作专业性、客观性、规范性、严谨性的体现，原则上应避免口语化的表达。例如：被告人凶残得很，竟然将被害人推到马路上，造成被告人被过往车辆碾压致重伤啊。这个例句中带着极为强烈的感情色彩，不符合裁判书客观、中立的要求。虽然法律文书原则上应避免形容词、语气词的使用，但对于一些当事人问答的笔录类文书，应用文字如实记载当事人的回答，可见，不同法律文书在格式和内容的表达上也有不同的要求。例如，表格类文书必须准确、严格地填写，使人一目了然；叙述类文书要

---

① 参见最高人民法院关于印发《关于审理行政案件适用法律规范问题的座谈会纪要》的通知（法〔2004〕96号）。

运用陈述句，逻辑准确地叙述客观事实；笔录类文书则虽存在口语风格的书面记录，但也需注意口头表达与书面记录的一致性。

### 三、法律文书的表达规范方法①

#### 一、叙述法

叙述一般用于对人物的经历、行为或事件的发生、发展、变化过程的表述。

法律文书中关于案情事实的叙述，由于文书主旨、案情事实的特点和性质不同，主要采取以下几种常用的叙述方式。

**（一）时间顺序法**

时间顺序法是最基本的叙述方法，常用于各类案件的案情叙述。即以时间为线索，按照案件的发生、发展、结果来叙述事实。以民事案件为例，法律文书通常按照时间先后顺序，围绕民事纠纷的产生、发展和结果来进行叙述。

**（二）事实分叙法**

事实分叙法适用于各类案件。特别是在民事诉讼中，法律规定判决书叙述案件事实，既要写"争议的事实和理由"，也要写"判决认定的事实"。一般先写争议事实，并与争议理由结合起来写，内容概括，文字简练；后写法律判决认定的事实，内容翔实，表述具体。

**（三）综合归纳法**

综合归纳法也叫概括叙述法，此方式一般不单独使用，而是配合各种具体叙述的方法使用。例如，一人多次犯罪案件及民事、经济、行政案件多用此法进行综合归纳、概括叙述。

**（四）突出主犯法**

突出主犯法强调在叙述多人一次犯一罪、多人一次犯多罪、多人多次犯一罪及多人多次犯多罪的刑事案件事实时，要突出主犯，先详写主犯的犯罪事实，再写从犯的犯罪事实。

**（五）突出主罪法**

突出主罪法是叙述共同犯罪案件事实的方法。此方法强调在一人多次犯一罪、一人多次犯多罪及多人多次犯多罪的刑事案件中突出主要犯罪事实。叙述案情打破自然顺序，先详写主罪事实，再略写次罪事实。

**（六）先总后分法**

先总后分法适用于案件比较复杂的共同犯罪案件。即先总括叙述多名被告人所犯的一种或多种共同犯罪的罪行事实，然后再按主犯、从犯的顺序，逐次分别叙述每名被告人各自所犯罪行。

---

① 冷罗生主编：《新编常用法律文书写作》（第3版），北京师范大学出版社2023年版，第13～17页。

## 二、议论法

议论，即是论证。它是作者通过事实材料和逻辑推理来表明自己观点的一种表达方式。论证是运用论据证明论点的过程，是将论点和论据联系起来，形成一个统一整体的方法。法律文书论证的方法灵活多样，主要有以下几种形式。

### （一）事实论证法

事实论证法是法律文书论证最基本、最重要的方法，即文书制作者将经过查证属实的事实列举出来，运用铁的事实说话，使论证具有不可辩驳的说服力。

### （二）法理论证法

法理论证法是运用法律规定和法学理论作为论据，以证实论点正确的一种立论方法。这种方法在抗诉、上诉、申诉等案件中使用得相当普遍。

### （三）因果论证法

因果论证法是利用因果的辩证关系进行论证的方法，是法律文书常用的论证方法。

### （四）反驳论点法

反驳论点法是针对对方错误的论点进行批驳，指出它是错误的、虚假的、不符合实际的，从而将它驳倒。

### （五）反驳论据法

反驳论据法是利用驳倒论据来推倒对方论点的方法。各类判决书理由的批驳部分，抗诉书、上诉书、答辩状、申诉状、辩诉词等文书的理由，都常用反驳论据法，或反驳其论据虚假，或批驳其论据不足。

### （六）反驳论证法

反驳论证法也是一种间接反驳手段。相比反驳论点和论据，反驳论证法重点分析对方论证方法中存在的逻辑错误，从而达到证实对方论点错误的目的。

## 三、说明法

说明的表述方法在法律文书中的应用非常广泛，通常涉及对人、现场及其他有关事项的说明。表格填写式的送达回证、传票等，几乎全部使用说明表达方法；判决书中关于处理决定的说明等，往往是穿插使用说明表达方法。法律文书中的说明应依法做到真实客观、言简意赅、言之有序。

例如，几乎所有法律文书都涉及对当事人情况的说明。当事人的基本情况包括当事人的姓名、出生年月日、民族、籍贯、住址，公司、团体全称和所在地址，法定代表人姓名、职务等。

又如，现场勘查笔录主要应说明以下内容：现场地点，即案发现场具体地点的名称；现场位置，如所在地点是室内，则要说明是楼房或平房、幢数、层数和具体房间；周围环境，如地形、道路、交通、建筑物等情况；现场状况和勘查发现情况，这是说明的重点，如室外出入口情况、室内布置情况、罪犯活动痕迹、现场保护情况等。而单项勘验如尸体检验、人身检查、物证检验、侦查实验等，都需单独制作笔录，其说明要求更加细致入微。

　　最后，在各类法律文书中，还有许多事项要使用说明的表述方法。例如，刑事判决书中正文部分判决结果的表述，尾部部分的上诉权、上诉期限和方式等都使用说明性的文字。

**【本章思考】**

　　1. 法律文书的主要特点是什么？

　　2. 法律文书写作中应注意什么？

　　3. 如何理解"将事实'涵摄'于规范之中"？

　　4. 如何理解法律文书语言表达的规范性？

# 第二章　公安机关法律文书

**【导语】**

　　本章主要讲述公安机关法律文书。就刑事案件而言，根据我国《刑事诉讼法》之规定，公安机关负责大多数公诉案件的刑事侦查工作，因此，公安机关法律文书也主要是公安机关在刑事案件侦查阶段进行一系列侦查措施所制作使用的法律文书。基于本章的体例与内容表达，本书此处使用"公安机关法律文书"的称法。本章主要围绕公安机关在刑事侦查过程中所运用到的一系列法律文书展开，以刑事立案法律文书、刑事强制措施法律文书、刑事侦查取证法律文书以及刑事侦查终结法律文书为类别论述。

**【本章要求】**

　　了解并掌握公安机关在侦查阶段进行一系列侦查措施时所制作使用的法律文书的概念、类型以及运用，重点是对提请逮捕书、起诉意见书以及其他文书的写作结构进行有效掌握。

## 第一节　公安机关法律文书概述

### 一、公安机关法律文书的概念

　　广义上的公安机关法律文书是指公安机关在办理违法犯罪案件过程中制作的一切法律文书，具体包括公安机关办理治安案件过程中制作的法律文书与办理刑事案件过程中制作的法律文书。狭义上的公安机关法律文书，是指公安机关在办理刑事案件过程中依法制作和使用的具有法律效力或法律意义的文书。本书仅研究狭义上的公安机关法律文书，即公安机关法律文书是公安机关在刑事案件的侦查程序中依法办案的客观记录和有力凭据。

### 二、公安机关法律文书的种类

#### （一）公安机关法律文书的理论分类

　　从学理角度对公安机关法律文书进行分类，可以将公安机关法律文书作不同的分类，下面阐述几种常见的理论分类：

　　1. 根据文书的写作方法不同，可以分为文字叙述式文书、填空式文书和表格式文书

　　（1）文字叙述式文书是文书格式中只规定了文书的基本要求，公安机关需采用叙述的方式详细记录事实、说明理由的文书，如起诉意见书。

　　（2）填空式文书是指文书中已规定了具体的内容，但预留了空格，公安机关需按照空格填写的文书，如立案决定书。

　　（3）表格式文书是指公安机关应按照表格的要求填写的，如接受刑事案件登记表。

2. 根据文书的种类不同，可分为决定类文书、通知类文书、审批类文书、笔录类文书和清单类文书

（1）决定类文书是公安机关依照刑法、刑事诉讼法对案件有关事实或者当事人的有关权利义务作出裁决时使用的文书，如刑事立案决定书、刑事拘留决定书等。

（2）通知类文书是指公安机关在刑事案件侦查阶段，需要将有关决定及一些事务性问题通知有关单位和当事人时使用的文书，如刑事立案通知书、刑事拘留通知书等。

（3）笔录类文书是指公安机关在调查取证过程中，对有关行为和结果予以记录和固定的文书，如询问笔录、讯问笔录等。

（4）清单类文书是指对办案过程中经手的物品、文件的流转过程进行记录的文书，如扣押清单等。

**（二）公安机关法律文书的法定分类**

为了贯彻修改后的《刑事诉讼法》和《公安机关办理刑事案件程序规定》，规范公安机关刑事执法活动，公安部于 2020 年对《公安机关刑事法律文书式样（2012 年版）》中的部分法律文书样式进行修改和补充。根据文书的功能与适用程序不同，将其分为 8 类：

（1）立案、管辖、回避类文书，包括受案登记表、受案回执、立案决定书、不予立案通知书、不立案理由说明书、指定管辖决定书、移送案件通知书、回避/驳回申请回避决定书 8 种；

（2）律师参与类文书，包括提供法律援助通知书、会见犯罪嫌疑人申请表、准予会见犯罪嫌疑人决定书/通知书、不准予会见犯罪嫌疑人决定书等共 5 种；

（3）强制措施类文书，包括拘传证、传讯通知书、取保候审决定书/执行通知书、准许被取保候审人离开所居市县决定书、提请批准逮捕书、逮捕证、变更逮捕措施通知书、释放通知书、释放证明书等 31 种；

（4）侦查取证类文书，包括传唤证、提讯提解证、询问/讯问笔录、现场勘验笔录、查封决定书、扣押决定书、起诉意见书、协助冻结/解除冻结财产通知书、鉴定意见通知书、准予补充鉴定/重新鉴定决定书、不准予补充鉴定/重新鉴定决定书等 37 种；

（5）技术侦查类文书，包括采取技术侦查措施决定书、执行技术侦查措施通知书、延长技术侦查措施期限决定书、解除技术侦查措施决定书等 5 种；

（6）执行类文书，包括减刑/假释建议书、假释证明书、暂予监外执行决定书、收监执行通知书、准许拘役罪犯回家决定书、刑满释放证明书 6 种；

（7）复议复核文书，包括刑事复议申请记录、不予受理刑事复议/复核申请决定书、刑事复议/复核申请补充材料通知书、中止刑事复议/复核通知书、延长刑事复议/复核期限通知书、终止刑事复议/复核程序通知书、刑事复议决定书、刑事复核决定书 8 种；

（8）刑事通用类及规范性文书，包括呈请报告书、复议决定书、要求复议意见书、提请复核意见书、死亡通知书、刑事侦查卷宗（封面）、卷内文书目录 7 种。

关于公安机关法律文书的分类很多，本章主要以公安机关法律文书的法定分类来进行讨论，具体包括"立案、管辖、回避类文书""强制措施类文书""侦查取证类文书"三种类型。

## 第二节 刑事立案类法律文书

### 一、刑事立案类法律文书的概念

刑事立案类法律文书的概念，是指公安机关在接受公民报案、控告、举报、犯罪嫌疑人自首或者有关机关移送案件时，依法对案件进行审查以决定刑事立案或者不予立案时制作使用的法律文书类型。

#### （一）接受刑事案件登记表

接受刑事案件登记表，是指公安机关在接受公民报案、控告、举报、犯罪嫌疑人自首或者有关机关移送案件时制作的法律文书，它是公安机关受理案件的必经手续。其具体适用条件：（1）公民扭送、报案、控告、举报的；（2）犯罪嫌疑人自首的；（3）有关单位移送的；（4）公安机关现场抓获的。

#### （二）受案回执

受案回执，是指公安机关接受了报案人的报案，给报案人的一种书面回单材料。

#### （三）刑事立案决定书

此处所述的属于狭义概念，仅指公安机关发现犯罪事实或犯罪嫌疑人，决定立案侦查时制作使用的决定类法律文书。其作用是表明公安机关已经刑事立案，案件进入刑事侦查阶段。

#### （四）刑事不予立案通知书

刑事不予立案通知书，是指公安机关接受案件并经审查后，认为没有犯罪事实，或者犯罪事实显著轻微不需要追究刑事责任，或者具有其他依法不追究刑事责任情形的，经县级以上公安机关负责人批准，决定不予立案且将不立案的原因通知控告人时所制作使用的文书材料，其属于通知类文书。

### 二、刑事立案类法律文书的写作要点

#### （一）接受刑事案件登记表的写作要点

接受刑事案件登记表包括首部、正文、尾部三部分。

1. 首部

包括文书名称与报案人和接收单位的基本情况。如果由报案人报案的，应填写报案人的姓名、性别、年龄、住址、单位、电话和案件来源。如果由单位移送的，应写明移送单位的名称、承办人的姓名与电话号码。待文书制作完成后，还需在文书左上角加盖填报单位公章。

2. 正文

由简要案情（报案记录）组成。简要案情是应写明发案时间、地点、简要过程、涉案人基本情况、受害情况以及是否接受证据等内容。

3. 尾部

包括受案意见、受案审批与案件编号等三个部分。受案意见是指根据案件的具体情况作出的"立案侦查""不予立案""建议移送××处理""不予调查处理"并当场书面告知当事人。受案审批是指机关负责人对案件处理结果的进一步审查批示，如"同意立案

侦查"等。案件编号应写在表格下方。

**（二）受案回执的写作要点**

（1）抬头部分应填写报案人的基本情况。如果由报案人报案的，应填写报案人的姓名；如果由单位报案的，应写明移送单位的名称。

（2）正文部分应写明报案时间、涉案案件名称以及案件案号。

根据不同的案件情况，采取不同的命名方法。对于有明确的犯罪嫌疑人和涉嫌犯罪情节清楚的案件，可采取"人名+涉嫌罪名"命名，如"王某故意伤害案"；对于犯罪嫌疑人不明而被害人和被害情况清楚的案件，可采取"被害人+被侵害情况"命名，如"张××被抢劫案"；对于犯罪嫌疑人和被害人不明或者犯罪嫌疑人、被害人人数众多不便概括以及需要保密等情形，可采取以案件发生时间或立案时间或地名来命名，如"8·20案""×××（地名）盗窃案"。

受案登记表文号的印刷为"×公×（　　）受案字〔　　〕　　号"，实际填写时，前一个"×"处填写制作法律文书的机关代字，如广州市填写"穗"；后一个"×"处填写制作法律文书的机关代字，如天河区填写"天"；"（）"处填写办案部门简称，如经济犯罪侦查部门制作的文书填写"经"；〔　〕中填发文年度；〔　〕后填发文顺序号。

（3）查询案件情况应填写具体的查询方式，如网站查询等。联系人、联系方式应详细提供，以便报案人联系查询案件进度。

（4）受案单位需加盖单位公章，报案人、控告人、举报人、扭送人等需签名并捺指印，落款日期。

**（三）刑事立案决定书的写作要点**

刑事立案决定书由正本和存根两联组成。正本联，首先根据案件情况填写相应资料：案件编号、案件名称。然后，办案机关加盖单位公章，填写日期。所适用法律是《中华人民共和国刑事诉讼法》第一百零九条①、第一百一十二条②。

**（四）刑事不予立案通知书的写作要点**

刑事不予立案通知书属于多联式填充型文书，由正本、副本和存根三联组成。

正本是公安机关交给控告人或行政执法机关的不予立案的凭证以及其申请复议的依据，由首部、正文、尾部组成。副本是公安机关决定不予立案的凭证，用于办案部门附卷，其内容及制作方法与正本相同。

1. 首部

根据案件情况填写相应资料：（1）抬头填写控告人的姓名或行政执法机关名称；（2）案件编号；（3）案件名称。

---

① 《中华人民共和国刑事诉讼法》第一百零九条："公安机关或者人民检察院发现犯罪事实或者犯罪嫌疑人，应当按照管辖范围，立案侦查。"

② 《中华人民共和国刑事诉讼法》第一百一十二条："人民法院、人民检察院或者公安机关对于报案、控告、举报和自首的材料，应当按照管辖范围，迅速进行审查，认为有犯罪事实需要追究刑事责任的时候，应当立案；认为没有犯罪事实，或者犯罪事实显著轻微，不需要追究刑事责任的时候，不予立案，并且将不立案的原因通知控告人。控告人如果不服，可以申请复议。"

2. 正文

填写内容主要包括：（1）提出控告或移送的时间；（2）控告事由；（3）不立案的原因，有三种原因：没有犯罪事实①，或者犯罪事实显著轻微不需要追究刑事责任的，或者具有其他依法不追究刑事责任情形的②；（4）复议机关的名称。

3. 尾部

办案机关加盖单位公章，填写日期。所适用法律是《公安机关办理刑事案件程序规定》第一百七十八条③、第一百七十九条④。

## 三、刑事立案类法律文书的样式与范例

### （一）接受刑事案件登记表的样式与范例

（行政刑事通用）

### 受案登记表

| 案件来源 | □110 指令 □工作中发现 ☑报案 □投案 □移送 □扭送 □其他 | | | | |
|---|---|---|---|---|---|
| 报案人 | 姓　名 | 刘×× | 性别 | 男 | 出生日期 | 1970.1.1 |
| | 身份证件种类 | 身份证 | 证件号码 | 440×××××××××××××××× | | |
| | 工作单位 | ××市××有限责任公司 | 联系方式 | ×××××××××× | | |
| | 现住址 | ××市××区××路××号 | | | | |

---

① 举例，如"没有犯罪事实"，可以填写"被控告人×××的行为不属于犯罪行为"。

② 《中华人民共和国刑事诉讼法》第十六条："有下列情形之一的，不追究刑事责任，已经追究的，应当撤销案件，或者不起诉，或者终止审理，或者宣告无罪：（一）情节显著轻微、危害不大，不认为是犯罪的；（二）犯罪已过追诉时效期限的；（三）经特赦令免除刑罚的；（四）依照刑法告诉才处理的犯罪，没有告诉或者撤回告诉的；（五）犯罪嫌疑人、被告人死亡的；（六）其他法律规定免予追究刑事责任的。"

③ 《公安机关办理刑事案件程序规定》第一百七十八条："公安机关接受案件后，经审查，认为有犯罪事实需要追究刑事责任，且属于自己管辖的，经县级以上公安机关负责人批准，予以立案；认为没有犯罪事实，或者犯罪事实显著轻微不需要追究刑事责任，或者具有其他依法不追究刑事责任情形的，经县级以上公安机关负责人批准，不予立案。

对有控告人的案件，决定不予立案的，公安机关应当制作不予立案通知书，并在三日以内送达控告人。

决定不予立案后又发现新的事实或者证据，或者发现原认定事实错误，需要追究刑事责任的，应当及时立案处理。"

④ 《公安机关办理刑事案件程序规定》第一百七十九条："控告人对不予立案决定不服的，可以在收到不予立案通知书后七日以内向作出决定的公安机关申请复议；公安机关应当在收到复议申请后三十日以内作出决定，并将决定书送达控告人。

控告人对不予立案的复议决定不服的，可以在收到复议决定书后七日以内向上一级公安机关申请复核；上一级公安机关应当在收到复核申请后三十日以内作出决定。对上级公安机关撤销不予立案决定的，下级公安机关应当执行。"

续表

| 移送单位 | | 移 送 人 | | 联系方式 | |
|---|---|---|---|---|---|
| 接报民警 | 陈×× | 接报时间 | ××××年×<br>×月××日×<br>×时××分 | 接报<br>地点 | ××省××市公<br>安局××区分局<br>××派出所 |

| | 简要案情或者报案记录（发案时间、地点、简要过程、涉案人基本情况、受害情况等）以及是否接受证据：<br>××××年××月××日，我所民警在××市××区××路××号抓获涉嫌盗窃的黄某。经查，犯罪嫌疑人黄某供认于××××年××月××日将客户退回公司的黄金"碎料"偷走。有××件，共重××克重。 | | | | |
|---|---|
| 受案<br>意见 | □属本单位管辖的行政案件，建议及时调查处理<br>☑属本单位管辖的刑事案件，建议及时立案侦查<br>□不属于本单位管辖，建议移送____处理<br>□不属于公安机关职责范围，不予调查处理并当场书面告知当事人<br>□其他_____<br><br>　　　　　　　　　　　　　　　　　受案民警：陈××<br>　　　　　　　　　　　　　　　　　　　　　年　月　日 |
| 受案<br>审批 | 受案部门负责人：同意立案侦查。<br><br>　　　　　　　　　　　　　　　　　　　　　年　月　日 |

（受案单位名称和印章）　　　　　　×公天（刑）受案字〔20××〕××号

　　一式两份，一份留存，一份附卷。　　　编号：××××××

## （二）受案回执文书的样式与范例

（行政刑事通用）

# 受 案 回 执

刘×× ：

　　你（单位）于××××年××月××日报称的黄××涉嫌盗窃一案我单位已受理（受案登记表文号为×公天（刑）受案字〔20××〕××号）。

　　你（单位）可通过来电/现场查询案件进展情况。

　　联系人、联系方式：陈××，电话×××××。

受案单位（印）<br>年　月　日

报案人、控告人、

举报人、扭送人：刘××

年　月　日

　　一式两份，一份附卷，一份交报案人、控告人、举报人、扭送人。

### （三）刑事立案决定书的样式与范例

＊＊＊公安局

## 立案决定书

×公（刑）立字〔20××〕010 号

根据《中华人民共和国刑事诉讼法》第一百零九条/第一百一十二条之规定，决定对赖××涉嫌抢劫案立案侦查。

公安局（印）<br>年　月　日

此联附卷

### （四）刑事不予立案通知书的样式与范例

＊＊＊公安局

## 不予立案通知书

×公（刑）不立字〔20××〕099 号

宋××：

你（单位）于20××年××月××日提出控告/移送的张××涉嫌强奸案，我局经审查认为张××的行为不属于犯罪行为，根据《中华人民共和国刑事诉讼法》第一百一十条之规定，决定不予立案。

如不服本决定，可以在收到本通知书之日起七日内向××区公安局申请复议。

公安局（印）<br>年　月　日

此联交控告人或者移送单位

# 第三节　刑事强制措施的法律文书

## 一、刑事强制措施法律文书的概念

采取刑事强制措施的法律文书，是指公安机关为了保证刑事侦查活动的顺利进行，而依法采取的限制或剥夺犯罪嫌疑人的人身自由的各种强制性方法所制作的法律文书。本节主要介绍取保候审强制措施、监视居住强制措施、刑事拘留强制措施、逮捕强制措施这几种法律文书类型。

## 二、取保候审强制措施法律文书

### （一）取保候审强制措施法律文书的概念

取保候审强制措施法律文书，是指在刑事案件侦查阶段，公安机关依法决定对犯罪嫌疑人采取取保候审措施时制作使用的法律文书，包括取保候审决定书、执行通知书、被取保候审人义务告知书、取保候审保证书、收取保证金通知书、解除取保候审决定书、通知书等。

（1）取保候审决定书，是指公安机关在侦查阶段依法对犯罪嫌疑人采取取保候审措施时所制作使用的文书。

（2）取保候审执行通知书，是指通知执行机关执行取保候审措施时制作使用的文书。

### （二）取保候审强制措施法律文书的写作要点

取保候审决定书、执行通知书属于多联式填充型文书，由取保候审决定书正本、副本、取保候审执行通知书和存根四联组成。

（1）首部。由制作机关名称、文书名称、文书字号及犯罪嫌疑人的基本情况组成。

（2）正文依次填写案件名称、取保候审原因、法律依据、取保候审起算时间、保证方式等。填写时应当注意：①案件名称，可以用"犯罪嫌疑人姓名＋涉嫌罪名"的方式命名，也可以填写案件代号，如"8·20故意杀人案""××团伙抢劫案"。②取保候审原因，可根据案件情况按照《刑事诉讼法》第六十七条第一款规定①的有关事项分别填写，若因患有严重疾病被取保候审的，应明确写明患有何种疾病。③法律依据。《刑事诉讼法》中关于取保候审的适用除了第六十七条第一款外，还有第九十一条第三款②、第九十八条③等条款，应根据案件具体情况准确适用条文。④取保候审起算时间。应当填写取保候审决定日期，详情可参照最高人民法院《关于适用〈中华人民共和国刑事诉讼法〉

---

① 《中华人民共和国刑事诉讼法》第六十七条第一款："人民法院、人民检察院和公安机关对有下列情形之一的犯罪嫌疑人、被告人，可以取保候审：（一）可能判处管制、拘役或者独立适用附加刑的；（二）可能判处有期徒刑以上刑罚，采取取保候审不致发生社会危险性的；（三）患有严重疾病、生活不能自理，怀孕或者正在哺乳自己婴儿的妇女，采取取保候审不致发生社会危险性的；（四）羁押期限届满，案件尚未办结，需要采取取保候审的。"

② 《中华人民共和国刑事诉讼法》第九十一条第三款："人民检察院应当自接到公安机关提请批准逮捕书后的七日以内，作出批准逮捕或者不批准逮捕的决定。人民检察院不批准逮捕的，公安机关应当在接到通知后立即释放，并且将执行情况及时通知人民检察院。对于需要继续侦查，并且符合取保候审、监视居住条件的，依法取保候审或者监视居住。"

③ 《中华人民共和国刑事诉讼法》第九十八条："犯罪嫌疑人、被告人被羁押的案件，不能在本法规定的侦查羁押、审查起诉、一审、二审期限内办结的，对犯罪嫌疑人、被告人应当予以释放；需要继续查证、审理的，对犯罪嫌疑人、被告人可以取保候审或者监视居住。"

的解释》第二百零二条的规定①。⑤保证方式。应注意不能同时采取保证人保证和保证金保证，制作时可根据情况划掉不选择的内容。采取保证金形式取保候审的，保证金的起点数额为1000元，若被取保候审人是未成年人则应考虑减半收取保证金。取保候审的决定机关应当综合考虑保证诉讼活动正常进行的需要，被取保候审人的社会危险性，案件的性质、情节，可能判处刑罚的轻重，以及被取保候审人的经济状况等情况，确定保证金数额。保证金应当以人民币交纳。

（3）尾部。填写清楚成文时间，写明单位名称，并加盖制作文书的公安机关的印章。

**（三）取保候审强制措施法律文书的样式与范例**

1. 取保候审决定书的样式与范例

＊＊＊公安局

## 取保候审决定书

×公（刑）取保字〔20××〕03 号

犯罪嫌疑人唐××，性别女，出生日期19××年××月××日，住址××省××市××区××街××号，单位及职业××有限公司部门经理，联系方式××××××××××。

我局正在侦查唐××涉嫌危险驾驶案，因犯罪嫌疑人唐××正在哺乳未满周岁的女儿，根据《中华人民共和国刑事诉讼法》第六十七条之规定，决定对其取保候审，期限从20××年3月15日起算。犯罪嫌疑人应当接受保证人刘××的监督/交纳保证金（大写）　×　元。

公安局（印）

年　月　日

此联交被取保候审人

2. 取保候审执行通知书的样式与范例

---

① 最高人民法院《关于适用〈中华人民共和国刑事诉讼法〉的解释》第二百零二条："以月计算的期间，自本月某日至下月同日为一个月；期限起算日为本月最后一日的，至下月最后一日为一个月；下月同日不存在的，自本月某日至下月最后一日为一个月；半个月一律按十五日计算。

以年计算的刑期，自本年本月某日至次年同月同日的前一日为一年；次年同月同日不存在的，自本年本月某日至次年同月最后一日的前一日为一年。以月计算的刑期，自本月某日至下月同日的前一日为一个月；刑期起算日为本月最后一日的，至下月最后一日的前一日为一个月；下月同日不存在的，自本月某日至下月最后一日的前一日为一个月；半个月一律按十五日计算。"

＊＊＊公安局

## 取保候审执行通知书

×公（刑）取保字〔20××〕03 号

××市公安局××分局××派出所：

因唐××正在哺乳未满周岁的女儿，我局正在侦查唐××涉嫌危险驾驶案决定对犯罪嫌疑人唐××（性别女，出生日期19××年××月××日，住址××省××市××区××街××号，单位及职业××有限公司部门经理，联系方式×××××××××××）取保候审，交由你单位执行，取保候审期限从20××年3月15日起算。

被取保候审人接受保证人刘××的监督/交纳保证金（大写）　×　元。

公安局（印）

年　月　日

此联交执行单位

### 三、监视居住强制措施的法律文书

#### （一）监视居住强制措施法律文书的概念

采取监视居住强制措施的法律文书，是指在侦办刑事案件过程中，公安机关依法决定对犯罪嫌疑人采取监视居住强制措施时，向犯罪嫌疑人宣布监视居住决定和向执行机关通知时制作使用的法律文书，与之关联的类文书有：指定居所监视居住通知书；解除监视居住决定书、执行通知书等，本节只介绍监视居住决定书、执行通知书。

#### （二）监视居住强制措施法律文书的写作要点

监视居住决定书正本是告知犯罪嫌疑人决定对其监视居住的依据，分为首部、正文和尾部三部分。其中，正文是核心内容，包括案件名称、监视居住的原因、法律依据、监视居住的地点、监视居住的类型、执行机关、监视居住期限起算时间以及监视居住期间应当遵守的规定。

监视居住执行通知书中是否属于律师会见需经许可的案件栏，由侦查人员根据实际情况选择"是"或者"否"，若属于，用删除线将"否"画掉；反之，则将"是"画掉。

#### （三）监视居住强制措施法律文书的文书样式与范例

1. 监视居住决定书的样式与范例

＊＊＊公安局

## 监视居住决定书

×公（刑）监居字〔20××〕11 号

犯罪嫌疑人梁××，性别女，出生日期19××年××月××日，住址××省××市

××区××街××号。

我局正在侦查梁××涉嫌故意伤害案，因案件的特殊情况，采取监视居住措施更为适宜的，根据《中华人民共和国刑事诉讼法》第七十四、七十五条之规定，决定在××省××市××区××街××号对犯罪嫌疑人监视居住/指定居所监视居住，由××市公安局××分局××派出所负责执行，监视居住期限从20××年5月15日起算。在监视居住期间，被监视居住人应当遵守下列规定：

一、未经执行机关批准不得离开执行监视居住的处所；

二、未经执行机关批准不得会见他人或者通信；

三、在传讯的时候及时到案；

四、不得以任何形式干扰证人作证；

五、不得毁灭、伪造证据或者串供；

六、将护照等出入境证件、身份证件、驾驶证件交执行机关保存。

如果被监视居住人违反以上规定，情节严重的，可以予以逮捕；需要予以逮捕的，可以先行拘留。

公安局 （印）

年 月 日

此联交被监视居住人

2. 监视居住执行通知书的样式与范例

＊＊＊公安局

## 监视居住执行通知书

×公（刑）监居字〔20××〕11号

××市公安局××分局××派出所：

因案件的特殊情况，采取监视居住措施更为适宜的，我局决定在对涉嫌故意伤害罪的犯罪嫌疑人梁××（性别女，出生日期19××年××月××日，住址××省××市××区××街××号）监视居住/指定居所监视居住，交由你单位执行，监视居住期限从20××年5月15日起算。

在监视居住期间，执行机关监督被监视居住人遵守下列规定：

一、未经执行机关批准不得离开执行监视居住的处所；

二、未经执行机关批准不得会见他人或者通信；

三、在传讯的时候及时到案；

四、不得以任何形式干扰证人作证；

五、不得毁灭、伪造证据或者串供；

六、将护照等出入境证件、身份证件、驾驶证件交执行机关保存。

如果被监视居住人违反以上规定，情节严重的，可以予以逮捕；需要予以逮捕的，可以先行拘留。

　　属于律师会见需经许可的案件：是/否

公安局（印）

年　月　日

此联交执行机关

## 四、刑事拘留强制措施的法律文书

### （一）刑事拘留强制措施法律文书的概念

　　采取刑事拘留强制措施法律文书，是指公安机关在遇到法定的紧急情况时，依法临时剥夺某些现行犯或者重大嫌疑分子人身自由的一种强制措施时所制作使用的法律文书，如拘留证、拘留通知书等。拘留证是公安机关依法对犯罪嫌疑人执行拘留时使用的凭证式文书。拘留通知书是公安机关在对犯罪嫌疑人执行拘留后通知被拘留人的家属时使用的通知类文书。

### （二）刑事拘留强制措施法律文书的写作要点

　　1. 拘留证

　　属于多联式填充型文书，由正本、副本和存根三联组成。拘留证的正本由首部、正文和尾部组成。

　　（1）首部由制作机关名称、文书名称和文书字号组成，按要求填写即可。

　　（2）正文包括拘留的法律依据、被拘留人的基本情况和拟送羁押的看守所名称。法律依据应根据不同的情形填写，可参照《刑事诉讼法》第八十二条①、第七十一条②、第

---

　　① 《中华人民共和国刑事诉讼法》第八十二条："公安机关对于现行犯或者重大嫌疑分子，如果有下列情形之一的，可以先行拘留：（一）正在预备犯罪、实行犯罪或者在犯罪后即时被发觉的；（二）被害人或者在场亲眼看见的人指认他犯罪的；（三）在身边或者住处发现有犯罪证据的；（四）犯罪后企图自杀、逃跑或者在逃的；（五）有毁灭、伪造证据或者串供可能的；（六）不讲真实姓名、住址，身份不明的；（七）有流窜作案、多次作案、结伙作案重大嫌疑的。"

　　② 《中华人民共和国刑事诉讼法》第七十一条："被取保候审的犯罪嫌疑人、被告人应当遵守以下规定：

　　（一）未经执行机关批准不得离开所居住的市、县；（二）住址、工作单位和联系方式发生变动的，在二十四小时以内向执行机关报告；（三）在传讯的时候及时到案；（四）不得以任何形式干扰证人作证；（五）不得毁灭、伪造证据或者串供。

　　人民法院、人民检察院和公安机关可以根据案件情况，责令被取保候审的犯罪嫌疑人、被告人遵守以下一项或者多项规定：（一）不得进入特定的场所；（二）不得与特定的人员会见或者通信；（三）不得从事特定的活动；（四）将护照等出入境证件、驾驶证件交执行机关保存。

　　被取保候审的犯罪嫌疑人、被告人违反前两款规定，已交纳保证金的，没收部分或者全部保证金，并且区别情形，责令犯罪嫌疑人、被告人具结悔过，重新交纳保证金、提出保证人，或者监视居住、予以逮捕。

　　对违反取保候审规定，需要予以逮捕的，可以对犯罪嫌疑人、被告人先行拘留。"

七十七条①。被拘留人的基本情况包括姓名、性别、出生日期、住址，若被拘留人不讲真实姓名的，可以按其自报的姓名填写。看守所的名称直接填写拟送羁押的看守所名称。

（3）尾部。填写清楚成文时间，写明单位名称，并加盖制作文书的公安机关印章。

2. 拘留通知书

属于多联式填充型文书，由正本、副本和存根三联组成。拘留通知书由首部、正文和尾部组成，是被拘留人家属其已被拘留的证明。

（1）首部由制作机关名称、文书名称、文书字号和抬头组成。抬头填写被拘留人家属的姓名。家属，一般是与其共同居住的成年亲属。

（2）正文包括法律依据、拘留的时间、拘留的原因、被拘留人的姓名、羁押的看守所名称。法律依据与拘留证填写的内容一致。拘留的时间填写被拘留的时间，应与拘留证副本上被拘留人在签收栏部分填写的时间一致，时间应精确到小时。在接到拘留通知书后，被拘留人的法定代理人、近亲属、辩护律师有权为其申请取保候审。拘留期限届满的，若被拘留人家属未收到逮捕通知书，被拘留人也没有被释放，就可以持此通知书要求公安机关说明原因，对拘留超过法定期限的，有权要求解除强制措施。

（3）尾部应填写清楚成文时间，写明单位名称，并加盖制作文书的公安机关印章。签注填写羁押犯罪嫌疑人的看守所地址，以方便被拘留人家属知悉其羁押处所。

**（三）刑事拘留强制措施法律文书的样式与范例**

1. 拘留证的样式与范例

＊＊＊公安局

# 拘 留 证

×公（刑）拘字〔20××〕15 号

根据《中华人民共和国刑事诉讼法》第八十二条之规定，兹决定对犯罪嫌疑人张×<u>×</u>（性别<u>男</u>，出生日期<u>19××年××月××日</u>，住址<u>××省××市××区××街××号</u>）执行拘留，送<u>××区</u>看守所羁押。

公安局（印）

年 月 日

---

① 《中华人民共和国刑事诉讼法》第七十七条："被监视居住的犯罪嫌疑人、被告人应当遵守以下规定：（一）未经执行机关批准不得离开执行监视居住的处所；（二）未经执行机关批准不得会见他人或者通信；（三）在传讯的时候及时到案；（四）不得以任何形式干扰证人作证；（五）不得毁灭、伪造证据或者串供；（六）将护照等出入境证件、身份证件、驾驶证件交执行机关保存。

被监视居住的犯罪嫌疑人、被告人违反前款规定，情节严重的，可以予以逮捕；需要予以逮捕的，可以对犯罪嫌疑人、被告人先行拘留。"

本证已于 20×× 年 7 月 20 日 15 时向我宣布。

被拘留人：张×× （捺指印）

本证副本已收到，被拘留人张×× 于 20×× 年 7 月 21 日 10 时送至我所。

接收民警：刘××　看守所（印）

此联附卷

2. 拘留通知书的样式与范例

＊＊＊公安局

**拘留通知书**

×公（刑）拘字〔20××〕15 号

王××：

根据《中华人民共和国刑事诉讼法》第八十二条之规定，我局已于 20×× 年 7 月 21 日 10 时将涉嫌强奸罪的张×× 刑事拘留，现羁押在×× 区看守所。

公安局（印）

年　月　日

注：看守所地址×× 省×× 市×× 区×× 号

此联交被拘留人家属

## 五、刑事逮捕强制措施的法律文书

### （一）刑事逮捕强制措施法律文书的概念

刑事逮捕强制措施的法律文书，是指公安机关为了防止犯罪嫌疑人或被告人逃避或妨害侦查、起诉和审判的进行，防止其发生社会危险性，而依法对其予以羁押、暂时剥夺其人身自由的强制措施时所制作使用的法律文书。包括提请批准逮捕书、逮捕证、逮捕通知书、释放通知书、释放证明书等。本节只介绍提请批准逮捕书、逮捕通知书。

（1）提请批准逮捕书是公安机关依法对犯罪嫌疑人提请人民检察院批准逮捕时制作使用的法律文书。

（2）逮捕通知书是公安机关在对犯罪嫌疑人执行逮捕后，通知被逮捕人的家属时使用的通知类文书。

### （二）刑事逮捕强制措施法律文书的写作要点

1. 提请批准逮捕书

属于叙述性文书，由首部、正文和尾部三部分组成。

（1）首部由制作机关名称、文书名称、文书字号、犯罪嫌疑人的基本情况、违法犯罪经历以及因本案被采取强制措施的情况组成。

（2）正文包括案件办理情况和案件事实、相关证据、法律依据等。

（3）尾部应填写清楚成文时间，写明单位名称，并加盖制作文书的公安机关的印章。

2. 逮捕通知书

属于多联式填充型文书，由正本、副本和存根三联组成。

正本是公安机关通知被逮捕人家属其已被逮捕的证明，分为首部、正文和尾部三部分。

（1）首部由制作机关名称、文书名称、文书字号和抬头组成。

（2）正文包括批准逮捕的机关、逮捕的时间、逮捕的原因、被逮捕人的姓名、羁押的看守所名称。执行逮捕的时间填写被逮捕的时间，应与逮捕证正本上被逮捕人在签收栏部分填写的时间一致，时间应精确到小时。

（3）尾部应填写清楚成文时间，写明单位名称，并加盖制作文书的公安机关印章。签注填写羁押被逮捕人的看守所地址。

**（三）刑事逮捕强制措施法律文书的样式与范例**

1. 提请批准逮捕书的样式

＊＊＊公安局

## 提请批准逮捕书

×公（ ）提捕字〔 〕号

犯罪嫌疑人×××……〔犯罪嫌疑人姓名（别名、曾用名、绰号等），性别，出生日期，出生地，身份证件种类及号码，民族，文化程度，职业或工作单位及职务，居住地（包括户籍所在地、经常居住地、暂住地），政治面貌（如是人大代表、政协委员，一并写明具体级、届代表、委员），违法犯罪经历以及因本案被采取强制措施的情况（时间、种类及执行场所）。案件有多名犯罪嫌疑人的，应逐一写明。〕

辩护律师×××……〔如有辩护律师，写明其姓名，所在律师事务所或者法律援助机构名称，律师执业证编号。〕

犯罪嫌疑人涉嫌×××（罪名）一案，由×××举报（控告、移送）至我局（写明案由和案件来源，具体为单位或者公民举报、控告、上级交办、有关部门移送、本局其他部门移交以及工作中发现等）。简要写明案件侦查过程中的各个法律程序开始的时间，如接受案件、立案的时间。具体写明犯罪嫌疑人归案情况。

经依法侦查查明：……（应当根据具体案件情况，详细叙述经侦查认定的犯罪事实，并说明应当逮捕理由。对于只有一个犯罪嫌疑人的案件，犯罪嫌疑人实施多次犯罪的犯罪事实应逐一列举；同时触犯数个罪名的犯罪嫌疑人的犯罪事实应该按照主次顺序分别列举；对于共同犯罪的案件，写明犯罪嫌疑人的共同犯罪事实及各自在共同犯罪中的地位和作用后，按照犯罪嫌疑人的主次顺序分别叙述各个犯罪嫌疑人的单独犯罪事实。）认定上述事实的证据如下：

……（分列相关证据，并说明证据与犯罪事实的关系。）犯罪嫌疑人自愿认罪认罚的，简要写明相关情况。

综上所述，犯罪嫌疑人×××……（根据犯罪构成简要说明罪状），其行为已触犯《中华人民共和国刑法》第××条之规定，涉嫌×××罪，依照《中华人民共和国刑事诉讼法》第八十一条、第八十七条之规定，犯罪嫌疑人×××符合逮捕条件，特提请批准逮捕。

此致

×××人民检察院

公安局（印）

年 月 日

**2. 提请批准逮捕书的范例**

＊＊＊公安局

## 提请批准逮捕书

×公（刑）提捕字〔20××〕18 号

犯罪嫌疑人刘××，绰号老刘，男，19××年××月××日生，出生地××省××县，身份证号码×××××××××××××××××××，汉族，初中文化，××市××有限公司工人，户籍所在地××市××区××路××号，现住××市××区××路××号。犯罪嫌疑人刘××于20××年7月30日因涉嫌开设赌场罪被我局刑事拘留，现羁押在××区看守所。

辩护律师欧阳××，××省××律师事务所律师，执业证号：×××××××××××××××。

犯罪嫌疑人刘××涉嫌开设赌场罪一案，我局对上级机关移交的犯罪线索进行排查后发现刘××利用赌博网站组织他人投注赌博。我局经过审查，于5月23日立案侦查。犯罪嫌疑人刘××已于20××年7月29日被抓获归案。

经依法侦查查明：犯罪嫌疑人刘××于20××年1月开始利用赌博网站向他人收受"六合彩"赌博投注，期间分别收受下家黄××"六合彩"赌博投注金额共约××万元；收受下家王××"六合彩"赌博投注金额共约××万元；收受下家张××"六合彩"赌博投注金额共约××万元。嫌疑人刘××收受"六合彩"赌博投注金额共约××万元。

认定上述事实的证据如下：扣押物品清单、照片、搜查、辨认笔录、证人证言、电子数据等证实犯罪事实发生，证人周××证言，可证实犯罪嫌疑人刘××曾收受过"六合彩"赌博投注的事实，犯罪嫌疑人刘××对犯罪事实供认不讳，可与其他证据材料相互印证。

综上所述，犯罪嫌疑人刘××用赌博网站组织他人投注赌博，其行为已触犯《中华人民共和国刑法》第三百零三条之规定，涉嫌开设赌场罪，符合逮捕条件。依照《中华人民共和国刑事诉讼法》第八十一条、第八十七条之规定，特提请批准逮捕。

　　此致
×××人民检察院

公安局（印）<br>年　月　日

3. 逮捕通知书的样式与范例

＊＊＊公安局

**逮捕通知书**

×公（刑）捕通字〔20××〕16 号

张××：

　　经××省××市××区人民检察院批准，我局于 20××年 8 月 15 日 12 时对涉嫌开设赌场罪的刘××执行逮捕，现羁押在××省××市××区看守所。

公安局（印）<br>年　月　日

　　注：看守所地址××省××市××区××号
此联交被捕人家属

# 第四节　刑事侦查取证行为的法律文书

## 一、讯问犯罪嫌疑人的法律文书

### （一）讯问犯罪嫌疑人法律文书的概念

　　讯问犯罪嫌疑人法律文书，是指侦查人员依照法定程序以言词方式，向犯罪嫌疑人查问案件事实和其他与案件有关问题时所制作使用的法律文书，包括传唤证；讯问笔录；犯罪嫌疑人诉讼权利义务告知书等。本节只介绍讯问笔录、犯罪嫌疑人诉讼权利义务告知书。

　　1. 讯问笔录

　　讯问笔录是指公安机关侦查人员依法对犯罪嫌疑人进行讯问时，由侦查人员负责记载讯问情况的文字记录。

2. 犯罪嫌疑人诉讼权利义务告知书

犯罪嫌疑人诉讼权利义务告知书是指在刑事案件侦查阶段，公安机关在对犯罪嫌疑人采取强制措施之日或者对其第一次讯问时，将《刑事诉讼法》规定的犯罪嫌疑人在侦查阶段所享有的权利和应当承担的义务告知犯罪嫌疑人的法律文书。

**（二）讯问犯罪嫌疑人法律文书的写作要点**

1. 讯问笔录

属于叙述型文书，由首部、正文和尾部组成。

（1）首部包括文书名称、讯问时间、讯问地点、讯问人/记录人的基本情况、被讯问人的基本情况。

（2）正文是核心内容部分，按以下顺序记载：

①告知犯罪嫌疑人诉讼权利义务。侦查人员在进行第一次讯问时，则应将犯罪嫌疑人诉讼权利义务告知书送交犯罪嫌疑人，如果犯罪嫌疑人没有阅读能力，侦查人员则要向犯罪嫌疑人宣读。同时，侦查人员要询问犯罪嫌疑人是否清楚知悉相关内容，以及询问是否聘请律师、是否申请回避等，一并详尽记录。

②犯罪嫌疑人的基本信息。在第一次进行讯问犯罪嫌疑人时要求比较严格，侦查人员应当问明犯罪嫌疑人并详细记录，具体包括：姓名、别名、曾用名、绰号、性别、出生年月日、年龄、民族、身份证件种类及号码、籍贯、户籍所在地、现住址、文化程度、职业和工作单位、政治面貌、身体健康状况、联系方式、家庭情况、社会经历、是否受过刑事处罚或行政处理、是否属于人大代表或政协委员等情况。

③与案件事实有关的内容。在第一次讯问时，首先，侦查人员要讯问犯罪嫌疑人是否有犯罪行为，让他供述有罪的情节或者作无罪、罪轻的辩解。然后，侦查人员再根据讯问情况向其提出问题，清楚准确地记载犯罪事实、动机、目的、手段，与犯罪有关的时间、地点，涉及的人、事、物等。如犯罪嫌疑人进行无罪辩解，要准确、完整地记录其陈述的理由和有关证据。

④讯问笔录中应体现是否对其安排饮食和必要休息时间的情况。

（3）尾部的内容应注意：笔录制作结束后，应当交被讯问人核对；对于没有阅读能力的、要向其宣读。被讯问人看完或者听完笔录后，应当要求其在笔录的末尾写明对笔录的意见，即与"以上笔录我看过（或向我宣读过），和我说的相符"意思相同的语句，签名并捺指印。如被讯问人认为记载有遗漏或者差错时应当允许其补充或者更正，并在补充或者更正的文字上捺指印。如被讯问人拒绝签名、捺指印的，应当在笔录尾部注明。

2. 犯罪嫌疑人诉讼权利义务告知书

属于单联式填充型文书，由首部、正文和尾部组成。

（1）首部是文书名称"犯罪嫌疑人诉讼权利义务告知书"。

（2）正文是犯罪嫌疑人在侦查阶段所享有的权利和应承担的义务。

（3）尾部是犯罪嫌疑人在告知书末尾写明对告知书的意见，即与"以上内容，我已看过（或'已向我宣读'）"意思相同的语句，并签名、捺指印。若侦查人员在告知权利义务后，犯罪嫌疑人不能书写的，侦查人员应当在告知书尾部注明"犯罪嫌疑人不能书写，以上内容已向其告知"，并签署自己的姓名。

### （三）讯问犯罪嫌疑人法律文书的文书样式与范例

1. 讯问笔录的样式与范例

（行政刑事通用）　　　　　　　　　　　　　　　　　　　　第＿＿＿次

## 讯 问 笔 录

时间：20××年×月×日×时×分至20××年×月×日×时×分

地点：××市公安局××分局刑事侦查大队

询问/讯问人（签名）：王××、赵××　　工作单位：××市公安局刑警支队

记录人（签名）：王××　　工作单位：××市公安局刑警支队

被询问/讯问人：何××　性别：男　年龄：××　出生日期：19××年××月××日

身份证件种类及号码：身份证，××××××××　是□否☑人大代表

现住址：××省××市××区××小区××栋××房　联系方式：××××××××

户籍所在地：××省××市××区××小区××栋××房

（口头传唤/被扭送/自动投案的被询问/讯问人于　月　日　时　分到达，　月　日　时　分离开，本人签名：　　　　　　　　　。）

问：我们是××市公安局的民警，现在有几个问题想找你了解核实。根据《刑事诉讼法》的有关规定，你应当如实提供证据、证言，如果有意作伪证或者隐匿罪证，要负法律责任。你明白吗？

答：我明白。

问：现交给你一份犯罪嫌疑人诉讼权利义务告知书，请你阅读。

答：（阅读3分钟左右）我清楚了。

问：你的基本情况？

答：我叫何××，男，19××年××月××日出生，汉族，中学文化，身份证号码××××××××××××××××××。

问：你还有什么要补充的吗？

答：没有了。

问：好的，你以后想到了什么与案件有关的情况，也可以和我们联系，这是我的联系电话（递交警民联系卡）。你以上所说是否属实？

答：属实。以上笔录我看过，和我说的相符。

何××（捺指印）

第2页　共2页

2. 犯罪嫌疑人诉讼权利义务告知书的样式与范例

# 犯罪嫌疑人诉讼权利义务告知书

根据《中华人民共和国刑事诉讼法》的规定，在公安机关对案件进行侦查期间，犯罪嫌疑人有如下诉讼权利和义务：

1. 不通晓当地通用的语言文字时有权要求配备翻译人员，有权用本民族语言文字进行诉讼。

2. 对于公安机关及其侦查人员侵犯其诉讼权利和人身权利的行为，有权提出申诉或者控告。

3. 对于侦查人员、鉴定人、记录人、翻译人员有下列情形之一的，有权申请他们回避：（1）是本案的当事人或者是当事人的近亲属的；（2）本人或者他的近亲属和本案有利害关系的；（3）担任过本案的证人、鉴定人、辩护人、诉讼代理人的；（4）与本案当事人有其他关系，可能影响公正处理案件的。对于驳回申请回避的决定，可以申请复议一次。

4. 自接受第一次讯问或者被采取强制措施之日起，有权委托律师作为辩护人。如在押或者被监视居住，公安机关应当及时转达其委托辩护人的要求；也可以由其监护人、近亲属代为委托辩护人；依法同辩护律师会见和通信。因经济困难或者其他原因没有委托辩护人的，本人及其近亲属可以向法律援助机构提出申请。对于未成年人，盲、聋、哑人，尚未完全丧失辨认或者控制自己行为能力的精神病人，以及可能判处无期徒刑、死刑的犯罪嫌疑人，没有委托辩护人的，有权要求公安机关通知法律援助机构指派律师提供辩护。

犯罪嫌疑人没有委托辩护人，法律援助机构也没有指派律师提供辩护的，有权约见值班律师，获得法律咨询、程序选择建议、申请变更强制措施、对案件处理提出意见等法律帮助。

5. 在接受传唤、拘传、讯问时，有权要求饮食和必要的休息时间。

6. 本人及其法定代理人、近亲属或者辩护人有权申请变更强制措施；对于采取强制措施期限届满的，有权要求解除强制措施。

7. 对于侦查人员的提问，应当如实回答。但是对与本案无关的问题，有拒绝回答的权利。在接受讯问时有权为自己辩解。如实供述自己罪行的，可以从轻处罚；因如实供述自己罪行，避免特别严重后果发生的，可以减轻处罚。

8. 犯罪嫌疑人自愿如实供述自己的罪行，承认指控的犯罪事实，愿意接受处罚的，可以依法从宽处理。

9. 有核对讯问笔录的权利；如果没有阅读能力，侦查人员应当向其宣读笔录。笔录记载有遗漏或者差错，可以提出补充或者改正。可以请求自行书写供述。

10. 未成年犯罪嫌疑人在接受讯问时，有要求通知其法定代理人到场的权利。女性未成年犯罪嫌疑人有权要求讯问时有女性工作人员在场。

11. 聋、哑的犯罪嫌疑人在讯问时有要求通晓聋、哑手势的人参加的权利。

12. 有权知道用作证据的鉴定意见的内容，可以申请补充鉴定或重新鉴定。

13. 依法接受拘传、取保候审、监视居住、拘留、逮捕等强制措施和人身检查、搜查、扣押、鉴定等侦查措施。

14. 公安机关送达的各种法律文书经确认无误后，应当签名、捺指印。

15. 知悉案件移送审查起诉情况。

以上内容，我已看过/已向我宣读。（犯罪嫌疑人本人书写）

犯罪嫌疑人不能书写，以上内容已向其告知。（办案民警注明）

犯罪嫌疑人：×××

办案民警：×××

（手写我已看过/已向我宣读字样）

本告知书在第一次讯问犯罪嫌疑人或者对其采取强制措施之日交犯罪嫌疑人，并在第一次讯问笔录中记明，同时将本告知书复印一份附卷。

## 二、询问证人和被害人的法律文书

### （一）询问证人和被害人法律文书的概念

询问证人和被害人法律文书，是指侦查人员依照法定程序以言词方式向证人调查、了解案件情况时所制作使用的法律文书。这里主要说明询问证人和被害人的询问笔录。询问笔录，指公安机关侦查人员依法对被害人和证人进行询问案件事实时，由侦查人员负责记载询问情况的文字记录。

### （二）询问证人和被害人法律文书的写作要点

询问笔录属叙述型文书、由首部、正文和尾部组成。

（1）首部包括文书名称、询问时间、询问地点、询问人/记录人的基本情况、被询问人的基本情况。

（2）正文是核心内容部分，按以下顺序记载：①侦查人员应表明身份，并在笔录上予以记载。②告知被询问人有关作证义务的要求①和有意作伪证或者隐匿罪证的法律后果②。在第一次询问时，侦查人员还应当将证人诉讼权利义务告知书送交证人，将被害人诉讼权利义务告知书送交被害人。③证人、被害人了解的案件有关情况。对证人、被害人提供的案件有关情况，包括案件涉及的人物、时间、地点、经过、结果等都应当详细记录。

（3）尾部应注意待笔录制作结束后，应当交被询问人核对；对于没有阅读能力的、要向其宣读。被询问人看完或者听完笔录后，应当要求其在笔录的末尾写明对笔录的意

---

① 《中华人民共和国刑事诉讼法》第六十二条第一款："凡是知道案件情况的人，都有作证的义务。"

② 《中华人民共和国刑事诉讼法》第一百二十五条："询问证人，应当告知他应当如实地提供证据、证言和有意作伪证或者隐匿罪证要负的法律责任。"

见，即与"以上笔录我看过（或向我宣读过），和我说的相符"意思相同的语句，签名并捺指印。如被害人、证人认为记载有遗漏或者差错时应当允许其补充或者更正，并在补充或者更正的文字上捺指印。如拒绝签名、捺指印的，应当在笔录尾部注明。

（三）询问证人和被害人法律文书的样式

1. 询问笔录的样式

（行政刑事通用）

第＿＿次

# 询 问 笔 录

时间：20××年×月×日×时×分至20××年×月×日×时×分

地点：××市公安局××分局刑事侦查大队

询问/讯问人（签名）：张××、梁×× 工作单位：××市公安局××分局刑事侦查大队

记录人（签名）：张×× 工作单位：×××××××

被询问/讯问人：陈×× 性别：女 年龄：35 出生日期：××××

身份证件种类及号码：身份证，×××××××××××××

现住址：×××××××× 联系方式：××××××

户籍所在地：×××××××××××××

（口头传唤/被扭送/自动投案的被询问/讯问人于＿＿月＿＿日＿＿时＿＿分到达，＿＿月＿＿日＿＿时＿＿分离开，本人签名：＿＿＿＿＿＿＿。）

问：＿＿＿＿＿＿＿＿＿＿＿＿＿＿＿＿＿＿＿＿＿＿＿＿＿＿＿＿＿＿＿＿

答：＿＿＿＿＿＿＿＿＿＿＿＿＿＿＿＿＿＿＿＿＿＿＿＿＿＿＿＿＿＿＿＿

第 页 共 页

2. 被害人诉讼权利义务告知书的样式与范例

# 被害人诉讼权利义务告知书

根据《中华人民共和国刑事诉讼法》的规定，在公安机关对案件进行侦查期间，被害人有如下权利和义务：

1. 不通晓当地通用的语言文字时有权要求配备翻译人员，有权用本民族语言文字进行诉讼。

2. 对于公安机关及其侦查人员侵犯其诉讼权利或者进行人身侮辱的行为，有权提出申诉或者控告。

3. 因在诉讼中作证，人身安全面临危险的，可以向公安机关请求对本人或其近亲属

予以保护。

4. 对于侦查人员、鉴定人、记录人、翻译人员有下列情形之一的，被害人及其法定代理人有权申请回避：（1）是本案的当事人或者是当事人的近亲属的；（2）本人或者他的近亲属和本案有利害关系的；（3）担任过本案的证人、鉴定人、辩护人、诉讼代理人的；（4）与本案当事人有其他关系，可能影响公正处理案件的。对驳回申请回避的决定，可以申请复议一次。

5. 有权核对询问笔录。如果记载有遗漏或者差错，有权提出补充或者改正，经核对无误后，应当在询问笔录上逐页签名、捺指印。有权自行书写亲笔证词。

6. 未满 18 周岁的被害人在接受询问时有权要求通知其法定代理人到场。

7. 由于被告人的犯罪行为而遭受物质损失的，有权提起附带民事诉讼。

8. 公安机关对被害人的报案作出不予立案决定的，被害人如果不服，可以申请复议、复核。被害人认为公安机关对应当立案侦查的案件而不立案侦查的，有权向人民检察院提出申诉。

9. 有权知道用作证据的鉴定意见的内容，可以申请补充鉴定或重新鉴定。

10. 知道案件情况的有作证的义务。

11. 应当如实地提供证据、证言，有意作伪证或者隐匿罪证的应负相应的法律责任。

以上内容，我已看过/已向我宣读。（被害人本人书写）

被害人不能书写，以上内容已向其告知。（办案民警注明）

被　害　人：××× 

办案民警：×××

---

本告知书在第一次询问时交被害人，并在第一次询问笔录中记明情况，同时将本告知书复印一份附卷。

3. 证人诉讼权利义务告知书的样式与范例

## 证人诉讼权利义务告知书

根据《中华人民共和国刑事诉讼法》的规定，在公安机关对案件进行侦查期间，证人有如下权利和义务：

1. 不通晓当地通用的语言文字时有权要求配备翻译人员，有权用本民族语言文字进行诉讼。

2. 对于公安机关及其侦查人员侵犯其诉讼权利或者进行人身侮辱的行为，有权提出申诉或者控告。

3. 因在诉讼中作证，人身安全面临危险的，可以向公安机关请求对本人或其近亲属予以保护。

4. 有权核对询问笔录。如果记载有遗漏或者差错，有权提出补充或者改正，经核对无误后，应当在询问笔录上逐页签名、捺指印。有权自行书写亲笔证词。

5. 未满 18 周岁的证人在接受询问时有权要求通知其法定代理人到场。

6. 知道案件情况的有作证的义务。

7. 应当如实地提供证据、证言，有意作伪证或者隐匿罪证的应负相应的法律责任。

以上内容，我已看过/已向我宣读。（证人本人书写）

证人不能书写，以上内容已向其告知。（办案民警注明）

证　　人：×××

办案民警：×××

本告知书在第一次询问时交证人，并在第一次询问笔录中记明情况，同时将本告知书复印一份附卷。

### 三、勘验、检查、辨认等侦查措施的法律文书

#### （一）勘验、检查、辨认等侦查措施法律文书的概念

勘验、检查、辨认等侦查措施法律文书，是指在刑事案件侦查阶段，侦查人员依照法定程序进行勘验、检查、辨认等侦查措施以调查、了解案件情况时所制作使用的法律文书，包括勘验笔录、检查笔录、辨认笔录等。所以本节主要讨论勘验笔录以及后几种笔录的通用格式。

（1）勘验笔录，是指公安司法机关对与案件有关的现场进行勘查、检验时所制作的实况记录。

（2）检查笔录，是指公安司法机关对与犯罪案件有关的物品、人身、尸体进行检查时，所制作的客观记录。按照检查的性质和方法的不同可以分为不同类别：物证检查笔录、尸体检查笔录、人身检查笔录、侦查实验笔录、搜查笔录等。

（3）辨认笔录，是指侦查人员在主持被害人、证人、犯罪嫌疑人对涉案物品、人员、场所等进行辨认的过程中制作的书面记录。

#### （二）勘验、检查、辨认等侦查措施法律文书的写作要点

1. 勘验笔录

属于叙述型文书，由首部、正文、尾部和相关附件组成。

（1）首部的内容主要包括文书名称、现场勘验单位、指派/报告单位及时间、勘验事由、现场勘验起止时间、勘验地点、现场保护情况、天气情况、勘验前现场的条件、现场勘验利用的光线、现场勘验指挥人员的基本情况等。

（2）正文的主要内容包括现场勘验过程和现场勘验结果，主要记载现场方位、现场概貌、中心现场位置、现场是否有变动、勘验步骤和方法、提取痕迹物证、现场周边搜索情况及现场访问等情况。现场文字记录，通常分为前言、叙述事实和结尾三个部分。

（3）尾部的主要内容包括拍摄现场照片、录音录像和绘制现场图的种类和数量，以及现场勘验记录人员、勘验人员、见证人签名等。

（4）附件由提取痕迹、物证登记表、现场勘验平面示意图、现场照片、现场勘验情况分析报告等内容组成。现场绘图，通常以平面图、平面展开图、立体图、现场立面图、剖视图、综合图、分析图为主。现场照相，包括现场方位照片、现场全貌照片、现场重点部位照片和现场细目照片。

2. ＿＿＿笔录

＿＿＿笔录是一份通用型文书，由首部、正文和尾部组成。我们可在空白处填写措施名称形成相应的笔录，进而形成检查、复验复查、搜查、查封、扣押、辨认、提取等笔录。

（1）首部包括文书名称、起止时间、侦查人员和记录人的姓名和单位、当事人、对象、见证人、其他在场人员的情况、事由和目的、地点。

①起止时间，记录要精确到以"分"为单位。

②当事人。检查笔录应填写"被害人"或"犯罪嫌疑人"信息；搜查笔录应填写"犯罪嫌疑人"信息；查封笔录、扣押笔录填写"涉案财物持有人"信息；辨认笔录填写"辨认人"信息，后面填写其姓名、性别、年龄、住址或单位。侦查实验笔录无此项内容，可直接将此栏留空或将此项用删除线划除。

③对象。检查、搜查、辨认等笔录可填写人或场所的名称，如检查笔录可填写"犯罪嫌疑人身体""被害人身体"等；查封笔录、扣押笔录可填写涉案财物名称。侦查实验笔录无此项目，可直接将此栏留空或将此项用删除线划除。

④见证人。检查、搜查、查封、扣押、辨认、提取笔录需填写见证人的姓名、性别、年龄、住址或单位。侦查实验笔录并不强制要求见证人在场，如果有见证人在场，须按要求填写其个人情况；如果没有见证人，可直接注明"无"或将此项用删除线划除。

⑤其他在场人员。填写其他在场人员的诉讼身份、姓名、性别、年龄、住址或单位。例如检查笔录中可能需要填写检查人员（医师）的身份情况，搜查笔录中可能需要填写犯罪嫌疑人家属情况。如果没有其他在场参与人员，可直接填写"无"或将此项用删除线划除。

⑥事由和目的。填写简要案情和开展侦查措施的对象、目的，如检查目的是确定被害人或者犯罪嫌疑人的某些特征、伤害情况或者生理状态等；搜查目的是查找赃款、赃物等。辨认笔录中的辨认对象可填写在此栏。

⑦地点。准确填写侦查措施实施的地点。

（2）正文是笔录的过程和结果内容，属于主体部分，各种笔录的制作要求如下：

①检查笔录。首先，要记载检查采用的仪器及方法等。然后，要详细记载检查情况，包括被害人或者犯罪嫌疑人身体的某些特征、伤害情况以及生理、心理状态等。最后，应写明检查结果。若在检查过程中进行拍照或录像的，要予以说明。

②搜查笔录。主要记录内容包括：搜查的简要情况；载明搜查范围及顺序；扣押或提取的证据名称、规格、数量以及位置等；搜查中有无损坏物品现象；被搜查人及其家属是否配合等。如果在搜查中对查获的有关证据进行了拍照，应当在笔录中注明。

③查封笔录、扣押笔录。主要记录内容包括：写明查封或者扣押财物的地点、规格、名称等；执行查封、扣押的过程情况，执行过程中财物有无变动、损坏等情况。

④辨认笔录。主要记录内容包括：已掌握的与辨认有关的案件情况；辨认人进行辨认的具体情况和现实条件；辨认对象的情况；辨认的方法和辨认过程中辨认人的态度；见证人的情况；辨认过程；辨认结果，包括辨认人对辨认对象确认、不能确认以及理由等等。

（3）尾部，由侦查人员、记录人、当事人、见证人及其他在场人员分别签名。如果特定的人不在现场或者拒绝签名的，侦查人员应当在笔录中注明。

**（三）勘验、检查、辨认等侦查措施法律文书的样式与范例**

1. 现场勘验笔录的样式与范例

# 现场勘验笔录

现场勘验单位：<u>××市公安局××区分局刑侦大队技术中队</u>

指派/报告单位：<u>××派出所</u> 时间：<u>20××年4月19日10时20分</u>

勘验事由：<u>20××年4月19日10时20分，××派出所接群众报警称，××市××商场一楼东侧门口发现一中年男子被打伤。被害人已被送医院抢救，现场地上有血迹，请速派人勘验现场。</u>

现场勘验开始时间：<u>20××年4月19日11时00分</u>

现场勘验结束时间：<u>20××年4月19日12时30分</u>

现场地点：<u>××市××商场一楼东侧门口</u>

现场保护情况：<u>现场已由××派出所民警张××、陈××指挥商场的部分职工划定保护范围并使用警戒带隔离，疏散了无关人员。因急救车到过现场，现场有变动。</u>

天气：阴☑/晴□/雨□/雪□/雾□，温度：<u>25℃</u>，湿度：<u>20%—40%</u>，风向：<u>东风2级</u>

勘验前现场的条件：变动现场☑/ 原始现场□

现场勘验利用的光线：自然光☑/ 灯光□

现场勘验指挥人：<u>肖××</u> 单位：<u>××市公安局××区分局刑侦大队</u> 职务：<u>大队长</u>

现场勘验情况：<u>刑侦大队大队长肖××带领刑侦大队民警张××、王××、李××，法医何××，痕迹技术员郑××，照相技术员林××于11点00分到达现场。××派出所的张××、陈××汇报了案件有关情况：今天10点20分，派出所接到报警电话后，就派他们两位到现场。10点20分他们赶到现场时看到一中年男子头朝南、脚朝北，仰面躺在地内，身上、头上都有血，一只手放在胸前，另一只手在身体一侧。用手摸被害人的脉搏，发现仍在跳动，随即拨打了急救中心电话，10分钟后急救车赶来将被害人拉到××医院进行抢救。然后他们指挥商场工作人员一起疏散了无关群众，将现场用警戒带保护起来。经派法医去医院调查得知，被害人是一位30多岁的中年男子，已昏迷不醒，有生命危险。后背有长条状伤痕，头部也有明显的钝器伤，现正在进行抢救。</u>

现场勘验由市局刑警队大队长肖××指挥，由民警张××制作现场勘验笔录，王××、李××制作现场勘验平面示意图，技术员郑××现场照相，并邀请商场管理处的程××、梁××作为现场勘验见证人。

现场位于××市××区商场一楼东侧门口。东侧与道路之间有一条宽约 3m 的人行路，现场血迹位于商场一楼东侧门口距道路 1m 的地上，面积为 15cm×15cm，现场有一红色棒球帽，旁边有一无框近视眼镜。

对商场四周进行了搜索，在西侧发现一白色帆布包，长 30cm，宽 20cm，单肩包。经清查，内有可折叠水果刀一把，刃长 4cm，把长 3cm。在白色帆布包旁边的湿地上发现两个鞋印，长 25cm。

现场经认真搜索后，未发现其他物证。现场勘验于 4 月 19 日 12 时 30 分结束。提取了现场遗留的血迹样本、棒球帽、眼镜、白色帆布包及内部所有物品以及鞋印。

（空白处记载现场勘验详细情况，包括现场方位和现场概貌、中心现场位置、现场是否有变动，变动的原因，勘验过程、提取痕迹物证情况、现场周边搜索情况、现场访问情况以及其他需要说明的情况）

现场勘验制图 2 张；照相 25 张；录像 ＿／＿ 分钟；录音 ＿／＿ 分钟。

现场勘验记录人员：＿＿＿＿＿＿

笔录人：张××

制图人：王××、李××

照相人：郑××

录像人：＿＿＿＿＿

录音人：＿＿＿＿＿

现场勘验人员：

本人签名：郑×× 单位：××区公安分局刑侦大队技术中队 职务：技术员

本人签名：何×× 单位：××区公安分局刑侦大队技术中队 职务：法医

本人签名：孙×× 单位：××区公安分局刑侦大队技术中队 职务：技术员

本人签名：张×× 单位：××区公安分局刑侦大队 职务：侦查员

本人签名：王×× 单位：××区公安分局刑侦大队 职务：侦查员

本人签名：李×× 单位：××区公安分局刑侦大队 职务：侦查员

现场勘验见证人：

本人签名：程×× 性别：男 出生日期：19××年×月×日 住址：××省××市××区××小区××栋××房

本人签名：梁×× 性别：女 出生日期：19××年×月×日 住址：××省××市××区××小区××栋××房

年 月 日

◎ **附件1**

提取痕迹、物证登记表

| 序号 | 名称 | 基本特征 | 数量 | 提取部位 | 提取方法 | 提取人 | 备注 |
|---|---|---|---|---|---|---|---|
| 1 | 血液样本 | 暗红色 | 一个 | 商场一楼东侧门口地上 | 棉签蘸取 | 张×× 王×× | |
| | | | | | | | |
| | | | | | | | |

见证人：程××、梁××

办案单位（盖章）：

年 月 日

提取人：何××、孙××

张××、王××

年 月 日

第 页共 页

◎ **附件2**

现场勘验平面示意图

（略）

制图人：王××、李××

制图时间：××××年××月××日

◎ **附件3**

现 场 照 片

（略）

照相人：郑××

照相时间：××××年××月××日

◎ **附件 4**

现场勘验情况分析报告

| 案件编号： | | 勘查号： | |
|---|---|---|---|
| 现场分析<br>依据的资料 | （包括实地勘验、调查访问和检验鉴定等资料） | | |
| 侵害目标及损失 | | | |
| 作案地点 | | | |
| 作案时段 | | 作案进出口 | |
| 作案手段 | | 侵入方式 | |
| 作案工具 | （包括用于破坏、威胁、行凶、交通、照明的工具及其数量和特征等） | | |
| 作案动机目的 | | | |
| 案件性质 | | | |
| 作案人数 | | | |
| 作案过程 | | | |
| 作案人特点 | | | |
| 串并意见与根据 | | | |
| 工作建议 | （包括侦查方向与范围、痕迹物证应用与保管、侦查破案途径与措施、技术防范对策等） | | |
| 现场分析人 | | | |
| | | 年　月　日 | |

2. ＿＿＿＿＿笔录的样式与范例

＿＿＿＿ **笔录**

时间：20××年4月3日 15 时 15 分至 20××年4月3日 17 时 37 分

侦查人员姓名、单位：陈××、刘××，××市公安局××分局刑事侦查大队

记录人姓名、单位：刘××，××市公安局××分局刑事侦查大队

当事人：被害人郑××，男，33 岁，住××省××市××县××路××号

对象：郑××身体

见证人：王××，男，35 岁，××市街道办工作人员

其他在场人员：检查人唐××，男，39 岁，市公安局××分局刑侦大队技术中队法医

事由和目的：被害人陈述受到犯罪嫌疑人袭击后背。检查目的是确定被害人郑 ×× 后背是否有伤及受伤程度。

地点：　××市公安局××检查室

过程和结果：在本案侦查人员陈××、刘××的主持下，聘请本局法医唐××，在见证人王××的见证下，对被害人××进行了人身检查。……侦查人员让郑××脱掉外衣外裤，对其全身进行了仔细检查，发现郑××后背有 3 处深达 1.5cm 的长条形伤痕，受伤程度……

侦查人员：陈××、刘××

记录人：刘××

当事人：郑××

见证人：王××

其他在场人员：唐××

第　　页共　　页

注：该笔录适用于检查、复验复查、侦查实验、搜查、查封、扣押、辨认、提取。

### 四、查封、扣押、冻结、鉴定侦查措施的法律文书

**（一）查封、扣押、冻结、鉴定等侦查措施法律文书的概念**

查封、扣押、冻结、鉴定等侦查措施法律文书，是指在刑事案件侦查阶段，侦查人员依照法定程序进行查封、扣押、冻结和鉴定等侦查措施来收集和保全相关证据，用以调查、了解案件情况时所制作使用的法律文书，包括查封决定书、查封/解除查封清单、扣押决定书、扣押清单、登记保存清单、协助查询财产通知书、协助冻结/解除冻结财产通知书、鉴定聘请书、鉴定意见通知书以及查封、扣押等笔录（由于查封、扣押等笔录在上文已经详细介绍，此处不再赘述）。本节仅介绍查封决定书、扣押决定书、协助冻结/解除冻结财产通知书以及鉴定意见通知书。

（1）查封决定书，是指公安机关对在侦查活动中发现的可用以证明犯罪嫌疑人有罪或者无罪的各种财物、文件予以查封来收集、保全证据时使用的决定性法律文书。

（2）扣押决定书，是指在刑事案件侦查阶段，公安机关发现的可用以证明犯罪嫌疑人有罪或者无罪的各种财物、文件予以扣押来收集、保全证据时制作使用的决定性法律文书。

（3）协助冻结/解除冻结财产通知书，是在刑事案件侦查阶段，公安机关为了查明案情，及时追缴赃款，依法通知有关单位冻结犯罪嫌疑人的存款、汇款、债券、股票、基金份额等财产，或者对已经冻结的犯罪嫌疑人的上述财产经查明确实与案件无关的，依法通知有关单位解除冻结时制作使用的文书。

（4）鉴定意见通知书，是指公安机关将用作证据的鉴定意见通知犯罪嫌疑人、被害人时制作使用的法律文书。

**（二）查封、扣押、冻结、鉴定等侦查措施法律文书的写作要点**

1. 查封决定书

属于多联式填充型文书，分正本、副本、存根三联组成。正本是公安机关查封犯罪嫌疑人不动产和特定动产的凭证，分为首部、正文和尾部三部分。

（1）首部由制作机关名称、文书名称、文书字号以及犯罪嫌疑人、不动产和特定动产所有人或单位的姓名、名称等基本情况组成。执行查封填写决定书时，不能同时填写所

有人或单位的信息，如果需要同时对所有人和单位的相关财物执行查封，则应当分别开具查封决定书。

（2）正文包括案件名称、查封的法律依据①，同时要填写查封不动产或特定动产的编号、名称、地址、特征等信息。

（3）尾部要填写清楚成文时间、单位名称，并加盖制作文书的公安机关印章。

2. 扣押决定书

属于多联式填充型文书，由正本、副本和存根三联组成。其中，正本是公安机关扣押犯罪嫌疑人财物或文件的凭证，分为首部、正文和尾部三部分。

（1）首部由制作机关名称、文书名称、文书字号以及犯罪嫌疑人、财物、文件持有人的姓名或单位名称等基本情况组成。执行扣押填写决定书时，不能同时填写所有人或单位的信息，如果需要同时对所有人和单位的相关财物执行扣押，则应当分别开具扣押决定书。

（2）正文包括案件名称、扣押的法律依据②，同时要填写好扣押财物或文件的编号、名称、数量、特征等信息。

（3）尾部填写清楚成文时间，写明单位名称，并加盖制作文书的公安机关印章。

3. 协助冻结/解除冻结财产通知书

属于多联式填充型文书，由正本、回执和存根组成。正本是公安机关通知有关单位冻结或者解除冻结犯罪嫌疑人的存款、汇款、债券、股票、基金份额等财产的依据和凭证，包括首部、正文和尾部。

（1）首部。首部包括制作机关名称、文书名称、文书字号及抬头。由于公民和单位的财产种类增多，除了存款、汇款，还有债券、股票、基金份额、期货等财产。所以，公安机关在查询财产时，应当根据财产种类的具体情况填写有关单位的名称。

（2）正文。正文应当按照规定的格式填写清楚以下内容：①法律依据，包括冻结财产适用的法律条款③和解除冻结财产适用的法律条款④。②冻结或者解除冻结财产情况。应当按照顺序清楚填写：类型、所在机构、户名或权利人、账号等号码、冻结数额以及其

① 《中华人民共和国刑事诉讼法》第一百四十一条："在侦查活动中发现的可用以证明犯罪嫌疑人有罪或者无罪的各种财物、文件，应当查封、扣押；与案件无关的财物、文件，不得查封、扣押。

对查封、扣押的财物、文件，要妥善保管或者封存，不得使用、调换或者损毁。"

② 《中华人民共和国刑事诉讼法》第一百四十一条："在侦查活动中发现的可用以证明犯罪嫌疑人有罪或者无罪的各种财物、文件，应当查封、扣押；与案件无关的财物、文件，不得查封、扣押。

对查封、扣押的财物、文件，要妥善保管或者封存，不得使用、调换或者损毁。"

③ 《中华人民共和国刑事诉讼法》第一百四十四条："人民检察院、公安机关根据侦查犯罪的需要，可以依照规定查询、冻结犯罪嫌疑人的存款、汇款、债券、股票、基金份额等财产。有关单位和个人应当配合。

犯罪嫌疑人的存款、汇款、债券、股票、基金份额等财产已被冻结的，不得重复冻结。"

④ 《中华人民共和国刑事诉讼法》第一百四十五条："对查封、扣押的财物、文件、邮件、电报或者冻结的存款、汇款、债券、股票、基金份额等财产，经查明确实与案件无关的，应当在三日以内解除查封、扣押、冻结，予以退还。"

他有关内容。③冻结时间。需要注意的是，冻结存款、汇款、证券交易结算资金、期货保证金等财产的期限为 6 个月，每次续冻期限最长不得超过 6 个月对于重大、复杂案件，经设区的市一级以上公安机关负责人批准，冻结存款、汇款、证券交易结算资金、期货保证金等财产的期限可以为 1 年，每次续冻期限最长不得超过 1 年①。冻结债券、股票、基金份额等证券的期限为 2 年，每次续冻期限最长不得超过 2 年②。冻结股权、保单权益或者投资权益的期限为 6 个月，每次续冻期限最长不得超过 6 个月。③ ④解除冻结时间。对于已被冻结的财产，经查明确实与案件无关的，应当在 3 日以内通知金融机构等单位解除冻结，并通知被冻结财产的所有人。④

（3）尾部。尾部填写清楚成文时间，写明单位名称，并加盖公安机关印章。

4. 鉴定意见通知书

属于多联式填充型文书，由交被害人或其法定代理人联、交犯罪嫌疑人联、附卷联及存根四联组成。其中，交犯罪嫌疑人联、被害人或其法定代理人联，由首部、正文和尾部组成，是公安机关将用作证据的鉴定意见通知被害人或其法定代理人的依据及凭证。

（1）首部包括制作文书的公安机关名称、文书名称、文书字号及抬头。抬头填写被害人或其法定代理人的姓名。

（2）正文应当按照规定的格式填写清楚鉴定事项、鉴定的结论性意见。告知的鉴定意见应当与鉴定书中的结论性部分一致。

（3）尾部填写清楚成文时间，写明单位名称，并加盖制作文书的公安机关印章。

**（三）查封、扣押、冻结、鉴定等侦查措施法律文书的样式与范例**

1. 查封决定书的样式与范例

＊＊＊公安局

## 查封决定书

×公（经）封字〔20××〕55 号

姓名黄××，性别男，出生日期 19××年 2 月 10 日，身份证件种类及号码××××
×××××××，住址××省××市××区××小区××栋××房。

---

① 《公安机关办理刑事案件程序规定》第二百四十三条："冻结存款、汇款、证券交易结算资金、期货保证金等财产的期限为六个月。每次续冻期限最长不得超过六个月。

对于重大、复杂案件，经设区的市一级以上公安机关负责人批准，冻结存款、汇款、证券交易结算资金、期货保证金等财产的期限可以为一年。每次续冻期限最长不得超过一年。"

② 《公安机关办理刑事案件程序规定》第二百四十四条："冻结债券、股票、基金份额等证券的期限为二年。每次续冻期限最长不得超过二年。"

③ 《公安机关办理刑事案件程序规定》第二百四十五条："冻结股权、保单权益或者投资权益的期限为六个月。每次续冻期限最长不得超过六个月。"

④ 《公安机关办理刑事案件程序规定》第二百四十七条："对冻结的财产，经查明确实与案件无关的，应当在三日以内通知金融机构等单位解除冻结，并通知被冻结财产的所有人。"

单位名称＿＿＿／＿＿＿，法定代表人＿＿＿／＿＿＿，单位地址及联系方式＿＿＿／＿＿＿。

我局在侦查黄××涉嫌合同诈骗案件中发现你（单位）持有的下列财物、文件可用以证明犯罪嫌疑人有罪或者无罪，根据《中华人民共和国刑事诉讼法》第一百四十一条之规定，现决定查封：

| 编号 | 名称 | 地　　址 | 特　　征 |
|---|---|---|---|
| 1 | 房子 | ××省××市××区××小区××栋××房 | 房地产权证登记业主姓名黄××，身份证号×××××××××× |
| | | | |
| | | | |

公安局（印）

年　月　日

此联交持有人

## 2. 扣押决定书的样式与范例

＊＊＊公安局

扣押决定书

×公（经）扣字〔20××〕66 号

姓名黄××，性别男，出生日期 19××年 2 月 10 日，身份证件种类及号码××××××××××××，住址××省××市××区××小区××栋××房。

单位名称＿＿＿／＿＿＿，法定代表人＿＿＿／＿＿＿，单位地址及联系方式＿＿＿／＿＿＿。

我局在侦查黄××涉嫌合同诈骗案件中发现你（单位）持有的下列财物、文件可用以证明犯罪嫌疑人有罪或者无罪，根据《中华人民共和国刑事诉讼法》第一百四十一条之规定，现决定扣押：

| 编号 | 名称 | 数　　量 | 特　　征 |
|---|---|---|---|
| 1 | 笔记本电脑 | 1 | 黑色，××牌子，型号×× |
| | | | |
| | | | |

公安局（印）

年　月　日

此联交持有人

3. 协助冻结/解除冻结财产通知书的样式与范例

＊＊＊公安局

## 协助查询财产通知书

×公（经）查财字〔20××〕288 号

××银行：

　　因侦查犯罪需要，根据《中华人民共和国刑事诉讼法》第一百四十四条之规定，我局派员前往你处查询犯罪嫌疑人李××（性别男，出生日期 19××年××月××日）的财产，请予协助！

　　财产种类：　　银行账户情况

　　查询线索：姓名李××，性别男，出生日期 19××年××月××日，身份证号码×××××××××××××××××××。

公安局（印）

年　月　日

此联交协助查询单位

4. 鉴定意见通知书的样式与范例

＊＊＊公安局

## 鉴定意见通知书

×公（刑）鉴通字〔20××〕688 号

岳××：

　　我局指派/聘请有关人员，对被害人刘××的伤情进行了人体伤害的医学鉴定。鉴定意见是被害人刘××的脑部遭受钝器打击，致颅脑损伤，被害人刘××的伤情属重伤。根据《中华人民共和国刑事诉讼法》第一百四十八条之规定，如果你对该鉴定意见有异议，可以提出补充鉴定或者重新鉴定的申请。

公安局（印）

年　月　日

此联交犯罪嫌疑人

# 第五节　刑事侦查终结的法律文书

## 一、刑事侦查终结法律文书的概念

刑事侦查终结法律文书，是指公安机关经过一系列的侦查活动后，根据已经查明的事实、证据和有关的法律规定，足以做出犯罪嫌疑人是否犯罪、犯什么罪、犯罪情节轻重以及是否应当追究刑事责任的结论时，决定结束侦查并对案件做出处理决定所制作使用的法律文书，本节只讨论撤销案件决定书、终止侦查决定书、起诉意见书。

### （一）撤销案件决定书

撤销案件决定书是指公安机关经过侦查后发现不应当追究犯罪嫌疑人刑事责任，应当撤销案件时制作使用的法律文书。

### （二）终止侦查决定书

终止侦查决定书是指公安机关经侦查后发现虽有犯罪事实需要追究刑事责任，但不是被立案侦查的某犯罪嫌疑人实施的，对该犯罪嫌疑人终止侦查而制作使用的法律文书。

### （三）起诉意见书

起诉意见书是指对于侦查终结的刑事案件，公安机关认为犯罪事实清楚，证据确实、充分，应当依法追究犯罪嫌疑人刑事责任的，在移送人民检察院时制作的提请检察机关予以起诉的法律文书。

## 二、刑事侦查终结法律文书的写作要点

### （一）撤销案件决定书

撤销案件决定书属于多联式填充型文书，由附卷联、交原案件犯罪嫌疑人联、交原案件被害人或者其近亲属、法定代理人联，交移送机关联及存根六联组成。其中，交原案件犯罪嫌疑人联，其内容及制作要求与附卷联一致，原案件犯罪嫌疑人死亡的，交其家属。

### （二）终止侦查决定书

终止侦查决定书属于多联式填充型文书，由正本、副本及存根四联组成。正本由首部、正文和尾部组成，是公安机关终止对犯罪嫌疑人侦查的依据。

（1）首部包括制作文书的公安机关名称、文书名称、文书字号及犯罪嫌疑人基本情况。

（2）正文应当按照规定的格式填写清楚案件名称、终止对犯罪嫌疑人侦查的原因。

（3）尾部填写清楚成文时间，写明单位名称，并加盖制作文书的公安机关印章。

### （三）起诉意见书

起诉意见书属于叙述型文书，由首部、正文和尾部组成。

（1）首部包括制作文书的公安机关名称、文书名称、文书字号、犯罪嫌疑人的身份情况及违法犯罪经历情况等。犯罪嫌疑人有指派或者委托辩护律师的，应当写明律师的姓名，所在律师事务所或者法律援助机构名称、律师执业证号等。

（2）正文是起诉意见书的核心部分，主要包括：

　　①案件办理情况。案件办理情况主要是指案由，可表述为"犯罪嫌疑人涉嫌×××一案……"在这部分最后要写明"犯罪嫌疑人×××涉嫌××案，现已侦查终结"。

　　②案件事实。首先要注明"经依法侦查查明"，然后详细写明经侦查认定的犯罪事实，包括犯罪时间、地点、经过、手段、目的、动机、危害后果等与犯罪相关的事实要素。可参照"提请批准逮捕书"的相关要求来填写。

　　③证据。首先在详细叙述犯罪事实后，应另起段以"认定上述事实的证据如下"引出列举的证据，并阐述证据与案件事实的客观关联。然后在列举完证据后，则另起段写明"上述犯罪事实清楚。证据确实、充分，足以认定"来进行总结。

　　④案件有关情节。具体写明犯罪嫌疑人是否有自首、立功、累犯等影响量刑的从轻、减轻、从重等犯罪情节。

　　⑤犯罪嫌疑人认罪认罚情况。犯罪嫌疑人自愿认罪认罚的，要根据案件实际情况来简要写明相关情况。

　　⑥犯罪性质认定及移送审查起诉的依据。主要包括：概括说明犯罪嫌疑人的行为特征及其触犯的《刑法》条文和涉嫌的罪名；移送案件的法律依据要写明依据的具体法律条款①。当事人和解的公诉案件，应当写明双方当事人已自愿达成和解协议以及履行情况，同时提出从宽处理的建议。

　　（3）尾部包括接受移送案件的同级人民检察院的名称；移送审查起诉时间并加盖制作文书的公安机关印章；附注事项，根据需要填写"本案卷宗×卷×页""随案移交物品××件"等内容。

### 三、刑事侦查终结法律文书的样式与范例

　　1. 撤销案件决定书的样式与范例

＊＊＊公安局

**撤销案件决定书**

×公（刑）撤案字〔20××〕68号

　　我局办理的江××涉嫌强奸案，因被指控的事实不构成犯罪，根据《中华人民共和国刑事诉讼法》第一百六十三条之规定，决定撤销此案。

公安局（印）

年　月　日

　　此联交原案件犯罪嫌疑人（原案件犯罪嫌疑人死亡的交其家属）

---

　　① 《中华人民共和国刑事诉讼法》第一百六十二条："公安机关侦查终结的案件，应当做到犯罪事实清楚，证据确实、充分，并且写出起诉意见书，连同案卷材料、证据一并移送同级人民检察院审查决定；同时将案件移送情况告知犯罪嫌疑人及其辩护律师。

　　犯罪嫌疑人自愿认罪的，应当记录在案，随案移送，并在起诉意见书中写明有关情况。"

2. 终止侦查决定书的样式与范例

＊＊＊公安局

## 终止侦查决定书

×公（刑）终侦字〔20××〕168 号

姓名张××，性别男，出生日期19××年××月××日，住址××省××市××区××号，单位及职业无业。

我局办理的王××、张××等人涉嫌盗窃罪案，经查明张××没有实施盗窃行为，根据《公安机关办理刑事案件程序规定》第一百八十六条第二款之规定，现决定终止对张××的侦查。

公安局（印）

年　月　日

此联交原犯罪嫌疑人（原犯罪嫌疑人死亡的交其家属）

3. 起诉意见书的样式与范例

＊＊＊公安局

## 起诉意见书

×公（×）诉字〔20××〕×××号

犯罪嫌疑人×××……［犯罪嫌疑人姓名（别名、曾用名、绰号等），性别，出生日期，出生地，身份证件种类及号码，民族，文化程度，职业或工作单位及职务，居住地（包括户籍所在地、经常居住地、暂住地），政治面貌（如是人大代表、政协委员，一并写明具体级、届代表、委员），违法犯罪经历以及因本案被采取强制措施的情况（时间、种类及执行场所）。案件有多名犯罪嫌疑人的，应逐一写明。］

辩护律师×××……［如有辩护律师，写明其姓名，所在律师事务所或者法律援助机构名称，律师执业证编号。］

犯罪嫌疑人涉嫌×××（罪名）一案，由×××举报（控告、移送）至我局（写明案由和案件来源，具体为单位或者公民举报、控告、上级交办、有关部门移送或工作中发现等）。简要写明案件侦查过程中的各个法律程序开始的时间，如接受案件、立案的时间。具体写明犯罪嫌疑人归案情况。最后写明犯罪嫌疑人×××涉嫌×××案，现已侦查终结。

经依法侦查查明：……（详细叙述经侦查认定的犯罪事实，包括犯罪时间、地点、经过、手段、目的、动机、危害后果等与定罪有关的事实要素。应当根据具体案件情况，围绕刑法规定的该罪构成要件，进行叙述。对于只有一个犯罪嫌疑人的案件，犯罪嫌疑人实施多次犯罪的犯罪事实应逐一列举；同时触犯数个罪名的犯罪嫌疑人的犯罪事实应该按照主次顺序分别列举；对于共同犯罪的案件，写明犯罪嫌疑人的共同犯罪事实及各自在共同犯罪中的地位和作用后，按照犯罪嫌疑人的主次顺序，分别叙述各个犯罪嫌疑人的单独犯罪事实。）

　　认定上述事实的证据如下：……（分列相关证据，并说明证据与案件事实的关系）上述犯罪事实清楚，证据确实、充分，足以认定。

　　犯罪嫌疑人×××……（具体写明是否有累犯、立功、自首、和解等影响量刑的从重、从轻、减轻等犯罪情节。犯罪嫌疑人自愿认罪认罚的，简要写明相关情况。）

　　综上所述，犯罪嫌疑人×××……（根据犯罪构成简要说明罪状），其行为已触犯《中华人民共和国刑法》第××条之规定，涉嫌×××罪。依照《中华人民共和国刑事诉讼法》第一百六十二条之规定，现将此案移送审查起诉。（当事人和解的公诉案件，应当写明双方当事人已自愿达成和解协议以及履行情况，同时可以提出从宽处理的建议。犯罪嫌疑人自愿认罪认罚的，如果认为案件符合速裁程序适用条件，可以在起诉意见书中建议人民检察院适用速裁程序办理，并简要说明理由。）

　　此致
×××人民检察院

公安局　（印）

年　　月　　日

附：

1. 本案卷宗　　　卷　　　　页；
2. 随案移交物品　　　　件。

＊＊＊公安局

## 起诉意见书

×公（刑）诉字〔20××〕333 号

　　犯罪嫌疑人夏××，男，19××年8月20日生，出生地××省××县，身份证号码：××××××××××××××××××，汉族，初中文化，无业，群众，现住址：××市××区××路××号。20××年7月31日因涉嫌盗窃罪被××市公安局刑事拘留，经××市人民检察院批准，于同年8月5日被依法逮捕。

　　辩护律师欧阳××，工作单位：××律师事务所；律师执业证编号：×××××××××××××××××××。

　　犯罪嫌疑人夏××涉嫌盗窃一案，由被害人刘××于20××年7月25日报案至我局。我局经过审查，于7月28日立案进行侦查。犯罪嫌疑人夏××已于20××年7月31日被抓获归案。犯罪嫌疑人夏××涉嫌盗窃一案，现已侦查终结。

经依法侦查查明：犯罪嫌疑人夏××于20××年7月25日晚上，潜入被害人在××市××区××路××号2楼2014号的住房，窃取了被害人人民币现金6500元，××品牌手机一部，××品牌手表一只，纯金项链两条，折合人民币共计84,000余元。

认定上述事实的证据如下：

报案记录、被害人的证言，可证实有犯罪事实发生以及被害人损失财物的价值；现场勘验笔录，可证实现场被盗情况，并与犯罪嫌疑人供述相互印证；查获部分涉案赃物，可证实犯罪嫌疑人携带财物确系被害人财物；犯罪嫌疑人夏××对犯罪事实供认不讳，其供述与其他证据材料可以相互印证。

上述犯罪事实清楚，证据确实、充分，足以认定。

综上所述，犯罪嫌疑人夏××利用秘密窃取的方法，盗窃他人钱财，数额巨大，其行为已触犯《中华人民共和国刑法》第二百六十四条之规定，涉嫌盗窃罪。依照《中华人民共和国刑事诉讼法》第一百六十二条之规定，现将此案移送审查起诉。

此致
××市人民检察院

公安局（印）

二〇××年×月×日

附：

1. 本案卷宗×卷××页；
2. 随案移交物品××件。

**【本章思考】**

1. 如何撰写提请批准逮捕书？

2. 如何撰写现场勘查笔录、侦查实验笔录、讯问笔录、询问证人笔录、搜查笔录、检查笔录？

3. 撰写起诉意见书具体包括哪几个方面的内容？

# 第三章 人民检察院法律文书

**【导语】**

人民检察院主要行使国家法律监督的职能，本章的内容主要是人民检察院在实现检察职能的过程中产生的法律文书。尤其是在刑事案件诉讼程序中，人民检察院的刑事法律文书与第二章公安机关法律文书以及第四章人民法院刑事法律文书具有承上启下的作用。目前人民检察院的法律文书有723类，本章重点挑选了起诉书、不起诉决定书、补充侦查提纲、刑事抗诉书、量刑建议书、检察建议书进行要点介绍，在学习这些法律文书的过程中，可以深刻地体会人民检察院在依法行使其职能的重要作用。

**【本章要求】**

了解人民检察院文书的种类、补充侦查提纲的类型及结构，掌握起诉书、不起诉决定书、抗诉书、检察建议书的写作要点及要求。

## 第一节 人民检察院法律文书概述

### 一、人民检察院法律文书的概念

人民检察院法律文书，简称检察法律文书，是指各级人民检察院行使检察权，依法制作的具有法律效力或是法律监督意义的法律文书。

人民检察院的性质及其职权决定了其所制作法律文书的性质和作用。《中华人民共和国宪法》第一百三十四条规定，中华人民共和国人民检察院是国家的法律监督机关。《民事诉讼法》第十四条①、《刑事诉讼法》第八条②、《行政诉讼法》第十一条③分别规定了人民检察院有权对民事、刑事、行政案件进行法律监督的权利。所以，检察法律文书所指向的对象是除检察机关以外的其他机关和个人，并且一经制作，就具有法律约束力。

### 二、人民检察院法律文书的种类

按照案件法律性质不同，分为刑事检察文书、民事检察文书、行政检察文书和各类通用的监督检察文书。

按照文书适用程序不同，分为诉讼法律文书和内部工作文书。诉讼文书通常都是可以

---

① 《中华人民共和国民事诉讼法》第十四条："人民检察院有权对民事诉讼实行法律监督。"
② 《中华人民共和国刑事诉讼法》第八条："人民检察院依法对刑事诉讼实行法律监督。"
③ 《中华人民共和国行政诉讼法》第十一条："人民检察院有权对行政诉讼实行法律监督。"

对外公开的，律师或辩护人可依法进行阅卷。而检察内部工作文书，通常是检察机关在行使监督职能时所做的审查审批、请示报告类文书，是按照法律程序规定所做的留痕类工作文书，通常不对外公开。

按照文书制作形式的不同，可分为文字叙述式的文书和填充式的文书。本章的起诉书、不起诉决定书、抗诉书、补充侦查提纲均属于文字叙述式的文书。在检察文书中，文字叙述式的文书需要说明案件的事实及理由，同时包含对应的法律依据，此是本章的重点内容。填充式的文书，通常是形式固定的表格式文书，在空白处填写即可，制作难度不大。

我国的检察文书种类很多，2020 年 5 月 20 日，最高人民检察院印发《人民检察院工作文书格式文本（2020）》，将原有的 2882 种检察工作文书，修订精简为 723 种格式文本。本章主要对起诉书、不起诉决定书、抗诉书、补充侦查决定书、量刑建议书进行介绍。这五类检察法律文书较为常见，也是律师、诉讼代理人和辩护人等可以依法查阅的法律文书。

## 第二节　人民检察院起诉书

### 一、起诉书的概念

起诉书是指人民检察院对于公安机关侦查终结、移送审查起诉的刑事案件或由其自行侦查终结的刑事案件，认为犯罪嫌疑人的事实已经查清，证据确实、充分，应当追究刑事责任，决定起诉时所制作的文书。

公诉案件的起诉书的制作主体是人民检察院，送达的主体是同级人民法院、被告人、辩护人、被害人或被害人的法定代理人。起诉书的主要目的就是要求人民法院对被告人进行刑事审判，从而惩治犯罪。

起诉书是一种很重要的叙述性检察文书，对于揭露犯罪、宣传法治、教育群众具有很好的作用。制作起诉书要严格依照《人民检察院工作文书格式文本（2020）》版本进行，做到逻辑清晰、事实清楚、法律适用准确。作为案件卷宗的起诉书应予以永久地保存，同时，可以在 12309 中国检察网查阅部分依法公开的起诉书。

### 二、起诉书的写作要点

#### （一）首部

1. 标题

除最高人民检察院外，地方各级人民检察院应当写明省（自治区、直辖市）的名称，例如，北京市东城区人民检察院、广东省广州市荔湾区人民检察院。对于涉外案件提起公诉时，各级人民检察院的名称前均应写明"中华人民共和国"，例如，中华人民共和国浙江省绍兴市人民检察院。

2. 案号

各个检察机关都有自己的案号简称，由起诉年度、案件顺序的序号组成，其中，年度必须使用 4 位数字表述。案号在正式文本的最右端，上下各空一行，表述为：×检××刑诉〔20××〕××号。例如，2024 年的广东省深圳市宝安区人民检察院起诉书的案号为深宝检刑诉〔2024〕1 号案。

3. 被告人基本情况

被告人是自然人，基本情况按照顺序写明姓名、性别、出生年月日、居民身份证号码、民族、文化程度、职业或者工作单位及职务、是否系人大代表或政协委员、户籍地、住址、曾受到刑事处罚以及与本案定罪量刑相关的行政处罚的情况和因本案采取强制措施的情况等。被告人是单位，则应写明单位名称、组织机构代码、住所地、法定代表人姓名、职务等，诉讼代表人写明姓名、性别、出生日期、工作单位、职务，如果其单位的主要负责人、其他责任人员也应承担刑事责任，则应写明相应人员的姓名、性别、出生年月日、居民身份证号码、民族、文化程度、职业或者工作单位及职务、户籍地、住址、曾受到刑事处罚以及与本案定罪量刑相关的行政处罚的情况和因本案采取强制措施的情况等。

这部分写作中应该注意的事项：

（1）写被告人时应注意被告人的其他称呼，尤其是与毒品相关的犯罪，也就是与案情相关的犯罪，被告人如果有化名，或是网名、笔名、绰号等别名的，应当在姓名后注明。如被告人张三，绰号光头。

（2）出生年月日，应有相应的证据印证的公历年月日。如确实查不清出生年月日的，也可以注明年龄。但涉及《刑法》第十七条规定的 12 周岁、14 周岁、16 周岁、18 周岁的责任年龄界限，这类年龄应当注明被告人的出生年月，从而更好地追究其刑事责任。

（3）被告人如是外国人的，还应注明国籍。中文姓名后还应注明外文名字的拼写，还应注明护照号码、在中国的居住地和国外的居所。

（4）被告人曾受到行政处罚、刑事处罚的，应当在起诉书中写明行政处罚的时间、种类、处罚单位；如有刑事犯罪，则应写明原因、种类、决定机关、释放时间。例如，2019 年 3 月 25 日因犯盗窃罪被××市××区人民法院判处有期徒刑一年二个月，2020 年 9 月 17 日因犯盗窃罪被××市××区人民法院判处有期徒刑十一个月，2021 年 8 月 21 日因犯盗窃罪被××市××区人民法院判处有期徒刑一年，并处罚金人民币五千元，于 2022 年 3 月 24 日刑满释放，2022 年 11 月 4 日因盗窃被××市公安局××区分局行政拘留 9 日（未执行）。

（5）被告人如被采取强制措施，那要写明强制措施的名称，批准或者决定以及执行机关名称、时间。被采取过多次强制措施的，可以按照时间顺序分别叙写。例如，因涉嫌贩卖毒品罪，于 2023 年 5 月 12 日，被××市公安局××公安分局刑事拘留，同年 5 月 25 日被××市××区人民检察院批准逮捕，次日被××市公安局××公安分局执行逮捕。

（6）同案被告人有二人以上的，则按照主犯、从犯顺序分段写明。

4. 案由和审查过程

这部分主要介绍案件移送人民检察院后审查起诉的过程。起诉书中的案由要按照监察机关、侦查机关移送审查起诉时认定的罪名叙写。在叙写案件的移送及审查过程时，应当写明案件移送审查起诉、退回补充侦查、改变管辖、变更起诉等诉讼活动的时间、缘由，同时应载明是否已依法告知被告人、被害人诉讼权利，是否讯问了被告人、是否听取了辩护人、法定代理人、被害人、诉讼代理人意见等情况，通过这些写作真实反映审查起诉过程的全貌。例如，本案由西宁市公安局城西公安分局侦查终结，以被告人×××贩卖毒品案，于 2023 年 7 月 20 日向西宁市城西区人民检察院移送起诉。因本案犯罪地在西宁市城东区，故西宁市城西区人民检察院于 2023 年 7 月 21 日向本院移送起诉。本院受理后，于 2023 年 7 月 21 日已告知被告人有权委托辩护人和认罪认罚可能导致的法律后果，依法讯问了被告人，听取了被告人及其值班律师的意见，审查了全部案件材料。

**（二）正文**

1. 事实方面

案件事实是起诉书的核心部分。起诉书的功能主要体现在案件事实上，这也是法院审判的范围。起诉书的内容要写出被告人的罪名、罪状、罪证以及认罪态度。检察院查明的事实与移送单位的起诉意见书的内容如果一致，该部分内容就和起诉意见书的内容几乎一致，但是若人民检察院在移案之后，对案件事实查明的情况与公安机关不一致，有案件事实没有查明的有退回补充侦查的情形，也应如实记载。写好事实部分要注意以下四点：

（1）事实必须客观真实、表述必须准确。起诉书的犯罪事实内容必须是检察机关审查认定的，要有充分的证据可以证明，而不能将事实模糊化，让案件事实的陈述不够客观。

（2）叙述事实应当简明、扼要。同一案件的各起犯罪事实应当分别叙述。例如，多次盗窃、诈骗的事实描写：2020 年 8 月起，被告人张三虚构自己是中国××集团经营部副总，以帮助被害人周某某承建××期"××工程项目""××新建学校项目"为由，先后在锦江区××大厦楼下等地骗取被害人周某某共计 28.5 万元人民币，2021 年 5 月，被害人周某某已收到张三退还的人民币 6 万元。

2020 年 11 月起，被告人张三虚构自己是中国××集团经营部副总，以帮助被害人王某某承建××××期"××××工程项目""××××安置房项目"为由，先后骗取被害人王某某共计 13.5 万元人民币。

2020 年 12 月起，被告人张三虚构自己是中国××××集团经营部副总，以帮助被害人张某某承建××江的桥梁项目为由，先后骗取被害人张某某 10 万元人民币。

（3）对起诉书指控的所有犯罪事实，无论是一人多罪，还是多人一罪，都需要逐一的列举。对于一人多罪的可以按照时间的顺序，也可以按照犯罪的轻重顺序进行叙述；对于多人一罪或是多人多罪的，按照主犯、从犯来叙述，主犯多罪的还要按照时间或是罪轻罪重的原则叙述。

（4）特殊问题的处理。起诉书应当送达当事人及其法定代理人或是诉讼代理人、辩护人，所以，如果涉及党和国家重大机密的问题，应进行模糊化的处理，而不能将机密的文件原文摘抄。有一些涉及有伤风化的情节，如涉及情色、淫秽的词汇，可以概括来写，尽可能不要暴露被害人的个人隐私，尤其涉及被强奸的妇女、幼女的姓名都需要进行模糊化处理，去名留姓。

## 2. 证据部分

起诉书中应写明佐证犯罪事实的证据，但是可以不用写证据与事实之间的一一对应关系，即不需要对证据进行论证，主要对证据进行列举即可。例如，盗窃案证据罗列：（1）书证：银行交易明细、微信聊天记录；（2）证人证言：证人王某某的证言；（3）被害人陈述：被害人张某某的陈述；（4）被告人的供述与辩解：被告人张三的供述与辩解；（5）视听资料：询问录像；（6）电子数据、手机提取报告、微信交易记录等。

## 3. 起诉认定的事实和法律依据

这部分是人民检察院对被告人犯罪事实的认定，也即"本院认为"部分，涉及刑事案件定性的问题。罪名的认定，法律适用、量刑的建议等，其主要的内容包括：被告人的行为构成了什么罪、危害程度、情节的轻重如何（是否存在从重、从轻、加重、减轻的情形）、认罪态度如何等。起诉书引用法律需要针对犯罪事实、准确针对罪名、完整地概括犯罪、引用格式要准确。起诉书引用的法律条文应当是《中华人民共和国刑法》第××条第×款，构成××罪。例如，本院认为，被告人张某某加违反枪支、弹药管理规定，非法持有仿 64 式手枪一支，手枪弹九枚并将枪支和子弹带至公共场所，其行为触犯了《中华人民共和国刑法》第一百三十条，犯罪事实清楚，证据确实、充分，应当以非法携带枪支危及公共安全罪追究其刑事责任。被告人李某某违反枪支、弹药管理规定，非法持有仿 64 式手枪一支，手枪弹九枚，其行为触犯了《中华人民共和国刑法》第一百二十八条第一款，犯罪事实清楚，证据确实、充分，应当以非法持有枪支罪追究其刑事责任。

此外，本部分也可阐明定罪处罚的倾向性意见。人民检察院提起公诉时，对于被告人的犯罪行为，存在哪些从轻、减轻或是从重处罚的意见，人民检察院可以提出自己的倾向性意见。

## （三）尾部

写明本起诉书主送的人民法院名称，另起一行"××人民法院"。右下方，具体承办案件的检察官和检察官助理应当署名，对应相应的职务，并注明行文时间和加盖公章。

附文部分内容较多，包括被告人现在处所、证据目录、证人名单、专家鉴定人的出庭情况、有关涉案款物情况、附带民事诉讼的情况等。示例如下：

附件：

（1）被告人现被取保候审；

（2）案卷材料和证据两册；

（3）《认罪认罚具结书》两份；

（4）《取保候审决定书》复印件两份；

（5）涉案手枪、9 枚子弹、一个枪套均以图片形式移送原物储存于××公安局枪弹库。

## 三、起诉书的样式与范例

### （一）起诉书的样式

1. 自然人犯罪案件起诉书的样式

×××× 人民检察院

# 起 诉 书

××检××刑诉〔20××〕××号

被告人……（写明姓名、性别、出生年月日、居民身份证号码、民族、文化程度、职业或者工作单位及职务、是否系人大代表或政协委员、户籍地、住址、曾受到刑事处罚以及与本案定罪量刑相关的行政处罚的情况和因本案采取强制措施的情况等）

本案由（监察/侦查机关）调查/侦查终结，以被告人×××涉嫌×××罪，于（受理日期）向本院移送起诉。本院受理后，于××××年××月××日已告知被告人有权委托辩护人，××××年××月××日已告知被害人及其法定代理人（近亲属）、附带民事诉讼的当事人及其法定代理人有权委托诉讼代理人，依法讯问了被告人，听取了辩护人、被害人及其诉讼代理人的意见，审查了全部案件材料。本院于（一次退查日期、二次退查日期）退回侦查机关补充侦查，侦查机关于（一次重报日期、二次重报日期）补充侦查完毕移送起诉。本院于（一次延长日期、二次延长日期、三次延长日期）延长审查起诉期限 15 日。

经依法审查查明：

……（写明经检察机关审查认定的犯罪事实包括犯罪时间、地点、经过、手段、目的、动机、危害后果等与定罪、量刑有关的事实要素。应当根据具体案件情况，围绕刑法规定的该罪的构成要件叙写。）

认定上述事实的证据如下：

1. 物证：×××；2. 书证：×××；3. 证人证言：证人×××的证言；4. 被害人陈述：被害人×××的陈述；5. 被告人供述和辩解：被告人×××的供述和辩解；6. 鉴定意见：……；7. 勘验、检查、辨认、侦查实验等笔录：……；8. 视听资料、电子数据：……

本院认为，被告人……（概述被告人行为的性质、危害程度、情节轻重），其行为触犯了《中华人民共和国刑法》第××条（引用罪状、法定刑条款），犯罪事实清楚，证据确实、充分，应当以××罪追究其刑事责任。根据《中华人民共和国刑事诉讼法》第一百七十六条的规定，提起公诉，请依法判处。

此致

×××人民法院

检　察　官　×××
检察官助理　×××
20××年×月×日
（院印）

附件：

1. 被告人现在处所：具体包括在押被告人的羁押场所或监视居住、取保候审的处所；

2. 案卷材料和证据××册；

3. 证人、鉴定人、需要出庭的有专门知识的人的名单，需要保护的被害人、证人、鉴定人的名单；

4. 有关涉案款物情况；

5. 被害人（单位）附带民事诉讼情况；

6. 其他需要附注的事项。

2. 单位犯罪案件起诉书的样式

××××人民检察院

## 起 诉 书

××检××刑诉〔20××〕××号

被告单位……（写明单位名称、组织机构代码、住所地、法定代表人姓名、职务等）

诉讼代表人……（写明姓名、性别、出生日期、工作单位、职务）

被告人……（写明直接负责的主管人员、其他直接责任人员的姓名、性别、出生年月日、居民身份证号码、民族、文化程度、职业或者工作单位及职务、户籍地、住址、曾受到刑事处罚以及与本案定罪量刑相关的行政处罚的情况和因本案采取强制措施的情况等）

本案由××××调查/侦查终结，以被告单位×××涉嫌××罪、被告人×××涉嫌××罪，于××××年××月××日向本院移送起诉。本院受理后，于××××年××月××日已告知被告单位和被告人有权委托辩护人，××××年××月××日已告知被害人及其法定代理人（近亲属）（被害单位及其诉讼代表人）、附带民事诉讼的当事人及其法定代理人有权委托诉讼代理人，依法讯问了被告人，听取了被告单位的辩护人、被告人的辩护人、被害人及其诉讼代理人的意见，审查了全部案件材料。……（写明退回补充侦查、延长审查起诉期限等情况）

经依法审查查明：

……（写明经检察机关审查认定的犯罪事实包括犯罪时间、地点、经过、手段、目的、动机、危害后果等与定罪、量刑有关的事实要素。应当根据具体案件情况，围绕刑法规定的该罪的构成要件叙写。）

认定上述事实的证据如下：

1. 物证：……；2. 书证：……；3. 证人证言：证人×××、×××的证言；4. 被害人陈述：被害人×××的陈述；5. 被告人供述和辩解：被告人×××（被告人姓名、如多个被告人，则分别提取各被告人的姓名自动生成）的供述与辩解；6. 鉴定意见：……；7. 勘验、检查、辨认、侦查实验等笔录：现场勘验笔录，×××的辨认笔录等；8. 视听资料、电子数据：……

本院认为，……（分别概述被告单位、被告人行为的性质、危害程度、情节轻重），其行为触犯了《中华人民共和国刑法》第××条，犯罪事实清楚，证据确实、充分，应当以××罪追究其刑事责任。根据《中华人民共和国刑事诉讼法》第一百七十六条的规定，提起公诉，请依法判处。

此致

×××人民法院

检 察 官×××

检察官助理×××

20××年×月×日

（院印）

附件：

1. 被告人现在处所：具体包括在押被告人的羁押场所或监视居住、取保候审的处所；

2. 案卷材料和证据；

3. 证人、鉴定人、需要出庭的有专门知识的人的名单，需要保护的被害人、证人、鉴定人的名单；

4. 有关涉案款物情况；

5. 被害人（单位）附带民事诉讼情况；

6. 其他需要附注的事项。

### （二）起诉书的范例

上海铁路运输检察院

# 起 诉 书

沪铁检刑诉〔2022〕××号

被告人秦某某，女，19××年××月××日生，居民身份证号码×××××××××，汉族，本科文化，无业，户籍在×××××，住上海市浦东新区×××××。2022年1月12日因涉嫌袭警罪，由上海市公安局城市轨道和公交分局刑事拘留、2022年1月26日经本院决定不批准逮捕，同日被释放。2022年1月26日由上海市公安局城市轨道和公交分局取保候审。

本案由上海市公安局城市轨道和公交分局侦查终结，以被告人秦某某涉嫌袭警罪，于2022年10月21日向本院移送起诉。本院受理后，于2022年10月24日告知被告人有权委托辩护人和认罪认罚可能导致的法律后果，并告知被害人有权委托诉讼代理人，依法讯问了被告人，听取了被告人及其值班律师的意见，审查了全部案件材料。被告人同意本案适用速裁程序审理。

经依法审查查明：

2022年1月11日19时20分许，被告人秦某某在本市轨道交通2号线淞虹路站5号口进站因未佩戴口罩被安检队员拦下，后不顾阻拦多次强闯进站并用脚踹安检队员。民警依某某、王某某接警后至现场并口头传唤其接受调查，但其拒不配合，经多次口头警告无效后将其强制传唤。在强制传唤的过程中，被告人秦某某将民警依某某与王某某双手掐伤。经验伤，民警依某某的伤势为双手及腕部皮肤挫伤，民警王某某的伤势为双手皮肤挫伤，目前均不构成轻微伤。被告人秦某某到案后对上述事实供认不讳。

认定上述事实的证据如下：

1. 被害人依某某、王某某的陈述，证人杨某某、马某某、吴某某、胥某某的证言，视听资料民警王某某的执法记录仪视书证调取证据通知书，调取证据清单，视频截图，刑事摄影件，公安机关出具的涉案地铁站站内监控视频，嫌疑人秦某某归案的情况说明，证实被告人秦某某拒不配合，在民警强制传唤过程中将民警掐伤咬伤袭警的行为及其归案经过。

2. 书证上海市公安局城市轨道和公交总队政治处出具的证明，证实依某某、王某某系在职民警的情况。

3. 鉴定意见上海枫林司法鉴定中心出具的鉴定意见书、书证验伤通知书、刑事摄影件，证实民警依某某的伤势为双手及腕部皮肤挫伤，民警王某某的伤势为双手皮肤挫伤，均不构成轻微伤。

4. 书证网上人口信息资料、被协查人员信息反馈表，证实被告人秦某某的主体身份情况。

5. 被告人秦某某的供述与辩解，证实其犯罪动机、目的、过程及认罪态度。

上述证据收集程序合法，内容客观真实，足以认定指控事实。被告人秦某某对指控的犯罪事实和证据没有异议，并自愿认罪认罚。

本院认为，被告人秦某某用暴力方式袭击正在依法执行职务的人民警察，其行为触犯了《中华人民共和国刑法》第二百七十七条第五款，犯罪事实清楚，证据确实、充分，应当以袭警罪追究其刑事责任。被告人秦某某认罪认罚，依据《中华人民共和国刑事诉讼法》第十五条的规定，可以从宽处理。被告人秦某某如实供述自己的罪行，根据《中华人民共和国刑法》第六十七条第三款的规定，可以从轻处罚，建议判处被告人秦某某拘役五个月，可以适用缓刑。根据《中华人民共和国刑事诉讼法》第一百七十六条的规定，提起公诉，请依法判处。

此致
上海铁路运输法院

检　察　官　××
检察官助理×××
2022 年×月××日
（院印）

附件：
1. 被告人秦某某现取保候审于上海市浦东新区××××，联系方式：×××××；
2. 案卷材料和证据二册（含光盘二张）；

3. 《认罪认罚具结书》一份；

4. 《听取值班律师/辩护人意见材料》一份；

5. 《适用速裁程序建议书》一份；

6. 相关法律条文。

# 第三节　不起诉决定书

## 一、不起诉决定书的概念及适用范围

### （一）不起诉决定书的概念

不起诉决定书，是指人民检察院对监察机关或者公安机关侦查终结移送起诉的案件或者自行侦查终结的案件，经过审查认为犯罪嫌疑人没有犯罪事实，或者具有《刑事诉讼法》第十六条①规定的不追究刑事责任的情形之一，或者因为证据不足、不符合起诉条件，或者犯罪情节轻微，依法不需要判处刑罚或免除刑罚的案件，决定不向法院提起公诉所制作的法律文书。

### （二）不起诉决定书的适用范围

1. 法定不起诉

法定不起诉是指人民检察院对公安机关侦查终结移送起诉的案件或者自己侦查终结的案件进行审查后，认为犯罪嫌疑人的行为不构成犯罪或依法不应追究刑事责任，从而作出不将犯罪嫌疑人诉至人民法院审判的一种处理决定，主要规定在《刑事诉讼法》第十六条中。

2. 存疑不起诉

存疑不起诉，又称证据不足的不起诉。存疑不起诉是检察机关对于经过补充侦查的案件，仍然认为证据不足，不符合起诉条件的，作出的不起诉决定。②③ 存疑不起诉，不是绝对不起诉，在发现新的证据，符合起诉条件的，仍然可以提起公诉。

3. 相对不起诉

---

① 《中华人民共和国刑事诉讼法》第十六条："有下列情形之一的，不追究刑事责任，已经追究的，应当撤销案件，或者不起诉，或者终止审理，或者宣告无罪：（1）情节显著轻微、危害不大，不认为是犯罪的；（2）犯罪已过追诉时效期限的；（3）经特赦令免除刑罚的；（4）依照刑法告诉才处理的犯罪，没有告诉或者撤回告诉的；（5）犯罪嫌疑人、被告人死亡的；（6）其他法律规定免予追究刑事责任的。"

② 《中华人民共和国刑事诉讼法》第一百七十五条第四款："对于二次补充侦查的案件，人民检察院仍然认为证据不足，不符合起诉条件的，应当作出不起诉的决定。"

③ 《最高人民检察院刑事诉讼规则》第三百六十七条规定："人民检察院对于二次退回补充调查或者补充侦查的案件，仍然认为证据不足，不符合起诉条件的，经检察长批准，依法作出不起诉决定。人民检察院对于经过一次退回补充调查或者补充侦查的案件，认为证据不足，不符合起诉条件，且没有再次退回补充调查或者补充侦查必要的，经检察长批准，可以作出不起诉决定。"

相对不起诉，又称酌定不起诉，是指对必须是犯罪情节轻微，依照刑法规定不需要判处刑罚或免除刑罚的，检察长或者检察委员会决定，可以做出不起诉决定。酌定不起诉是人民检察院运用自由裁量的产物，是起诉便宜主义的体现。①

4. 最高检核准不起诉

最高人民检察院核准的不起诉，是指犯罪嫌疑人自愿如实供述涉嫌犯罪的事实，有重大立功或者案件涉及国家重大利益的，经最高人民检察院核准，公安机关可以撤销案件，人民检察院可以作出不起诉决定，也可以对涉嫌数罪中的一项或者多项不起诉。

## 二、不起诉决定书写作要点

### （一）首部

1. 标题与案号

标题与起诉书类似，表述为××××人民检察院不起诉决定书。案号表述和起诉书不同，在右下方要注明：××检××刑不诉〔20××〕××号。

2. 被不起诉人、辩护人基本情况

被不起诉人的基本情况按文书中所列项目顺序叙明，与起诉书的格式相同。此部分包括辩护人姓名、单位。如系法律援助律师，应当写明指派的法律援助机构名称等。例如，辩护人：王××，北京市××律师事务所律师。

3. 案由和案件来源

其中"案由"应当写移送起诉时或者侦查终结时认定的行为性质，而不是负责捕诉的部门认定的行为性质。"案件来源"包括监察机关、公安机关、国家安全机关移送的，本院侦查终结的，其他人民检察院移送等情况。例如本案由北京市公安局通州分局侦查终结，以被不起诉人李某涉嫌寻衅滋事罪，于2023年7月5日向本院移送审查起诉。

### （二）正文

1. 案件事实

此部分包括否定或者指控被不起诉人构成犯罪的事实及作为不起诉决定根据的事实。应当根据不起诉的性质、内容和特点，针对案件具体情况各有侧重点地叙写。例如，2023年1月21日1时许，被不起诉人李某某酒后无故到北京市××区××小区保安室，使用板砖将保安室玻璃门砸坏，并将两台电脑主机和显示器以及监控操作台损坏。经价格评估，被损坏物品价值人民币3483元。现已全部赔偿被害人损失，并获得谅解。

2. 不起诉理由、法律依据和决定事项

该部分写作时所引用的法律应当引全称，所引用的法律条款要用汉字将条、款、项引全。例如，本院认为："李某某实施了《中华人民共和国刑法》第二百九十三条规定的行为，但犯罪情节轻微，具有自首、认罪认罚情节，赔偿并获得被害人谅解，根据《中华人民共和国刑法》第三十七条的规定，可以免予刑事处罚。依据《中华人民共和国刑事诉讼法》第一百七十七条第二款的规定，决定对李某某不起诉。"

---

① 《中华人民共和国刑事诉讼法》第一百七十七条第二款："对于犯罪情节轻微，依照刑法规定不需要判处刑罚或者免除刑罚的，人民检察院可以作出不起诉决定。"

3. 告知事项

该部分应当根据《人民检察院刑事诉讼规则》第 385 条的规定，写明被不起诉人享有申诉权。凡是有被害人的案件，应当根据《中华人民共和国刑事诉讼法》第 180 条的规定，写明被害人享有申诉权及起诉权。例如，被不起诉人如不服本决定，可以自收到本决定书后七日内向本院申诉。被害人如不服本决定，可以自收到本决定书后七日以内向北京市人民检察院第三分院申诉，请求提起公诉，也可以不经申诉，直接向北京市××区人民法院提起自诉。

**（三）尾部**

署上某检察院的名称，不起诉决定书的日期应当是签发日期。

## 三、不起诉决定书的样式与范例

### （一）不起诉决定书的样式

1. 没有犯罪事实不起诉的样式

××××人民检察院

**不起诉决定书**

××检××刑不诉〔20××〕××号

被不起诉人……〔写明姓名、性别、出生年月日、居民身份证号码、民族、文化程度、职业或工作单位及职务（国家机关工作人员利用职权实施的犯罪，应当写明犯罪期间在何单位任何职）、户籍地、住址（被不起诉人住址写居住地，如果户籍所在地与暂住地不一致的，应当写明户籍所在地和暂住地），是否受过刑事处罚，采取强制措施的种类、时间、决定机关等〕

（如系被不起诉单位，则应写明名称、住所地等）

辩护人……（写明姓名、单位）。

本案由×××（监察/侦查机关名称）调查/侦查终结，以被不起诉人×××涉嫌××罪，于×年×月×日向本院移送起诉。

（如果是自侦案件，此处写"被不起诉人×××涉嫌××一案，由本院侦查终结，于×年×月×日移送起诉或不起诉"。如果案件是其他人民检察院移送的，此处应当将指定管辖、移送单位以及移送时间等写清楚。）

（如果案件曾经退回补充调查/侦查，应当写明退回补充调查/侦查的日期、次数以及再次移送起诉时间）

经本院依法审查查明：

……

〔如果是根据《刑事诉讼法》第十六条第（一）项即监察/侦查机关移送起诉认为行为构成犯罪，经检察机关审查后认定行为情节显著轻微、危害不大，不认为是犯罪而决定不起诉的，则不起诉决定书应当先概述监察/侦查机关移送起诉意见书认定的犯罪事实

（如果是检察机关的自侦案件，则这部分不写），然后叙写检察机关审查认定的事实及证据，重点反映显著轻微的情节和危害程度较小的结果。如果是行为已构成犯罪，本应当追究刑事责任，但审查过程中有《刑事诉讼法》第十六条第（二）至（六）项法定不追究刑事责任的情形，因而决定不起诉的，应当重点叙明符合法定不追究刑事责任的事实和证据，充分反映出法律规定的内容。如果是根据《刑事诉讼法》第一百七十七条第一款中的没有犯罪事实而决定不起诉的，应当重点叙明不存在犯罪事实或者犯罪事实并非被不起诉人所为。〕

本院认为，×××（被不起诉人的姓名）的上述行为，情节显著轻微、危害不大，不构成犯罪。依照《中华人民共和国刑事诉讼法》第十六条第（一）项和第一百七十七条第一款的规定，决定对×××（被不起诉人的姓名）不起诉。

〔如果是根据《刑事诉讼法》第十六条第（二）至（六）项法定不追究刑事责任的情形而决定的不起诉，重点阐明不追究被不起诉人刑事责任的理由及法律依据，最后写不起诉的法律依据。如果是根据《刑事诉讼法》第一百七十七条第一款中的没有犯罪事实而决定不起诉的，指出被不起诉人没有犯罪事实，再写不起诉的法律依据。〕

被害人如果不服本决定，可以自收到本决定书后七日以内向×××人民检察院申诉，请求提起公诉；也可以不经申诉，直接向×××人民法院提起自诉。

××××人民检察院

20××年×月×日

（院印）

## 2. 相对不起诉的样式

××××人民检察院

### 不起诉决定书

××检××刑不诉〔20××〕××号

被不起诉人……〔写明姓名、性别、出生年月日、居民身份证号码、民族、文化程度、职业或工作单位及职务（国家机关工作人员利用职权实施的犯罪，应当写明犯罪期间在何单位任何职）和户籍地、住址（被不起诉人住址写居住地，如果户籍所在地与暂住地不一致的，应当写明户籍所在地和暂住地），是否受过刑事处罚，采取强制措施的种类、时间、决定机关等。〕

（如系被不起诉单位，则应写明名称、住所地等）

辩护人……（写明姓名、单位）

本案由×××（监察/侦查机关名称）调查/侦查终结，以被不起诉人×××涉嫌××罪，于×年×月×日向本院移送起诉。

（如果是自侦案件，此处写"被不起诉人×××涉嫌××一案，由本院调查/侦查终结，于×年×月×日移送起诉或不起诉。"如果案件是其他人民检察院移送的，此处应当将指定管辖、移送单位以及移送时间等写清楚。)

（如果案件曾经退回补充侦查，应当写明退回补充侦查的日期、次数以及再次移送起诉时间。)

经本院依法审查查明：

……

（概括叙写案件事实，其重点内容是有关被不起诉人具有的法定情节和检察机关酌情作出不起诉决定的具体理由的事实。要将检察机关审查后认定的事实和证据写清楚，不必叙写调查/侦查机关移送审查时认定的事实和证据。对于证据不足的事实，不能写入不起诉决定书中。在事实部分中表述犯罪情节时应当以犯罪构成要件为标准，还要将体现其情节轻微的事实及符合不起诉条件的特征叙述清楚。叙述事实之后，应当将证明"犯罪情节"的各项证据一一列举，以阐明犯罪情节如何轻微。)

本院认为，×××实施了《中华人民共和国刑法》第××条规定的行为，但犯罪情节轻微，具有×××情节（此处写明认罪认罚、从轻、减轻或者免除刑事处罚具体情节的表现），根据《中华人民共和国刑法》第××条的规定，不需要判处刑罚（或者免除刑罚）。依据《中华人民共和国刑事诉讼法》第一百七十七条第二款的规定，决定对×××（被不起诉人的姓名）不起诉。

被不起诉人如不服本决定，可以自收到本决定书后七日内向本院提出申诉。

被害人如不服本决定，可以自收到本决定书后七日以内向×××人民检察院申诉，请求提起公诉；也可以不经申诉，直接向×××人民法院提起自诉。

×××× 人民检察院

20××年×月×日

（院印）

3. 最高人民检察院核准不起诉的样式

×××× 人民检察院

## 不起诉决定书

××检××刑不诉〔20××〕××号

被不起诉人〔写明姓名、性别、出生年月日、居民身份证号码、民族、文化程度、职业或工作单位及职务（国家机关工作人员利用职权实施的犯罪，应当写明犯罪期间在何单位任何职）和户籍地、住址（被不起诉人住址写居住地，如果户籍所在地与暂住地不一致的，应当写明户籍所在地和暂住地），是否受过刑事处罚，采取强制措施的种类、时间、决定机关等。〕

（如系被不起诉单位，则应写明名称、住所地等）

辩护人……（写明姓名、单位）

本案由（侦查机关名称）侦查终结，以被不起诉人×××涉嫌××罪，于×年×月×日向本院移送起诉。

（如果案件曾经退回补充侦查，应当写明退回补充侦查的日期、次数以及再次移送起诉时间）

经本院依法审查查明：

......

（概括叙写案件事实，并写明被不起诉人自愿如实供述涉嫌的犯罪事实，并具有重大立功等，有必要作不起诉处理的事实。要将检察机关审查后认定的事实和证据写清楚，不必叙写侦查机关移送审查时认定的事实和证据。对于证据不足的事实，不能写入不起诉决定书中。在事实部分中表述犯罪情节时应当以犯罪构成要件为标准，还要将体现其有必要作不起诉处理的因素叙述清楚。叙述事实之后，应当将证据一一列举。）

本院认为，×××实施了《中华人民共和国刑法》第××条规定的行为，因自愿如实供述涉嫌犯罪的事实，并有重大立功（或案件涉及国家重大利益），经最高人民检察院核准，决定对（被不起诉人的姓名）不起诉。

×××× 人民检察院
20××年×月×日
（院印）

### 4. 存疑不起诉的样式

×××× 人民检察院

## 不起诉决定书

××检××刑不诉〔20××〕××号

被不起诉人......〔写明姓名、性别、出生年月日、居民身份证号码、民族、文化程度、职业或工作单位及职务（国家机关工作人员利用职权实施的犯罪，应当写明犯罪期间在何单位任何职）和户籍地、住址（被不起诉人住址写居住地，如果户籍所在地与暂住地不一致的，应当写明户籍所在地和暂住地），是否受过刑事处罚，采取强制措施的种类、时间、决定机关等。〕

（如系被不起诉单位，则应写明名称、住所地等）

辩护人......（写明姓名、单位）

本案由×××（监察/侦查机关名称）调查/侦查终结，以被不起诉人×××涉嫌××罪，于×年×月×日移送本院审查起诉。

（如果是自侦案件，此处写"被不起诉人×××涉嫌××一案，由本院侦查终结，于×年×月×日移送起诉或不起诉。"如果案件是其他人民检察院移送的，此处应当将指定管辖、移送单位以及移送时间等写清楚。）

（如果案件曾经退回补充调查/侦查，应当写明退回补充调查/侦查的日期、次数以及再次移送起诉时间。）

×××（侦查机关名称）移送起诉认定……（概括叙述监察/侦查机关认定的事实），经本院审查并退回补充调查/侦查，本院仍然认为×××（监察/侦查机关名称）认定的犯罪事实不清、证据不足（或本案证据不足）（应当概括写明事实不清、证据不足的具体情况），不符合起诉条件。依照《中华人民共和国刑事诉讼法》第一百七十五条第四款的规定，决定对×××（被不起诉人的姓名）不起诉。

（如系检察机关直接受理案件，则写为：本案经本院侦查终结后，在审查起诉期间，经两次补充侦查，本院仍认为本案证据不足，不符合起诉条件。依照《中华人民共和国刑事诉讼法》第一百七十五条第四款的规定，决定对×××不起诉。）

被害人如不服本决定，可以自收到本决定书后七日以内向××人民检察院申诉，请求提起公诉；也可以不经申诉，直接向××人民法院提起自诉。

××××人民检察院
20××年×月×日
（院印）

## （二）不起诉决定书的范例

吉林省×××区人民检察院

### 不起诉决定书

××检刑不诉〔2023〕139号

被不起诉人张某某，男，1983年×月×日出生，居民身份证号码×××××，汉族，小学文化，××公司员工，户籍所在地吉林省长春××××，住吉林省长春××××区×小区×栋×单元×室。因涉嫌故意伤害罪，于2021年11月27日被长春市公安局××××区分局取保候审，2022年11月27日变更为监视居住；因涉嫌故意伤害罪，于2023年5月18日由本院决定对其监视居住。

本案由长春市公安局××××区分局侦查终结，以被不起诉人张某某涉嫌故意伤害罪，于2023年5月18日向本院移送审查起诉。

经本院依法审查查明：

2021年9月17日10时许，在长春××××区合肥路与沿河路交会处附近，被不起诉人张某某与被害人杜某某因行车问题发生争吵，随后二人厮打在一起。经长春市公安司法鉴定中心鉴定，杜某某外伤致左侧鼻骨、左侧上颌骨额突线状骨折，其损伤程度已构成轻伤二级。同年11月27日9时，张某某投案自首。2023年5月16日，张某某向杜某某赔偿经济损失并取得其谅解。

认定上述事实的证据如下：

1. 到案经过、谅解书、指认现场照片、户籍信息证明等书证；

2. 证人魏某某的证言；

3. 被害人杜某某的陈述；

4. 被不起诉人张某某的供述和辩解；

5. 伤情鉴定。

本院认为，被不起诉人张某某实施了《中华人民共和国刑法》第二百三十四条规定的行为，但其犯罪情节轻微，已赔偿被害人并取得谅解，具有自首、认罪认罚情节，根据《中华人民共和国刑法》第三十七条的规定，不需要判处刑罚。依据《中华人民共和国刑事诉讼法》第一百七十七条第二款的规定，决定对张某某不起诉。被不起诉人如不服本决定，可以自收到本决定书后七日内向本院提出申诉。

被害人如不服本决定，可以自收到本决定书后七日以内向本院申诉，请求提起公诉；也可以不经申诉，直接向长春市××区人民法院提起自诉。

××××区人民检察院

2023 年 11 月 17 日

（院印）

# 第四节　补充侦查提纲

## 一、补充侦查提纲的概念及种类

### （一）补充侦查提纲的概念

补充侦查提纲，是指针对公安机关侦查的案件，人民检察院在审查案件时认为犯罪事实不清、证据不足、遗漏了罪行，或者还有其他应当追究刑事责任的同案犯没有追究，需要补充侦查所作出的书面文件。

补充侦查提纲，属于内卷，在人民检察院和公安机关之间流转，2020 年 4 月 2 日前该文书名称为补充侦查决定书，现均已改名为补充侦查提纲。

### （二）补充侦查提纲的种类

2020 年 4 月 2 日，最高人民检察院、公安部联合印发了《关于加强和规范补充侦查工作的指导意见》，最高人民检察院发布了补充侦查工作中《调取证据材料通知书》《补充侦查提纲》《继续侦查提纲》和《退回补充侦查提纲》四个工作文书样式。其中《调取证据材料通知书》适用于办案全过程；《补充侦查提纲》适用于因证据不足作出不批准逮捕决定的案件，供侦查机关开展补充侦查工作时使用；《继续侦查提纲》适用于作出批准逮捕决定的案件，供侦查机关继续开展侦查工作时使用；《退回补充侦查提纲》适用于审查起诉的案件，需要退回侦查机关补充侦查时使用的。本节内容主要对不批准逮捕的补充侦查提纲和退回补充侦查提纲进行介绍。

1. 不批准逮捕的补充侦查提纲

该类型的补充侦查，主要是对于不批准逮捕的，需要补充侦查的案件所作的提纲，以及因为证据不足作出不批准逮捕决定的案件，人民检察院应当制作补充侦查提纲，送达侦查机关。

2. 审查起诉时的退回补充侦查提纲

退回补充侦查的提纲，是人民检察院在审查起诉过程中，认为部分犯罪事实没有查明，需要退回侦查机关补充侦查时使用的。退回补充侦查提纲应包括七项具体内容：（1）阐明补充侦查的理由，包括案件事实不清、证据不足的具体表现和问题；（2）阐明补充侦查的方向和取证目的；（3）明确需要补充侦查的具体事项和需要补充收集的证据目录；（4）根据起诉和审判的证据标准，明确补充、完善证据需要达到的标准和必备要素；（5）有遗漏罪行的，应当指出在起诉意见书中没有认定的犯罪嫌疑人的罪行；（6）有遗漏同案犯罪嫌疑人需要追究刑事责任的，应当建议补充移送；（7）其他需要列明的事项。

## 二、补充侦查提纲的写作要点

### （一）首部

首部写明"×××人民检察院退回补充侦查提纲""×××人民检察院补充侦查提纲"。左下方是接收单位是侦查单位，一般是"×××公安局"。

### （二）正文

1. 写明犯罪嫌疑人的名称和案由以及要求补充侦查的法律依据

例如，不批准逮捕的格式，你局（或其他称谓）以＿＿＿＿＿＿号提请批准逮捕意见书移送审查批准逮捕的犯罪嫌疑人×××（姓名）涉嫌×××（罪名）一案，经审查，决定不批准逮捕。为有效地指控犯罪，请你局（或其他称谓）做好以下补充侦查工作。

2. 补充侦查的主要事项和理由

向公安机关指明哪些事实需要查清楚，并说明事实和理由。这里需要对主要的疑点进行查明的，应告知公安机关，让公安机关查明和核实证据。例如，诈骗罪中，要求公安机关补充查明犯罪的数额、犯罪的主观目的、欺诈的手段。

3. 相关工作的要求

这里是对公安机关的提醒，提醒移送审查起诉中的案卷中没有的内容，例如，遗漏了被害人、是否及时地冻结犯罪嫌疑人相关账户等。

### （三）尾部

尾部需要附上人民检察机关的联系人和联系电话，时间和院印。

## 三、补充侦查提纲的样式与范例

### （一）补充侦查提纲的样式

1. 退回补充侦查提纲

×××人民检察院

# 退回补充侦查提纲

×××（侦查机关名称）：

你局（或其他称谓）以＿＿＿＿＿＿＿号起诉意见书移送起诉的犯罪嫌疑人×××（姓名）涉嫌×××（罪名）一案，为有效地指控犯罪，根据《中华人民共和国刑事诉讼法》第一百七十五条第二款的规定，决定将案件退回你局（或其他称谓）补充侦查。

一、补充侦查的方向

本院审查认为……

二、补充侦查的主要事项和工作

根据上述情况，请你局（或其他称谓）查明以下事项，并重点做好相关工作：

1. 为查明……，调取（核查、询问、讯问、梳理）……

2. 为核实……，调取（核查、询问、讯问、梳理）……

……

三、相关工作要求

补充侦查过程中，注意以下问题：

1.……

2.……

……

联系人：×××

联系电话：×××××

××××年×月×日<br>（院印）

2. 补充侦查提纲

×××人民检察院

# 补充侦查提纲

×××（侦查机关名称）：

你局（或其他称谓）以＿＿＿＿＿＿＿号提请批准逮捕意见书移送审查批准逮捕的犯罪嫌疑人×××（姓名）涉嫌×××（罪名）一案，经审查，决定不批准逮捕。为有效地指控犯罪，请你局（或其他称谓）做好以下补充侦查工作：

一、补充侦查的主要事项和工作

请你局（或其他称谓）查明以下事项并重点做好相关工作：

1. 为查明……，调取（核查、询问、讯问、梳理）……

2. 为核实……，调取（核查、询问、讯问、梳理）……

……

二、相关工作要求

补充侦查过程中，注意以下问题：

1. ……

2. ……

……

联系人：×××

联系电话：×××××

×××× 年×月×日

（院印）

## （二）退回补充侦查提纲的范例①

×× 省 ×× 市 ×× 区人民检察院

## 退回补充侦查提纲

×××（侦查机关名称）：

你局以×××号起诉意见书移送起诉的犯罪嫌疑人张某某涉嫌故意伤害一案，为有效地指控犯罪，根据《中华人民共和国刑事诉讼法》第一百七十五条第二款规定，决定将案件退回你局补充侦查。

**一、补充侦查的方向**

本院审查认为，本案认定犯罪嫌疑人张某某实施故意伤害行为的证据尚未形成完整证据链条，缺乏必要的客观性证据，言词证据存在矛盾，作案凶器提取、损伤程度鉴定等证据收集、制作存在不规范、证据瑕疵等问题，证明体系有待完善，需对部分证据重新收集或进行进一步补正。

**二、补充侦查的主要事项和工作**

（一）定罪事实、证据需补查的事项和工作

为查明犯罪嫌疑人张某某用刀捅伤被害人王某某的过程，确认张某某是否具有防卫情节及防卫是否过当，请开展以下工作：

1. 犯罪嫌疑人张某某辩解其与李某某在就餐过程中发生争执，系李某某先动手，在其努力避免发生冲突的情况下，对方仍对自己与一同就餐的刘某某进行殴打。为查清案发起因，应询问一同就餐的人员刘某某、赵某某、钱某某，餐厅工作人员孙某某，查明张某某供述是否属实，是否具有防卫目的。

---

① 《如何撰写审查起诉阶段的退回补充侦查提纲》，载最高人民检察院官网：https://www.spp. gov.cn/spp/llyj/202106/t20210608_520854.shtml，最高访问日期：2024 年 1 月 10 日。

2. 犯罪嫌疑人张某某辩解因案发前李某某表示会继续对其侵害，曾拨打电话报警。为查清其供述是否属实，应核查派出所的接警电话单及出警记录，询问出勤民警，查明张某某是否具备防卫意图。

3. 犯罪嫌疑人张某某辩解未还手，是在被围殴过程中持刀伤人，证人李某某证实张某某有推搡行为，证人潘某某证实未看清张某某是否动手，言词证据存在矛盾。应询问在场人员，核实该情节，查明张某某是否具有防卫意图。

4. 证人刘某某证实案发现场有监控，可能记录案发过程。为查清李某某、张某某之间的行为事实，应注重客观证据的调取。请调取相关视听资料，查明李某某等人对张某某围殴时的人员数量、时间长度、手段强度、是否持械等具体情形。

5. 证人李某某证实被害人王某某和夏某某在劝架时，看到张某某的手对着自己不停推搡，被害人王某某和夏某某将他们从中间推开后，被害人王某某就被捅伤了，对该情节应向张某某、王某某、夏某某进行核实，并组织夏某某对上述人员进行辨认，查明王某某受伤的经过。

6. 温某某证实其弟弟赵某某、钱某某等人均在案发现场，参与殴打张某某的还有小四、小五等人，应继续查找上述人员，核实案发经过。

7. 张某某供述其被被害人一方围殴受伤，脖子、头部均被打伤，且身上有被砍伤的伤痕，为查清张某某的行为是否防卫过当，应由法医对张某某所受损伤是陈旧伤还是新发伤进行说明，且对其所受损伤程度进行鉴定，以查明张某某所受损伤程度。

8. 应补充移送在案发现场提取刀具的《提取笔录》，如未制作，应作出合理解释。根据最高人民法院《关于适用〈中华人民共和国刑事诉讼法〉的解释》第八十二条第（二）项、第八十六条规定，提取、扣押的物证应附有相关笔录，未附笔录或清单，不能证明物证来源的，不得作为定案的根据。张某某供述作案凶器其藏匿于×××且对藏匿地点进行了辨认，但其未证实提取过程。虽在案证据有对凶器的《扣押决定书》及《扣押清单》，但也无法证明提取过程，现有证据无法证实凶器来源。故应补充移送凶器《提取笔录》，如未制作，应进行解释说明。

9. 查明作案工具上的血痕，凶器上是否留有指纹及与本案关联。根据最高人民法院《关于适用〈中华人民共和国刑事诉讼法〉的解释》第八十二条第（四）项规定，对现场遗留的血迹、指纹等生物样本、痕迹物品，应作DNA、指纹鉴定后与被告人或被害人生物检材进行比对。《扣押笔录》显示刀上有血痕，应送检后进行DNA比对，同时应提取指纹进行比对。

10. 对被害人王某某损伤程度重新鉴定。

（1）最高人民法院《关于适用〈中华人民共和国刑事诉讼法〉的解释》第九十八条第（一）项、第（二）项规定，鉴定机构、鉴定人不具备法定资质的，鉴定意见不得作为定案根据。本案鉴定意见未移送相关鉴定资质材料，应补充移送；

（2）最高人民法院《关于适用〈中华人民共和国刑事诉讼法〉的解释》第九十八条第（六）项规定，鉴定过程和方法不符合相关专业的规范要求的，鉴定意见不得作为定案的根据。本案鉴定人在被害人伤情未稳定，未进行活体检查的情况下，依据司法部、最高人民法院、最高人民检察院、公安部发布的《人体损伤鉴定标准》第5.6.2b之规定得出结论错误，应在被害人伤情稳定并结合活体检查情况，依据《人体损伤鉴定标准》第 5.7.2b 之规定得出结论。故对王某某的损伤程度应重新鉴定。

（二）量刑事实、证据需补查事项

1. 查明张某某是否有主动报警行为及其到案经过。张某某供述其在案发后有打电话实名报警且经传唤后主动到公安机关的行为，公安机关起诉意见书也有相应表述，但抓获经过说明证实张某某是被抓获归案，应调取张某某通话记录、核查派出所的接警记录单。

2. 查明张某某是否赔偿被害人及其赔偿意愿，以及被害人接受赔偿意愿，以确认本案是否具有刑事谅解基础。

（三）需进一步补正的瑕疵证据

1. 由参与抓获的侦查人员重新出具《抓获经过说明》并加盖局章。根据最高人民法院《关于适用〈中华人民共和国刑事诉讼法〉的解释》第一百四十二条第一款规定，抓获经过说明应有办案人员的签名和办案机关的盖章，本案 2 份《抓获经过说明》无侦查人员签字，也无办案公安局的局章的，应由参与抓获的侦查人员重新出具并加盖局章。

2. 对张某某的人身检查无见证人签字或盖章，应进行解释、说明。根据最高人民法院《关于适用〈中华人民共和国刑事诉讼法〉的解释》第一百零二条、第一百零三条的规定，检查笔录应由见证人签名或盖章，对张某某的人身检查无见证人签字或盖章的，应进行解释、说明。

3. 对张某某人身检查和对其第一次讯问的时间、侦查人员存在重合的问题进行解释说明。

4. 最高人民法院、最高人民检察院、公安部、国家安全部、司法部《关于适用认罪认罚从宽制度的指导意见》第 22 条规定，公安机关在侦查过程中，应当告知犯罪嫌疑人享有的诉讼权利、如实供述罪行可以从宽处理和认罪认罚的法律规定。讯问张某某时未告知其认罪认罚相关的权利义务，补查讯问时应告知其该权利。

5. 王某某的文化程度是文盲，但其对自己陈述笔录有"看过与我说一致"的内容，前后矛盾，应进行解释说明。

6. 对未询问少数民族证人刘某某是否需要聘请翻译进行解释说明。刑事诉讼法第九条规定，各民族公民都有用本民族语言文字进行诉讼的权利。法院、检察机关和公安机关对于不通晓当地通用的语言文字的诉讼参与人，应当为他们翻译。证人刘某某是高山族，因此公安人员在开始询问前，应当询问证人刘某某是否需要聘请翻译，其明确不需要翻译后方可用汉语进行询问。对未询问刘某某是否需要聘请翻译进行解释说明。

7. 组织张某某对作案凶器进行辨认。根据最高人民法院《关于适用〈中华人民共和国刑事诉讼法〉的解释》第八十二条第（一）项规定，应审查物证是否经过辨认。本案中作案凶器无提取笔录，张某某供述刀长 12 厘米，扣押笔录记载刀长 16 厘米，二者存在矛盾，故在刀具来源不清，张某某所述与所扣刀具是否同一存疑的情况下，应组织张某某进行辨认。

8. 《扣押决定书》《扣押笔录》《扣押清单》对刀具特征的描述记录存在出入，应进行解释说明。

（1）《扣押决定书》《扣押笔录》均记录"刀身有火焰图案"，《扣押清单》未记录；

（2）《扣押笔录》《扣押清单》均记录"刀柄长 9 厘米"，《扣押决定书》未记录；

（3）《扣押笔录》记载刀上见血痕，《扣押决定书》《扣押清单》未记录。

9. 鉴定意见应告知被害人王某某。《刑事诉讼法》第一百四十八条规定，侦查机关应当将用作证据的鉴定意见告知犯罪嫌疑人、被害人。本案中，侦查机关仅将鉴定意见告知了犯罪嫌疑人张某某，未告知被害人王某某，应在补充侦查阶段予以告知。

（四）案件其他违法、犯罪线索

1. 查清本案起因，核实李某某的行为，根据在案证据体现，李某某伙同小四、小五等人主动殴打张某某，在民警出面制止后，仍纠集他人对张某某进行侵害，应对其行为继续侦查，是否涉嫌犯罪，如涉案人员构成犯罪，应予以追诉。

2. 张某某供述其左大腿内侧、右肩处疤痕、左手手腕处疤痕均是多年前被他人砍伤，应对张某某所受伤是新发伤还是陈旧伤作出认定，并对损伤程度进行鉴定，若涉及他人犯罪，应立案查处。

3. 张某某供述其和多个朋友都纹了具有特定含义的相同文身，且其还涉及暴力犯罪，张某某及其朋友等人有涉黑涉恶迹象，应查证核实。

4. 张某某及其朋友刘某某均证实案发后张某某驾驶摩托车返回家中，次日又驾车前往派出所，以查清张某某是否有酒（醉）驾违法或犯罪情形。

**三、相关工作要求**

补充侦查过程中，注意以下问题：

1. 对被害人人体损伤程度重新鉴定时，应结合对被害人活体检查情况，对本案致伤工具、行为与结果之间的因果关系等进行分析论证。

2. 再次移送起诉时，一是应将作案凶器匕首随案移送；二是应将犯罪嫌疑人认罪认罚情况写入起诉意见书。

3. 案件补充侦查过程中，如有新的情况，请及时与本院联系；对确实无法查明的事项，应书面向本院说明理由。

联系人：×××

联系电话：×××××

　　　　　　　　　　　　　　　　　　　　　×× 省 ×× 市 ×× 区人民检察院

　　　　　　　　　　　　　　　　　　　　　××××年××月××日

　　　　　　　　　　　　　　　　　　　　　　　　（院印）

# 第五节　刑事抗诉书

## 一、刑事抗诉书概念及种类

### （一）刑事抗诉书的概念

人民检察院对人民法院作出的判决和裁定，在发现其判决或是裁定确有错误的，有权依法提起抗诉。故而刑事抗诉书是指人民检察院向人民法院提出抗诉时所制作的书面文件。人民检察院对人民法院的民事、行政纠纷案件生效的判决或裁定，可通过审判监督程序提出抗诉，而本节主要介绍人民检察院在刑事诉讼程序中提起抗诉时所制作的刑事抗诉书。

### （二）刑事抗诉书的种类

**1. 刑事抗诉书（二审程序适用）**

刑事诉讼程序中，人民检察院对其提起公诉的案件，认为第一审刑事判决、裁定确有错误而提起抗诉，要求第二审人民法院审理并予以纠正。通常来说，刑事抗诉书的制作主体是提起公诉的人民检察院，即递交起诉书的人民检察院。虽然抗诉书的送达对象是第二审人民法院，但抗诉书只能通过第一审人民法院提交，并抄送给上一级人民检察院。例如，广州市天河区检察院认为广州市天河区人民法院的一审刑事判决适用法律错误，重罪轻判，其要通过天河区人民法院提起抗诉，并将抗诉书抄送广州市人民检察院。天河区人民法院接到抗诉书后，应将抗诉书连同案卷、证据移送广州市中级人民法院，抗诉书的副本要交给当事人一份。

此类文书能够保证人民检察院及时对人民法院第一审刑事判决、裁定是否正确进行监督，也是人民检察院积极地行使其抗诉职权的工具。通过法律监督能够有效地保证法律正确的实施，保证国家刑罚权的正确行使，有利于保障国家法律的正确的实施。

**2. 审判监督程序抗诉书**

审判监督程序是对已经发生法律效力，但确有错误的判决或裁定进行纠正的程序。有权启动审判监督程序的是最高人民检察院对各级人民检察院、上级人民检察院对下级人民法院提起抗诉，例如，深圳市中级人民法院作出的刑事二审判决生效，但是广东省人民检察院发现该判决确实有错误，广东省人民检察院就可以向广东省高级人民法院提起抗诉。在提起审判监督程序过程中需要递交的书面法律文件，就是审判监督程序的抗诉书。

## 二、刑事抗诉书的写作要点

二审程序中适用的抗诉书由首部、原审判决（裁定）情况、人民检察院审查意见、抗诉理由和要求、尾部、附注组成。

### （一）首部

主要写明人民检察院的名称与案号，例如，××××人民检察院刑事抗诉书。案号：××检××诉刑抗〔20××〕××号。

### （二）正文

**1. 原审判决、裁定情况**

本部分主要写明已生效的判决、裁定的基本情况。

**2. 审查意见**

这一部分主要是人民检察院原判决（裁定）的审查意见，目的是明确指出原判决（裁定）的错误所在，告知二审人民法院，人民检察院抗诉的重点是什么。

针对原审判决或裁定的错误阐述抗诉理由。这是抗诉书的主体部分，这一部分需要通过对原审判决（裁定）错误的具体批驳，说明为什么这样的判决（裁定）不当，证实人民检察院的认定的观点。

3. 结论性意见

主要依据前文的事实和法律依据，要求上级人民法院撤销、变更或者重新审理原审法院的裁判。

**（三）尾部**

写明"××人民检察院"字样，并注明具文时间，加盖院章。

**（四）附件事项**

写明被告人现处于何地、以及其他移交的新证据材料等。

## 三、刑事抗诉书样式与范例

### （一）刑事抗诉书样式

1. 二审程序适用的样式

××××人民检察院

**刑事抗诉书**

××检××诉刑抗〔20××〕××号

×××人民法院以××号刑事判决（裁定）书对被告人×××（姓名）××（案由）一案作出判决（裁定）……（判决、裁定结果）。本院依法审查后认为（如果是被害人及其法定代理人不服地方各级人民法院第一审的判决而请求人民检察院提出抗诉的，应当写明这一程序，然后再写"本院依法审查后认为"），该判决（裁定）确有错误（包括认定事实有误、适用法律不当、审判程序严重违法），理由如下：

……（根据不同情况，理由从认定事实错误、适用法律不当和审判程序严重违法等几个方面阐述。）

综上所述……（概括上述理由），为维护司法公正，准确惩治犯罪，依照《中华人民共和国刑事诉讼法》第二百二十八条的规定，特提出抗诉，请依法判处。

此致
×××人民法院

××××人民检察院<br>20××年×月×日<br>（院印）

附件：

1. 被告人×××现羁押于×××（或者现住×××）；

2. 其他有关材料。

2. 审判监督程序适用的样式

××××人民检察院

## 刑事抗诉书

××检××审刑抗〔20××〕××号

原审被告人……（依次写明姓名、性别、出生年月日、民族、职业、单位及职务、住址、服刑情况等。有数名被告人的，依犯罪事实情节由重至轻的顺序分别列出。）

×××人民法院以×××号刑事判决书（裁定书）对被告人×××（姓名）×××（案由）一案判决（裁定）……（写明生效的一审判决、裁定或者一审及二审判决、裁定情况）。经依法审查（如果是被告人及其法定代理人不服地方各级人民法院的生效判决、裁定而请求人民检察院提出抗诉的，或者有关人民检察院提请抗诉的，应当写明这一程序，然后再写"经依法审查"），本案的事实如下：

……（概括叙述检察机关认定的事实、情节。应当根据具体案件事实、证据情况，围绕刑法规定该罪构成要件特别是争议问题，简明扼要地叙述案件事实、情节。一般应当具备时间、地点、动机、目的、关键行为情节、数额、危害结果、作案后表现等有关定罪量刑的事实、情节要素。一案有数罪、各罪有数次作案的，应当依由重至轻或者时间顺序叙述。）

本院认为，该判决（裁定）确有错误（包括认定事实有误、适用法律不当、审判程序严重违法），理由如下：

……（根据情况，理由可以从认定事实错误、适用法律不当和审判程序严重违法等几方面分别论述。）

综上所述……（概括上述理由），为维护司法公正，准确惩治犯罪，依照《中华人民共和国刑事诉讼法》第二百五十四条第三款的规定，对×××法院×××号刑事判决（裁定）书，提出抗诉，请依法判处。

此致
×××人民法院

××××人民检察院
20××年×月×日
（院印）

附件：

1. 现服刑于×××（或者现住×××）；
2. 其他有关材料。

### （三）刑事抗诉书的范例

开封市××区人民检察院

# 刑事抗诉书

汴禹检诉刑抗〔2023〕1号

开封市××区人民法院（2023）豫02××刑初×号刑事判决书，以被告人张某某、杨某某、胡某某犯危害珍贵、濒危野生动物罪作出一案判决：被告人张某某被判处有期徒刑一年，缓刑二年，并处罚金人民币6000元；被告人杨某某被判处有期徒刑十个月，缓刑一年六个月，并处罚金人民币3000元；被告人胡某某被判处有期徒刑九个月，缓刑一年六个月，并处罚金人民币3000元。本院依法审查后认为：该判决定性准确，但认定事实错误，适用法律不当，导致量刑畸重，应当改判。理由如下：

一、杨某某应认定为立功而没有认定为立功。

1. 杨某某揭发胡某某犯罪的行为，经查证属实，属立功。杨某某、胡某某分别向"同案"的张某某售卖过红、蓝喉歌鸲、但二人之间既无共同犯罪故意，也无共同犯罪行为，不属于共同犯罪。因二人均与张某某进行交易，为便于案件诉讼，故将三人作为一案处理，所以胡某某和杨某某系同一案件处理的犯罪嫌疑人而非共同犯罪嫌疑人，杨某某揭发胡某某买卖红、蓝喉鸲的行为不属于其应当如实供述的部分。公安机关在杨某某检举揭发胡某某涉嫌犯罪线索后启动对其侦查措施，并查证属实，应认定立功。

2. 杨某某具有协助公安机关抓捕胡某某的行为，亦属立功。

杨某某在向公安机关提供胡某某重要犯罪线索后，通过技术手段查询到胡某某真实身份信息及户籍地址，但该地址不显示门牌号，不能确定胡某某家具体地址。杨某某被取保候审后，及时带领公安机关指认胡某某家具体地址。虽指认当天胡某某不在家，未当场抓捕成功，但其协助抓捕行为已完成，且公安机关之后正是在杨某某提供的具体地址蹲守抓捕成功，杨某某的协助抓捕行为客观上为公安机关顺利抓捕胡某某，从而侦破此案起到了关键作用，节约了司法资源。

二、对杨某某判决量刑畸重。

杨某某所持有的和贩卖的红、蓝喉歌鸲总数量少于胡某某贩卖的数量，犯罪情节轻于胡某某。即使排除立功情节，在两人均认罪认罚的情况下，杨某某的判决量刑应当轻于胡某某，所以该判决对杨某某的量刑畸重。

三、侦查机关扣押的红、蓝喉歌鸲等鸟类动物，判决书中未作出处理决定，缺少判项。

综上所述，开封市××区人民法院（223）豫×××刑初7号刑事判决书认定事实错误，适用法律不当，导致量刑畸重，应当改判。为维护司法公正，准确惩治犯罪，依照《中华人民共和国刑事诉讼法》第二百二十八条的规定，特提出抗诉，请依法判处。

　　此致

开封市中级人民法院

开封市××区人民检察院
2023 年 4 月 7 日

附件：

1. 被告人杨××、张××、胡××现取保候审在家；
2. 其他有关材料。

# 第六节　量刑建议书

## 一、量刑建议书的概念及类型

### （一）量刑建议书概念

　　量刑建议书，是人民检察院对提起公诉的案件，可以向人民法院提出量刑建议。提出量刑建议的，要与起诉书案卷一起移送给人民法院。

　　量刑建议书的语言须准确、精炼、朴实、庄重，忌用渲染性、描绘性以及夸张、比喻类语言，力求平实、恰当、确切，既不能一味地求简，把应该写明的内容漏掉，也不能重复叙述，过于啰嗦。有的量刑建议是直接在起诉书中列明，例如，建议判处被告人陈某有期徒刑三年，在上缴违法所得的情况下可适用缓刑，并处罚金；被告人罗某有犯罪前科，建议判处其有期徒刑三年，在上缴违法所得的情况下建议判处其有期徒刑二年，或判处其有期徒刑三年并适用缓刑，并处罚金；建议判处被告人刘某有期徒刑一年并适用缓刑，并处罚金。而本节的内容，是对某些犯罪，人民检察院单独出具的量刑建议书进行介绍。

### （二）量刑建议书的类型

　　1. 认罪认罚案件量刑建议书

　　犯罪嫌疑人认罪认罚的，人民检察院应当就主刑、附加刑、是否适用缓刑等提出量刑建议；对于认罪认罚案件，人民法院依法作出判决时，一般应当采纳人民检察院指控的罪名和量刑建议。

　　2. 普通案件量刑建议书

　　普通案件的量刑建议书不会涉及认罪认罚的情节，按照是否存在法定从重、从轻、减轻或者免除处罚情节和酌定从重、从轻处罚情节进行书写即可。

## 二、量刑建议书的写作要点

### （一）首部

　　首部包括制作文书的检察院、文书名称和文号，例如，××人民检察院量刑建议书，文号则是××检××量建〔20××〕××号。

**（二）正文**

正文主要内容包括被告人所犯罪行的法定刑、量刑情节、建议法院对被告人判处刑罚的种类、刑罚幅度、刑罚执行方式以及提出量刑建议的依据和理由等。

法定刑为依法应适用的具体刑罚档次。量刑情节包括法定从重、从轻、减轻或者免除处罚情节，以及酌定从重、从轻处罚情节；如果有其他量刑情节的，可以一并列出。被告人犯有数罪的，应当分别指出各罪下触犯的法律、涉嫌罪名、法定刑、量刑情节，对指控的各罪分别提出量刑建议后，根据案件具体情况决定是否提出总的量刑建议。一案中有多名被告人的，可以分别制作量刑建议书。

量刑建议书的法律依据包括刑法和相关的司法解释等。

**（三）尾部**

尾部是文书的检察官署名、文书具文日期及院印。

## 三、量刑建议书的样式与范例

**（一）量刑建议书的样式**

1. 普通案件适用的样式

××××人民检察院

### 量刑建议书

××检××量建〔20××〕××号

被告人_____涉嫌_____犯罪一案，经本院审查认为，被告人_____的行为已触犯《中华人民共和国刑法》第___条第___款第___项之规定，犯罪事实清楚，证据确实、充分，应当以_____罪追究其刑事责任，其法定刑为_____。

因其具有以下量刑情节：

1. 法定从重处罚情节：_____

2. 法定从轻、减轻或者免除处罚情节：_____

3. 酌定从重处罚情节：_____

4. 酌定从轻处罚情节：_____

5. 其他：_____

故根据_____（法律依据）的规定，建议判处被告人_____（主刑种类及幅度或单处附加刑或者免予刑事处罚），_____（执行方式），并处_____（附加刑）。

此致

_____人民法院

检察官 ×××

20××年×月×日

（院印）

## 2. 认罪认罚案件适用的样式

××××人民检察院

**量刑建议书**

××检××量建〔20××〕××号

本院以_____号起诉书提起公诉的_____一案，经审查认为，被告人_____的行为已触犯《中华人民共和国刑法》_____之规定，犯罪事实清楚，证据确实、充分，应当以_____罪追究其刑事责任。

1. 被告人_____自愿如实供述涉嫌的犯罪事实，对指控的犯罪没有异议，接受刑事处罚，建议判处被告人_____。

2. 被告人_____自愿如实供述涉嫌的犯罪事实，对指控的犯罪没有异议，接受刑事处罚，建议判处被告人_____。

......

此致

_____人民法院

检察官 ×××

20××年×月×日

（院印）

### （二）量刑建议书的范例

河南省××县人民检察院

**量刑建议书**

××检××量建〔20××〕××号

被告人李某某故意伤害一案，经本院审查认为，被告人李某某的行为已触犯《中华人民共和国刑法》第二百三十四条第一款之规定，犯罪事实清楚，证据确实、充分，应当以故意伤害罪追究刑事责任，法定刑为三年以下有期徒刑、拘役或者管制。

因其具有以下量刑情节：

1. 法定从重处罚情节：被告人李某某曾因犯盗窃罪被××县法院判处有期徒刑五年，刑罚执行完毕以后，在五年以内又犯应当判处有期徒刑以上刑罚之罪，根据《中华人民共和国刑法》第六十五条的规定，构成累犯，应当对被告人李某某从重处罚。

2. 法定从轻处罚情节：被告人李某某到案以后自愿如实供述涉嫌的犯罪事实，对指控的犯罪没有异议，自愿接受刑事处罚，根据《中华人民共和国刑事诉讼法》第十五条的规定，可以对被告人李某某依法从宽处理。

3. 酌定从重处罚情节：被告人李某某有多次犯罪前科，多次受到行政、刑事处罚后，在与他人产生矛盾纠纷时仍然没有汲取以往的深刻教训，缺乏应有的理智与自制，采取暴力方式继续实施犯罪行为，非法侵害他人的人身权益，再次导致犯罪结果发生，人身危险性较大；被告人李某某故意伤害他人的行为，致使两名被害人身体多处受伤，其中一名被害人的伤情程度经鉴定为轻伤二级，另外一名被害人的伤情程度经鉴定为轻微伤，社会危害性较大，应当对被告人李某某酌定从重处罚。

4. 酌定从轻处罚情节：被告人李某某案发时在张某某家中吃饭，席间被害人径行到张某某家嗫骂被告人李某某，从而引发双方争执，继而发生厮打，被害人对矛盾的激化负有一定过错责任，可以对被告人李某某酌定从轻处罚。

5. 其他情节：案发后，被告人李某某没有与被害人达成调解赔偿协议。

故根据《中华人民共和国刑法》第二百三十四条第一款的规定，综合被告人李某某的犯罪事实、情节及认罪、悔罪表现，建议判处被告人李某某有期徒刑一年三个月。

此致
河南省××县人民法院

检察官 ×××
××××年××月××日
（院印）

# 第七节　检察建议书

## 一、检察建议书的概念及种类

### （一）检察建议书的概念

检察建议是人民检察院依法履行法律监督职责，参与社会治理，维护司法公正，促进依法行政，预防和减少违法犯罪，保护国家利益和社会公共利益，维护个人和组织合法权益，保障法律统一正确实施的重要方式。所以，检察建议书又是检察机关在履行法律监督职责过程中向单位和组织提出检察建议的书面文件。

检察建议的提出是为了监督相关单位依法履职、解决相关问题、促进社会治理，因此检察建议主要包括案件或者问题的来源、依法认定的案件事实或者经调查核实的事实及其证据、存在的违法情形或者应当消除的隐患、建议的具体内容及法律依据、被建议单位提出异议的期限、被建议单位书面回复落实情况的期限。

### （二）检察建议书的种类

#### 1. 再审检察建议书

人民检察院在发现同级人民法院已经发生法律效力的判决、裁定具有法律规定的应当再审情形的，或者发现调解书损害国家利益、社会公共利益的，向同级人民法院提出再审检察建议时所制作的书面文件。

2. 纠正违法检察建议书

纠正违法检察建议书，是指人民检察院在履行对诉讼活动的法律监督职责中发现有关执法、司法机关具有违法行为时提出检察建议所制作的书面文件。

3. 公益诉讼检察建议书

人民检察院在履行职责中发现生态环境和资源保护、食品药品安全、国有财产保护、国有土地使用权出让等领域负有监督管理职责的行政机关违法行使职权或者不作为，致使国家利益或者社会公共利益受到侵害，符合法律规定的公益诉讼条件的时，依法向行政机关检察建议所制作的书面文件。

4. 社会治理检察建议

人民检察院在办理案件中发现社会治理工作存在违法犯罪隐患、管理监督漏洞、群体性事件或恶性案件隐患、个人或者组织合法权益受到损害等情形时，依法向有关单位和部门提出改进工作、完善治理所制作的书面文件。

## 二、检察建议书的写作要点

### （一）首部

1. 标题

检察院名称应当与检察院院印的文字一致，基层人民检察院的应冠以省、自治区、直辖市名称。

2. 文书文号

检察建议书的文号根据检察的类别不同，文号也不相同。①对生效判决、裁定或者调解书的监督：×检刑/民/行监〔20××〕×号；②对民事、行政审判程序中审判人员违法行为的监督：×检民/行违监〔20××〕×号；③对民事、行政执行活动的监督：×检民/行执监〔20××〕×号；④对行政机关在行政诉讼或者执行中违法行为的监督：×检行（违/执）监〔20××〕×号；⑤行政公益诉讼诉前程序中对行政机关违法行使职权或者不作为的监督：×检××行建〔20××〕×号。⑥对刑事诉讼活动或者执行活动中存在的普遍性、倾向性违法问题或者其他重大隐患，以及有关单位社会治理工作中存在的问题的监督：×检建〔20××〕×号。因此根据建议书送达的单位不同，要采取不同的样式，文书的文号应填写正确。

3. 主送单位

主送单位首次出现应写全称，在案件或者问题来源部分用当事人或者被建议单位全称，第二次出现时，在其全称之后用"（以下简称××）"的形式设定简称。出现次数不超过两次的当事人或者被建议单位不必使用简称。如果被建议的单位是人民法院，人民法院不使用简称，可以根据案件实际情况，用"一审法院""二审法院"代称。

### （二）正文

1. 案件来源

能够启动本案的监督建议的来源，一般是检察机关履行职责中发现，可以根据实际情况写明案件线索的具体来源，如"本院在办理××涉嫌××犯罪一案中发现……""本院接到群众举报"，或者写明提出检察建议的起因。

2. 事实和理由

人民检察院在行使监督权的过程中查明的事实，即是文书样式中的"现查明"和"本院认为"部分。人民检察院在写建议书时需要有事实依据，这是人民检察院在启动检察建议时会通过实地走访、阅卷、询问证人等查到的事实。检察建议书一般只写明调查的基本情况和经调查最终查明的事实。

3. 提出检察建议的法律依据

检察建议的依据主要源于法律赋予检察院的监督职能，包括实体法和程序法两方面，根据不同的监督建议对象，附上相应的法律依据。

4. 具体的建议内容

第一，建议应具有全面性。建议的具体内容应与客观存在的问题相对应，而客观的问题需要进行全面调查取证，从而保证问题得到全面的展示。

第二，建议应具有针对性。无论针对行政机关还是人民法院，内容都应当针对该机关客观存在的问题而提出的建议。

第三，建议应具有匹配性。列出的建议，一定是与存在的问题相关。如行政公益的检察建议，有可能会提起行政公益诉讼，那么其提出的建议就应该与以后可能提起的公益诉讼请求相对应。

5. 整改期限

整改期限就是要求建议书根据案件的具体情况写明相关机关的整改期限，并提出书面回复的要求。如根据最高人民法院、最高人民检察院《关于检察公益诉讼案件适用法律若干问题的解释》第二十一条第二款规定，行政机关应当在收到检察建议书之日起 2 个月内依法履行职责，并书面回复检察机关。出现国家利益或者社会公共利益损害继续扩大等紧急情形的，行政机关应当在 15 日内书面回复。如案件适用 15 日整改期限的，检察建议书应当对相应的紧急情形进行说明。

**（三）尾部**

注明日期，并盖上检察院的印章，无须检察官署名。

## 三、检察建议书的样式及范例

### （一）检察建议书样式

×××人民检察院

**检察建议书**

×检建〔20××〕×号

×××（主送单位的名称）：

　　……（写明案件或者问题的来源，本院在办理案件或者履行法律监督职责中发现该单位存在的问题以及需要提出检察建议的有关情况。）

……（写明本院依法认定的案件事实或者经过调查核实后查清的事实及证据。对事实的叙述要求客观、准确、概括性强，要归纳成几条反映问题实质的事实要件，然后加以叙述。）

……（阐明该单位存在的违法情形或者应当消除的隐患）

根据《人民检察院检察建议工作规定》《人民检察院行政诉讼监督规则（试行）》的规定，向你单位提出如下检察建议：

……（写明建议的具体内容及依据。意见的内容应当具体明确，切实可行，要与以上列举的问题紧密联系。检察建议引用依据有两种情况，一种情况是检察机关提出建议的行为所依据的有关规定，另一种情况是该单位存在的问题不符合哪项法律规定和有关规章制度的规定。）

……（告知被建议单位可以提出异议及提出异议的期限）

……（写明被建议单位书面回复落实情况的期限）

……（其他需要说明的事项）

20××年×月×日

（院　印）

## （二）检察建议书的范例①

四川省苍溪县人民检察院

### 检察建议书

苍检建〔2021〕1号

某交通运输部门：

本院在办理王某某危险驾驶一案时，发现其驾驶核定载人数7人小型客车实际载客20人（其中学生15人），严重超过额定乘员载客，危害公共安全，后王某某被苍溪县人民法院以危险驾驶罪判处拘役2个月，并处罚金人民币3000元。该案办理后，本院对我县农村中小学生上下学交通出行情况进行了综合调查，发现你单位在乡村客运监管方面存在以下问题：

一是对非法从事乡村客运的行为打击不力。从调查情况来看，我县农村中小学学生上下学乘坐"黑车"且超员现象较为普遍，学生大多乘坐无营运资质的面包车、无驾驶证件的摩托车和三轮车等车辆上下学，且普遍存在不能载人的车辆违规载人、严重超员超载等现象，极易引发安全事故。根据《中华人民共和国道路运输条例》相关规定，没有取

---

① 《2021年度全国检察机关优秀社会治理检察建议》，载最高人民检察院官网：https：//www.spp.gov.cn/xwfbh/wsfbt/202211/t20221129_593913.shtml#2，最后访问日期：2024年1月10日。

得营运资质的车辆不得从事客运。你单位作为交通运输主管部门，没有解决好乡村客运市场大、交通运输执法人员少的矛盾，对非法营运车辆缺少有效的打击手段，尚未形成震慑力。

二是配套政策没有落实，"金通工程"推进缓慢。2020年5月，在省人代会上省交通运输厅提出的乡村客运"金通工程"被纳入2020年省政府工作报告中30件民生实事加以推进。目前我县新增投放"金通工程"车辆总共只有29辆，与乡村客运市场需求相差甚远。据调查了解，办理"金通工程"客运手续门槛高，不仅要一次性缴纳数万元的车辆折旧费，每年还要上交管理费，且只能在固定片区运营，在固定年限内必须强制报销。尽管政府有一定补贴，但投入大、利润低，致使想从事"金通工程"的人望而止步。"金通工程"系民生工程，目前推进阻力较大，效果不明显，说明宣传引导不够，缺少相关配套政策，缺乏足够吸引力。

三是对农村中小学生上下学交通安全工作重视不够，与相关部门协作配合较少，没有形成齐抓共管合力。目前我县共有农村中小学校90余所，学生总数约4万人，是乡村客运市场的刚需人群。据统计，近80%的学生为住校生，这些学生中只有很少一部分能够乘坐客运班车上下学，大部分需要乘坐摩托车或者"黑车"上下学，存在重大交通安全隐患。对此，很多学校及家长希望当地客运班车承担校车职责有偿接送学生，但由于存在时间、价格、线路等诸多矛盾，无法与客运班车经营者达成协议。农村中小学生上下学交通安全是一项综合性、系统性工程，你单位与县公安局交警大队、县教育与科学技术局、县乡村客运中心等部门主动沟通协调不足，尚未形成工作合力，难以有效解决农村中小学生乘车难问题。

为维护正常的道路运输市场经营秩序，保障农村中小学学生上下学交通安全，根据《中华人民共和国人民检察院组织法》第二十一条、《人民检察院检察建议工作规定》第十一条第二项之规定，特向你单位提出如下建议：

一是严格执法，依法查处非法从事乡村客运以及超员超速等违法犯罪行为。与县公安局交警大队开展联合执法，建立信息共享机制，在重点时段、重点区域、重点线路对非法从事乡村客运以及超速超员等违法行为进行打击，对于构成犯罪的及时移送公安机关，杜绝农村中小学生因乘坐非法营运车辆而引发重特大交通事故。

二是采取有效措施，积极推进"金通工程"全覆盖。以"金通工程"试点为契机，大力发展乡村客运。一方面，需立足本地实际，加大政策扶持力度，使乡村客运利润得到一定保障；另一方面，疏堵结合，引导"黑车"司机办理乡村客运手续，变违法经营为合法经营，逐渐形成良性的乡村客运市场环境。同时，继续探索并推行乡村客运片区化运行，完善以班线为主、预约兜底式为辅的乡村客运基本服务体系，不断满足农村学生群体的出行需求。

三是统筹兼顾，加强与各部门协调联动。高度重视农村中小学学生上下学交通安全工作，积极向县人民政府进行专题汇报，推动出台完善财政保障机制和运价政策，培育良性有序的乡村客运市场。主动与县公安局、县教育与科学技术局等单位和相关乡镇政府联系，开展常态化联合执法。加强对乡村客运司机的法治教育，提高从业人员安全意识和法律意识，切实保障农村中小学学生上下学安全。

上述建议，请你单位予以重视。如有异议，请在收到检察建议书后七日内向本院书面提出。如无异议，请认真研究，及时整改落实，并在收到检察建议书后两个月内向本院书面回复相关工作开展情况。

2021 年 1 月 19 日

（院印）

**【本章思考】**

1. 不起诉决定书不同样式的区别是什么？
2. 检察建议书的作用、目的是什么？
3. 刑事抗诉书的种类有哪些？

# 第四章　人民法院刑事法律文书

**【导语】**

本章承接前两章公安机关法律文书及人民检察院法律文书而写就。在我国，刑事公诉案件一般要经过公安侦查阶段（部分由监察委及人民检察院侦查的除外、刑事自诉案件除外），人民检察院审查起诉阶段，最终移送给人民法院进行刑事审判，可以说本章与前两章具有紧密联系。也正因如此，有教材将本章称之为"人民法院刑事审判文书"，两者实则无异。本章主要介绍人民法院在刑事审判活动过程中所运用到的一系列法律文书，以刑事判决书、刑事裁定书、刑事决定书以及其他类法律文书为类别展开。

**【本章要求】**

了解并掌握人民法院刑事法律文书的概念、种类及写法，掌握刑事判决书和刑事裁定书的写作结构。

## 第一节　人民法院刑事法律文书概述

### 一、人民法院刑事法律文书的概念

就刑事案件而言，根据我国《刑事诉讼法》之规定，公安机关负责大多数公诉案件的刑事侦查工作，人民检察院负责审查起诉工作，而人民法院则主要负责刑事审判工作。正因如此，人民法院刑事法律文书也主要是人民法院刑事审判文书。在某种意义上，两者具有较大的交叉性，甚至大多情况下具有高度的重合性。基于本章的体例与内容表达，本书此处使用"人民法院刑事法律文书"的称法。

人民法院刑事法律文书以刑事审判文书为主要核心内容，但又不限于刑事审判文书这一单独类型。故，本书认为，人民法院刑事法律文书，是指人民法院在刑事审判活动过程中作出的与审判案件相关的实体类和程序类法律文书的总称。前者多指向刑事判决书、刑事附带民事判决书、刑事裁定书（准许撤诉或按撤诉处理、维持原判、驳回自诉、发回重审、减刑、假释、中止审理等），后者则主要是程序类的决定书、延期决定书、开庭通知书、传票、取保候审决定书（法院）、监视居住决定书、再审决定书、罚款或拘留决定书等。

### 二、人民法院刑事法律文书的种类

#### （一）刑事判决书

刑事判决书，是基于实体的有罪判决或无罪判决或免予刑事处罚判决，还可以是刑事附带民事判决书，也可以是基于二审改判的刑事判决书或刑事附带民事判决书等。刑事判决书是人民法院刑事法律文书中最为常见的一种类型。

### （二）刑事裁定书

刑事裁定书，是指人民法院在刑事案件审理或判决执行过程中，就程序问题和部分实体问题所做的书面决定。刑事裁定书也是一种较为常见的刑事法律文书。

### （三）刑事决定书

刑事决定书，是指人民法院在刑事审判或执行活动过程中，就部分特定程序事项所作出的具有法律效力的书面决定书。该类型文书主要在程序类事项中运用较多，如逮捕决定书、监视居住决定书、对申请回避的决定书和复议决定书、取保候审决定书等。

### （四）其他类刑事法律文书

除了常见的刑事判决书、刑事裁定书、刑事决定书之外，还有一些证票类（送达回证、传票、提押票等）、笔录类、书函类（鉴定委托书、委托调查函、委托送达函、司法建议书）、通知类（立案通知书、应诉通知书、出庭通知书、阅卷通知书、指定辩护人通知书等）、报告类（较为少见，主要是法院内部就某一刑事案件的审理报告等）。

# 第二节　刑事判决书

## 一、刑事判决书的概念

刑事判决书，是指人民法院依照刑事诉讼法的规定，依照一定的程序对刑事被告人的公诉或自诉案件进行审理，严格依照我国刑法的规定依法独立作出的以剥夺人身自由为主要内容的具有国家强制执行力的法律文书。① 可见，人民法院刑事判决书具有合法性、强制性、规范性等特点，其内容以剥夺或限制被告人的人身自由等为主要特征。我国刑事案件分为刑事公诉案件和刑事自诉案件，根据我国《刑事诉讼法》的规定，以刑事公诉案件为多，刑事自诉案件则为少。后者在我国《刑法》当中多规定为"告诉的才处理"。总之，大体上我国人民法院刑事判决书以刑事公诉案件的刑事判决书和以刑事自诉案件的刑事判决书为典型表现，同时在侵害他人人身权利的案件当中，还存在少许的刑事附带民事判决书。

## 二、刑事判决书的写作要点

### （一）首部

首先，首部由标题和案号、公诉机关或自诉人、各诉讼参与人、案由等组成。

1. 标题和案号

此处一般表述为"××省××市××区人民法院刑事判决书"，另起案号靠右附（年份）"×刑初字第××号"（若为二审的则表述为刑终字）。但须注意的是，从 2016 年 1 月 1 日起，最高人民法院为了因应互联网发展和数字法院建设，便于统一管理和便捷统计

---

① 根据我国《刑法》规定，刑事判决甚至可能会剥夺被告人的生命（但仍以自由刑为主），也包括剥夺政治权利、没收财产等附加刑，还存在一些备受争议的犯罪附随后果等。

在全国四级法院开展了数字化编码。根据法院有关规定①，法院代号由原来的名称缩写变为代字，各省统一编号，每个基层法院都有属于自己的唯一数字代码。例如，广东省高级人民法院编码为粤，广东省广州市中级人民法院为粤01；北京市高级人民法院编码为京，北京市第一中级人民法院为京01；然后辖下法院再在此基础上编排成序，如广州市天河区人民法院为粤0106，北京市海淀区人民法院为京0108。

2. 公诉机关或刑事自诉人、各诉讼参与人的基本情况

该部分须写明公诉机关的名称、刑事自诉人的基本情况以及各诉讼参与人的基本情况和单位等。本部分要仔细核对和表述，尤其是自然人的身份信息要格外留意，现实中发生过某沿海城市某区人民法院刑事判决书中未严格核对被告人身份而导致河北某无辜公民被列为被告人乃至服刑人员的情况发生。值得注意的是，对公诉机关的表述直接写为"公诉机关××人民检察院"，而不是写公诉人或某个出庭的检察人员，但可补充提明由某某人员代为出庭公诉。

同案被告人若为二人以上的，则被告人排序必须注意，按照主犯、从犯、胁从犯的顺序书写，不可倒置混乱。

3. 案由

案由，是刑事案件的主题表述，是被告人因何种行为触犯何种犯罪而由公诉机关或刑事自诉人提起自诉的具体阐述，用以说明审判案件的主题及来源。案由的书写也至为重要，需述明本刑事案件是由自诉人自诉提起的，还是由公诉机关提起的公诉；法院审判组织是独任审判还是合议庭审理；审判方式是否公开审理。对出庭人员应写明公诉机关是否派员出庭、写明被告人及其辩护人等；根据情况，还须注明有无缺席或中途退席及其退席事由等情况。

（二）正文

1. 事实方面

事实方面是概述公诉机关、被告人及其辩护人双方对事实和证据的陈述；其次写明"经审理查明"的部分，阐述法庭认定的事实和各类刑事证据。同时，写明证据的来源和经过庭审各方举证、质证的证据及其来源和认定情况等；最后对公诉机关和被告人、辩护人双方有异议的内容和事实、证据等进行认定。

2. 理由部分

理由部分多由"本院认为"开头，刑事判决书的分析与论证部分均在此聚合，甚至成为刑事判决书的精华部分。本院认为部分，一般为分析被告人是否构成犯罪，如何对其进行处罚；公诉机关指控的罪名是否成立，及对被告人的犯罪情节和事实等进行表述，如是否存在从轻处罚、减轻处罚、免除处罚或累犯等从重处罚的情节。同时还应当对公诉机关和辩护人的意见进行分析说明，同时明确表态是否采纳，并说明理由。

3. 判决结果

判决结果是承上"本院认为"部分，继而结合整体案件事实和证据，依照我国刑法的规定，对被告人作出的判决结果，是整个刑事判决书的结论。判决结果分为有罪判决、无罪判决两个结果类型，其中有罪判决的表述又可细分为定罪处罚、定罪免刑的内容。

---

① 参见2016年1月1日开始实施的《最高人民法院关于人民法院案件案号的若干规定》。

关于有罪判决书的书写为：

（1）若为自然人犯罪的，首先，"定罪处罚"的刑事判决书一般为：被告人张某某犯××罪，判处××（择一选择管制、拘役、有期徒刑、无期徒刑）×年/月或判处死刑，缓期两年执行（若为死刑立即执行的，需有报请最高人民法院核准字样）；刑期从判决之日起计算。判决执行以前先行羁押的，羁押一日折抵刑期一日，即自××××年××月××日起至××××年××月××日止。其次，"定罪免刑"的刑事判决书一般为被告人张某某犯袭警罪，免予刑事处罚。

（2）若为单位犯罪的，表述则与前述自然人犯罪不同。对单位定罪处罚的刑事判决书，多表述为："一、被告某某有限公司犯逃税罪，判处罚金人民币 10 万元。二、被告人张某某犯逃税罪，判处有期徒刑一年四个月，并处罚金人民币 5 万元。"

注意要点：我国《刑法》对单位犯罪实行的是"双罚制"，故不仅处罚单位，对单位判处罚金，亦要处罚其直接负责的主管人员和其他直接责任人员。其次，对单位定罪免刑的刑事判决书，多表述为："一、被告人某某有限公司犯逃税罪，免予刑事处罚；二、被告人张某某犯逃税罪，免予刑事处罚。"需注意的是，有期徒刑的刑罚应当写明相应的刑种、刑期和羁押时间及折抵办法、刑期起止时间等，司法实践中部分偏僻地区的法院刑事判决书中对这一内容往往语焉不详。涉及经济犯罪或侵财类犯罪需追缴、退赔和没收财物，还应当在判决书结果中写明所涉物品名称和款项数额。

关于无罪判决书的书写为：

"被告人张某某或某某有限公司无罪。"此处注意要点：无论是单位犯罪还是自然人犯罪，表述一致。

### （三）尾部

尾部是刑事判决书的收官之笔，表述为"如不服本判决，可在接到判决书的第二日起××日内，通过本院或者直接向××中级人民法院提出上诉。书面上诉的，应提交上诉状正本一份，副本×份。"落款为"审判长×××、审判员×××、审判员×××或审判员×××（适用于独任审判）"，"××××年××月××日"，加盖人民法院公章。若合议庭成员是代理审判员或人民陪审员的，相应更改其署名名称。左下角处一般还有"本件与原件核对无异"的字样，外加框线，且不作为正文出现。后缀"书记员×××"，亦不作为正文出现。

## 三、刑事判决书的样式与范例

### （一）刑事判决书的样式

1  一审公诉案件刑事判决书样式

××××人 民 法 院

**刑事判决书**

（××××）×刑初字第××号

公诉机关××××人民检察院。

被告人×××，男（或女），××××年××月××日出生于××省（或自治区、直辖市）××区（或县），××族，××文化，工作单位和职务，住址所在。因本案于××××年××月××日……（受强制措施实际情况）。现羁押于×××（看守所或具体所在地）。

辩护人……（写明姓名、工作单位和职务）

××××人民检察院以×检×诉〔××××〕××号起诉书指控被告人××犯××罪，于××××年××月××日向本院提起公诉。本院依法组成合议庭，公开（或不公开）开庭审理了本案。（×××人民检察院检察员×××）被告人×××、（辩护人×××）等到庭参加了诉讼。现已审理终结。

经审理查明，……（简要概括犯罪事实内容）

上述事实，被告人在开庭审理过程中亦无异议，且有物证××、书证××、证人×××的证言、被害人×××的陈述、××公安机关（或检察机关）的勘验、检查笔录和××鉴定结论等证据证实，足以认定。

本院认为，被告人×××的行为（具体）已构成××罪。（对控辩双方争议的采纳或者驳斥理由。从轻、减轻或者免除处罚的理由。）依照《中华人民共和国刑法》第××条（第×款）的规定，判决如下：

被告人×××犯××罪，判处……（写明判处的具体内容）

刑期从判决执行之日起计算。判决执行以前先行羁押的，羁押一日折抵刑期一日，即自××××年××月××日起至××××年××月××日止。

如不服本判决，可在接到本判决书的第二日起十日内，通过本院或者直接向××人民法院提出上诉。书面上诉的，应当提交上诉状正本一份，副本×份。

审判长　×××
审判员　×××
审判员　×××
××××年××月××日
（院印）

本件与原本核对无异

书记员　×××

## 2. 一审自诉案件刑事判决书样式

××××人民法院

# 刑事判决书

（××××）×刑初字第××号

自诉人……（写明姓名、性别、出生年月日、民族、出生地、文化程度、职业或工

作单位和职务、住址等）

诉讼代理人……（写明姓名、工作单位和职务）

被告人……（写明姓名、性别、出生年月日、民族、出生地、文化程度、职业或者工作单位和职务、住址等）

辩护人……（写明姓名、工作单位和职务）

自诉人××以被告人××罪，于××××年××月××日向本院提起控诉。本院受理后，依法实行独任审判（或组成合议庭），公开（或不公开）开庭审理了本案。自诉人×××、被告人×××及其辩护人×××等到庭参加诉讼，现已审理终结。

自诉人×××诉称，……（概述自诉人指控被告犯罪的事实、证据和诉讼请求）

被告人×××辩称，……（概述被告人对自诉人的指控予以供述、辩解、自行辩护的意见和有关证据）辩护人提出的辩护意见是……（概述辩护人的辩护意见和有关证据）

经审理查明……（首先写明经法庭审理查明的事实，其次写明据以定案的证据及其来源，最后对控辩双方有异议的事实、证据进行分析、认证）

本院认为：……（根据查证属实的事实、情节和法律规定，论证自诉的指控是否成立，被告是否构成犯罪，构成何种犯罪，是否从轻、减轻、免除处罚或者从重处罚对于控、辩双方关于适用法律方面的意见和理由，应当有分析地明确表示是否予以采纳，并阐明理由）依照《中华人民共和国刑法》第××条（之一或之二①）第××款的规定……（写明判决的法律依据），判决如下：

被告人×××……〔写明判决结果，分三种情况：

第一，定罪判刑的，表述为："被告人犯××罪（如寻衅滋事罪），判处……（写明判处的刑罚）。刑期从判决执行之日起计算。判决执行以前先行羁押的，羁押一日折抵刑期一日，即自××××年××月××日起至××××年××月××日止。"

第二，定罪免刑的，表述为："被告人×××犯×××罪，免予刑事处罚。"）

第三，宣告无罪的，表述为："被告人×××无罪。"〕

如不服本判决，可在接到本判决书的第二日起十日内，通过本院或者直接向××人民法院提出上诉，书面上诉的，应提交上诉状正本一份，副本×份。

审判员×××

（院印）

××××年××月××日

本件与原本核对无异

书记员×××

---

① 我国目前已经通过了12部《刑法修正案》，在不改变原《刑法》条文编号的基础上，增设的新法条或罪名则作为第××条之一或之二，如《刑法》第一百三十三条之一的危险驾驶罪即是适例。

3. 二审刑事判决书样式

×××× 人民法院

## 刑事判决书

（××××）×× 刑终 ×× 号

原公诉机关 ×××× 人民检察院。

上诉人（原审被告人）……（写明姓名、性别、出生年月日、民族、户籍地、职业或工作单位和职务、住址和因本案所受强制措施情况等，现羁押何处）

辩护人……（写明姓名、工作单位和职务）

×××× 人民法院审理 ×××× 人民检察院指控原审被告人 ××× 犯 ××× 罪一案，于 ×××× 年 ×× 月 ×× 日作出（××××）×× 刑初 ×× 号刑事判决。原审被告人 ××××不服，提出上诉。本院依法组成合议庭，公开（或不公开）开庭审理了本案。××××人民检察院指派检察员 ××× 履行职务。上诉人（原审被告人）××× 及其辩护人 ××× 等到庭参加诉讼。现已审理终结。

（若是未开庭审理的则改为："本院依法组成合议庭审理了本案，经过阅卷，讯问被告人，听取其他当事人、辩护人、诉讼代理人的意见，认为事实清楚，决定不开庭审理。"）

……（首先概述原判决认定的事实、证据、理由和判处结果；其次概述上诉、辩护的意见；最后简述人民检察院在二审中提出的新意见。）

经审理查明，……（首先写明经二审审理查明的事实；其次写明二审据以定案的证据；最后针对上诉理由中与原判认定的事实、证据有异议的问题进行分析、认证。）

本院认为，……（根据二审查明的事实、证据和有关法律规定，论证原审法院判决认定的事实、证据和适用法律是否正确。对于上诉人、辩护人或者出庭履行职务的检察人员等在适用法律、定性处理方面的意见，应当有分析地明确表示是否予以采纳，并阐明理由）依照《中华人民共和国刑法》第 ×× 条（之一或之二）第 ×× 款的规定……（写明判决的法律依据），判决如下：

……〔写明判决结果，分全部改判或部分改判两种情况，具体如下：

第一，全部改判的，表述为：

"一、撤销 ×××× 人民法院（××××）刑初 ×× 号刑事判决；

二、上诉人（原审被告人）×××……（写明改判的具体内容）"

第二，部分改判的，表述为：

"一、维持 ×××× 人民法院（××××）刑初 ×× 号刑事判刑事判决的第 ×× 项，即……（写明维持的具体内容）；

二、撤销 ×××× 人民法院（××××）刑初 ×× 号刑事判决第 ×× 项，即……（写明撤销的具体内容）；

三、上诉人（原审被告人）×××……（写明部分改判的具体内容）。"〕

本判决为终审判决。

审判长　　×××

审判员　　×××

审判员　　×××

××××年××月××日

（院印）

本件与原本核对无异

书记员　　×××

4. 一审刑事附带民事判决书样式

××××人民法院

## 刑事附带民事判决书

（××××）×刑初字第××号

公诉机关××××人民检察院。

附带民事诉讼原告人……（写明姓名、性别、出生年月日、民族、出生地、文化程度、职业或工作单位和职务、住址等）

被告人……（写明姓名、性别、出生年月日、民族、出生地、文化程度、职业或工作单位和职务、住址、因本案所受强制措施情况等，现羁押处所）

辩护人……（写明姓名、工作单位和职务）

××××人民检察院以××××号起诉书指控被告人犯××罪，××××年××月××日向本院提起公诉。在诉讼过程中，附带民事诉讼原告人向本院提起附带民事诉讼。本院依法组成合议庭（或由审判员×××独任审判），公开（或不公开）开庭进行了合并审理。××××人民检察院指派检察员×××出庭支持公诉，附带民事诉讼原告人×××及其代理人×××、辩护人×××、证人×××、鉴定人×××、翻译人员×××到庭参加诉讼，现已审理终结。

××××人民检察院指控……（概述人民检察院指控被告人犯罪的事实、证据和适用法律的意见）附带民事诉讼原告人诉称……（概述附带民事诉讼原告人的诉讼请求和有关证据）

被告人×××辩称，……（概述被告人对人民检察院指控的犯罪事实和附带民事诉讼原告人的诉讼请求予以供述、辩解、自行辩护的意见和有关证据）辩护人×××提出的辩护意见是……（概述辩护人的辩护意见和有关证据）

经审理查明：……（首先要写明经法庭审理查明的事实，既要写明经法庭查明的全

99

部犯罪事实，又要写明由于被告人的犯罪行为使被害人遭受经济损失的事实；其次写明据以定案的证据及其来源；最后对控辩双方有异议的事实、证据进行分析、认证）

本院认为：……（根据查证属实的事实、证据和法律规定，论证公诉机关指控的犯罪是否成立，被告人的行为是否构成犯罪，犯何罪？应否追究刑事责任；被告人对被害人是否因为其犯罪行为而对被害人形成伤害或导致其遭受经济损失，被告人对被害人的经济损失应否负民事赔偿责任；是否具有法定量刑情节或酌情量刑情节，应否从轻、减轻、免除处罚或者从重处罚，对于控辩双方关于适用法律方面的意见，应当有分析地明确表示是否采纳，并阐明理由。）依照《中华人民共和国刑法》第××条第××款的规定（写明判决的法律依据），判决如下：

被告人×××……〔写明判决结果。分四种情况：

第一，定罪判刑并应当赔偿经济损失的，则表述为：

"一、被告人×××犯×××罪……（写明主刑、附加刑）刑期从判决执行之日起计算。判决执行以前先行羁押的，羁押一日折抵刑期一日，即自××××年××月××日起至××××年××月××日止；

二、被告人×××赔偿附带民事诉讼原告人×××……（写明受偿人（不一定是被害人，也可能是被害人的家属，下同）的姓名、赔偿的金额和支付的日期）"

第二，定罪免刑并应当赔偿经济损失的，则表述为：

"一、被告×××犯×××罪，免予刑事处罚；

二、被告人×××赔偿附带民事诉讼原告人×××……（写明受偿人的姓名、赔偿的金额和支付的日期）"

第三，宣告无罪但应当赔偿经济损失的，则表述为：

"一、被告×××无罪；

二、被告人×××赔偿附带民事诉讼原告人×××……（写明受偿人的姓名、赔偿的金额和支付的日期）"

第四，宣告无罪且不赔偿经济损失的，则表述为：

"一、被告人×××无罪；

二、被告人×××不承担民事赔偿责任。"〕

如不服本判决，可在接到本判决书的第二日起××日内通过本院或者直接向××××人民法院提出上诉书面上诉的，应交上诉状正本一份，副本×份。

审判长 ×××

审判员 ×××

审判员 ×××

××××年××月××日

（院印）

本件与原本核对无异

书记员 ×××

**（二）刑事判决书的范例**

发生于 2006 年的许霆案作为我国刑事司法实践中的样本案例，历经一审①二审②和重审一审③二审④，许霆也从原判决无期徒刑到最后被判处五年有期徒刑，并经最高人民法院核准，最终尘埃落定。此处因篇幅限制，原一审、二审判决书、重审一审、二审判决书不再列入，请读者自行查阅学习。

现列一宗"铁马冰河"胡某某非法经营案⑤的刑事判决书作为研习样本：

河南省中牟县人民法院

## 刑事判决书

（2021）豫 0122 刑初 665 号

公诉机关河南省中牟县人民检察院。

被告人胡某弟，男，1979 年 11 月 5 日出生，初中文化，农民，住安徽省望江县。因涉嫌走私毒品犯罪于 2021 年 7 月 5 日被中牟县公安局刑事拘留，同年 8 月 12 日被逮捕，2022 年 4 月 15 日被本院取保候审。

辩护人刘某、王某亮，北京市中闻律师事务所律师。

河南省中牟县人民检察院于 2021 年 12 月 1 日以牟检刑诉〔2021〕477 号起诉书，指控被告人胡某弟犯走私、贩卖毒品罪，向本院提起公诉。本院受理后，依法组成合议庭，于 2022 年 3 月 18 日公开开庭审理了本案。休庭后，中牟县人民检察院进行了补充侦查。2023 年 3 月 31 日，本院第二次公开开庭审理。中牟县人民检察院指派检察员石某永、郭某出庭支持公诉。被告人胡某弟及其辩护人刘某、王某亮到庭参加诉讼。现已审理终结。

公诉机关指控，氯巴占系国家管制的二类精神药品，在国内药品市场不允许私自买卖，喜保宁在境内药品市场无销售渠道。氯巴占、喜保宁对治疗癫痫病有较好疗效。被告人胡某弟家中有患癫痫病的未成年女儿，日常服用喜保宁治疗。2019 年 5 月，胡某弟在为女儿购药过程中，联系到境外贩卖氯巴占的人员。为牟取利益，非法从事氯巴占、喜保宁代购业务，即低价从境外购买，通过微信群加价出售给癫痫病患者家属。2021 年 5 月以来，胡某弟通过微信联系境外人员"Luigi Pan-意大利"，购买药品"Clobazam"（氯巴占），为逃避海关等相关部门查处，分批邮寄至国内的李某 1、刘某 2、李某 2、古某（四人已被不起诉）等人的住处或工作单位，再由四人转寄到胡某弟提供的地址。2021 年 7 月 4 日，公安人员查获胡某弟从境外购买的氯巴占共 155 盒，7750 粒，105,000 毫克。经

---

① 参见广州市中级人民法院（2007）穗中法刑二初字第 196 号刑事判决书。
② 参见广东省高级人民法院（2008）粤高法刑一终字第 5 号刑事判决书。
③ 参见广州市中级人民法院（2008）穗中法刑二重字第 2 号刑事判决书。
④ 参见广东省高级人民法院（2008）粤高法刑一终字第 170 号刑事判决书。
⑤ "铁马冰河"胡某非法经营案被多家媒体评为 2023 年度中国十大影响力案件，又称新版《我不是药神》案。

鉴定，从胡某弟处查获的"Clobazam"检测出氯巴占成分。根据国家禁毒委员会办公室发布的《100种麻醉药品和精神药品管制品种依赖性折算表》，105,000毫克氯巴占折算海洛因10.5毫克。

针对指控的犯罪事实，公诉机关在第一次开庭时，当庭出示了证人证言、被告人供述、郑州市公安局司法鉴定中心鉴定意见、扣押物品清单、涉案物品照片、视听资料等证据。公诉机关认为，胡某弟的行为触犯了《中华人民共和国刑法》第三百四十七条第一款、第四款的规定，应以走私、贩卖毒品罪追究刑事责任。在第二次开庭时，公诉机关补充出示了胡某弟手机电子数据、郑州市公安局司法鉴定中心检验报告、河南誉信会计师事务所专项审计报告等证据，认为胡某弟明知氯巴占、喜保宁、雷帕霉素系在国内限制买卖的药品，其中氯巴占还系国家管制的二类精神药品，未经许可在国内非法销售，销售金额共计504,140元，依法应构成非法经营罪，提请本院依法判处。

被告人胡某弟辩解称，其所建微信群用于治病或就医交流，成员均系全国各地病友。其从境外购买药品并销售给病友属实，但未向病友以外人员贩卖，不具有走私、贩卖毒品的主观故意，不构成走私、贩卖毒品罪。无牟取利益的目的，也未实际获利。

被告人胡某弟的辩护人辩护称：1. 公诉机关在第一次开庭后又进行补查违反法律规定，且电子数据提取程序不合法、不规范，导致认定胡某弟购买、销售涉案药品的数量不准确，故从胡某弟手机内提取的电子数据及审计报告不能作为定案依据。2. 涉案的氯巴占是用于治病，不应认定为毒品。3. 胡某弟向病友销售药品带有自救、互助性质，主观上没有以营利为目的，客观上没有牟取到利益，也没有达到严重扰乱市场秩序的程度，不具有社会危害性，不构成非法经营罪。针对辩护意见，辩护人向法庭提交了胡某弟女儿及部分患儿病历、患儿家长的联名诉求书及《关于印发〈临床急需药品临时进口工作方案〉和〈氯巴占临时进口工作方案〉的通知》等证据材料。

经审理查明：氯巴占（Frisium/Clobazam）、喜保宁（Sabril/Vigabatrin）、雷帕霉素（Rapamune/Sirolimus）系境外销售药品，用于治疗癫痫病。根据我国相关药品管理规定，未经国家药品管理部门许可，该三种药品均不得在国内销售，其中，氯巴占还系国家管制的二类精神药品。

被告人胡某弟的女儿患有先天性癫痫病，可以通过服用喜保宁治疗。2019年5月，胡某弟开始通过境外代购人员"Tsc涛子/tscljz"购买喜保宁，逐渐形成了较为稳定的购买渠道。购药过程中，胡某弟结识了与自己有相同需求的患儿家长。为方便病友交流，胡某弟建立了"电宝宝的希望*痉挛癫痫群"和"电宝宝坚守希望*结节硬化群"两个微信群，群成员曾分别达到198人、417人，胡某弟在群中的昵称为"风吹沙""铁马冰河"。期间，胡某弟了解到病友对除喜保宁之外的氯巴占和雷帕霉素也有需求。2019年5月至2021年7月间，胡某弟未经许可，通过"Luigi Pan-意大利/luigimilano"等境外人员邮购多个国家和地区生产的氯巴占、喜保宁、雷帕霉素，部分药品由患儿家属接收后转寄给胡某弟，胡某弟将药品加价向群内成员销售，并通过微信、支付宝结算药款。

2021年7月3日，公安机关发现胡某弟从境外走私氯巴占等药品入境的线索，并查扣了中牟县居民李某1为胡某弟代收的从境外购进的氯巴占30盒。同年7月4日，胡某弟在安徽省望江县被公安机关传唤到案。根据其供述，公安机关另查扣了其购买的氯巴占

125 盒、喜保宁 132 盒、雷帕霉素 18 盒。经审计，胡某弟从境外购买氯巴占、喜保宁、雷帕霉素共计支出人民币 123.86 万余元（以下未标明币种均为人民币），向 202 名微信群成员销售药品总金额 50.41 万余元。

另查明，国家卫生健康委员会、国家药品监督管理局于 2022 年 6 月 23 日发布《关于印发〈临床急需药品临时进口工作方案〉和〈氯巴占临时进口工作方案〉的通知》，允许指定医疗机构用于特定医疗目的临时进口氯巴占。

上述事实，有下列证据证实：

1. 受案登记表、传唤证、到案经过证实：2021 年 7 月 3 日，郑州市公安局禁毒支队发现中牟县居民李某 1 的过境快递中有 30 盒氯巴占，将线索移交中牟县公安局侦查。2021 年 7 月 4 日，胡某弟被公安机关传唤到案。

2. 搜查笔录、扣押清单证实：公安机关查扣了李某 1 代胡某弟接收的 30 盒氯巴占；在胡某弟家和其父亲家查扣氯巴占 72 盒、喜保宁 132 盒、雷帕霉素 18 盒，在替胡某弟收取境外快递的古某处查扣氯巴占 30 盒，从合肥海关接收了已被查扣的胡某弟购买的氯巴占 23 盒。另扣押了胡某弟华为、VIVO 手机各一部。

3. 中牟县公安局从查扣的胡某弟两部手机内提取的电子数据及郑州市公安局司法鉴定中心检验报告证实：

（1）胡某弟曾在网上搜索氯巴占的功效及国家对该药品的管制、查处情况；

（2）胡某弟微信昵称"铁马冰河""风吹沙"，建有"电宝宝的希望＊痉挛癫痫群"，群成员 198 人，"电宝宝坚守希望＊结节硬化群"，群成员 417 人；

（3）自 2019 年 5 月 5 日起，胡某弟陆续通过境外人员"Tsc 涛子/tscljz""Luigi Pan-意大利/luigimilano"等十余人购买涉案药品；

（4）胡某弟与群成员之间交流内容，包括涉案药品推销、给予帮其推销药品人员优惠、代收、转寄、价格商定及逃避海关监管等，并向微信好友表示其销售药品是为了赚钱。

4. 河南誉信会计师事务所审计报告证实：2019 年 5 月至 2021 年 7 月，胡某弟购买氯巴占、喜保宁、雷帕霉素共计支出 1,238,629.33 元；销售给 202 名微信群成员，销售药品总金额 504,140 元；销售氯巴占获利 31,676.4 元。

5. 中牟县市场监督管理局情况说明证实：截至案发时，氯巴占（Frisium/clobazam 20mg tabs、Frisium/clobazam 10mg tabletten）、喜保宁（Sabril / vigabatrin 500mg film tablet、Sabril/ vigabatrin 500mg film-coated tablets、Sabril/vigabatrin 500mg granulato per soluzione orale）、雷帕霉素（Rapamune /sirolimus 1mg kapli tablet）未纳入国家药品监督管理局药品数据库。

6. 证人古某证言证实：我女儿患有癫痫病，医生建议用境外上市的喜保宁治疗。经病友推荐我加了"铁马冰河"的微信，进入他为群主的"电宝宝的希望＊痉挛癫痫群"，通过他购买韩国版的喜保宁。后来"铁马冰河"让我提供地址帮他收货，说代收的是国内禁止流通的管制药品，他一人收药量大不安全，需要从境外分散邮寄到国内。我以为帮他接收、转寄的四次快递是喜保宁，最后一次才知道快递里是氯巴占。

证人李某 1、刘某 2、李某 2、吴某证言均证实，因为自己孩子患癫痫病而加入

"铁马冰河"所建微信群,在向"铁马冰河"购药过程中,应其请求为其代收、转寄过药品。

7. 证人李某 3 证言证实:我儿子患有严重癫痫病,需服用未在国内批准上市的喜保宁治疗,后开始使用氯巴占治疗。通过他人推荐,我加入"铁马冰河"为群主的微信群,从"铁马冰河"处购买喜保宁和氯巴占。"铁马冰河"知道我经济条件不好,建议多囤些氯巴占,加价卖给其他有需要的病友。

8. 证人赵某、周某、杨某、王某、茅某证言分别证实胡某弟、古某等人在快递点收发快递的事实。茅某另证实,其配合公安机关给胡某弟打电话让来取快递,胡某弟在签收快递后被抓获。

9. 被告人胡某弟供述证实:我女儿患有癫痫病,主要服用喜保宁治疗。因国内无销售,我便在百度贴吧发布求购药品信息,后来联系上了境外代购人员"Tsc 涛子/tscljz",开始购买多种版本的喜保宁。购买过程中,我了解到病友也需要国内不能销售的氯巴占、雷帕霉素。我先委托境外代购人员"billy-jai"购买氯巴占,因为他卖得贵,后来又从代购人员"Luigi Pan-意大利"处购买。购买流程是先付钱,境外代购人员通过快递将药品邮寄到我提供的地址。为逃避海关监管,我除自己收取药品外,还让部分病友提供住址代收后转寄给我,还告知病友如遇海关检查就说用于自家子女治疗请求海关放行。为平衡收支,我向群成员出售氯巴占平均每盒获利 100 元;代购喜保宁的利润低,代购雷帕霉素的量比较少,但都不会赔钱。为方便女儿及病友治疗、交流,我建立了"电宝宝的希望 * 痉挛癫痫群"和"电宝宝坚守希望 * 结节硬化群",我在群内的昵称分别为"风吹沙""铁马冰河"。对进群的人员是否为患者或患者家属没有审核。

10. 中国抗癫痫协会编写的《临床诊疗指南·癫痫病分册》证实:氯巴占在多个国家获准用于抗癫痫治疗,已作为儿科癫痫治疗的一线药品。

11. 病历资料证实医生为胡某弟女儿及癫痫患儿开具服用氯巴占、喜保宁治疗的医嘱;联名诉求书证实 132 名患儿家长请求对胡某弟从宽处罚。

12. 户籍证明、无违法犯罪记录证实:胡某弟作案时已达到刑事责任年龄,无违法犯罪记录。

以上证据经当庭示证、质证,来源清楚,程序合法,能够证实本案事实,本院予以确认。

针对控辩双方意见,根据庭审查明的事实、证据及相关法律规定,本院综合评判如下:

一、关于本案中公诉机关补充侦查的依据

根据《最高人民法院关于适用〈中华人民共和国刑事诉讼法〉的解释》第二百九十七条及《人民检察院刑事诉讼规则》第四百二十二条的规定,审判期间,人民法院发现新的事实,可能影响定罪量刑的,或者需要补查补证的,应当通知人民检察院,由其决定是否补充、变更、追加起诉或者补充侦查。因此,公诉机关在第一次开庭后,根据本院建议进行补充侦查于法有据。

二、关于电子数据提取程序及检验报告、审计报告的证据效力

胡某弟到案后,侦查机关依法扣押了其作案所使用的两部手机,委托具有资质的郑

州市公安司法鉴定中心，依法定程序提取了手机内涉案时段的电子数据并形成检验报告；委托具有资质的审计机构，对 2019 年 5 月至 2021 年 7 月胡某弟购买、贩卖涉案药品的金额及销售氯巴占获利金额作出审计，结论与在案的其他证据相互印证，可以作为定案依据。

三、关于被告人胡某弟行为的定性

（一）被告人胡某弟的行为不构成走私、贩卖毒品罪

根据我国《麻醉药品和精神药品管理条例》和《精神药品品种目录》的规定，氯巴占属于二类精神药品，因能够使人形成瘾癖而具有毒品和临床药品的双重属性。行为人走私并向贩卖毒品的犯罪分子或者吸毒人员贩卖国家管制的能够使人形成瘾癖的精神药品的，依法应以走私、贩卖毒品罪定罪处罚。认定走私、贩卖国家管制的精神药品的行为构成走私、贩卖毒品罪，应当符合以下三个条件：一是行为人明知走私、贩卖的是国家管制的精神药品；二是基于将其作为毒品的替代品而不是治疗所需药品的目的；三是去向为毒品市场或吸食毒品群体，且获取远超正常经营药品所能获得的利润。综合审理查明的事实和证据，被告人胡某弟的行为不符合前述三个条件：首先，胡某弟不具有走私、贩卖毒品的故意。氯巴占作为治疗癫痫病的临床药品已经在境外多国获准上市，胡某弟在为女儿治病过程中，了解到其他患儿家属有用药需求而从境外邮购后加价销售，目的是治疗疾病而非作为毒品的替代品。其次，涉案氯巴占的去向限于胡某弟所建微信群内的病友，现有证据不能证实流向了毒品市场或吸毒人员。最后，胡某弟两年多时间销售氯巴占获利 3.1 万余元，所获利润有限，不属于获得远超出正常利润的情形。综上，涉案氯巴占的属性应认定为药品而非毒品，胡某弟出于治疗疾病的目的从境外邮购氯巴占并销售的行为不构成走私、贩卖毒品罪。

（二）被告人胡某弟的行为构成非法经营罪

根据法律规定，未经许可经营法律、行政法规规定的专营、专卖物品或者其他限制买卖的物品，扰乱市场秩序，情节严重的，构成非法经营罪。二类精神药品由国家实行特殊管理、定点经营，喜保宁、雷帕霉素系尚未获准在国内销售的境外药品，未经国家行政主管部门批准，任何单位、个人均不得从事相关经营活动。本案中，被告人胡某弟明知涉案药品未经许可不得擅自销售，仍在微信群中多次发布药品销售信息，建议他人大量购买药品再转卖，承诺给予帮其推销药品的人员一定优惠，事先传授代收人如何应对海关检查，从境外大量购买药品后分散邮寄入境并通过微信群加价销售，销售金额超过 50 万元。胡某弟的上述行为客观上扰乱了药品市场管理秩序，且不属于《最高人民法院 最高人民检察院关于办理危害药品安全刑事案件适用法律若干问题的解释》第十八条第一款规定的"不以营利为目的实施带有自救、互助性质的生产、进口、销售药品的行为"，依法应以非法经营罪论处。

四、关于对被告人胡某弟的量刑

刑罚的轻重，应当与犯罪分子所犯罪行和承担的刑事责任相适应。对于犯罪分子决定刑罚的时候，应当根据犯罪的事实、犯罪的性质、情节和对于社会的危害程度，依法判处。具体到本案，首先，被告人胡某弟非法经营的主观恶性较小。胡某弟系在为患有先天性癫痫病的女儿治疗过程中，了解到其他患者也有相同购药需求，虽然出于获利的目的向

他人加价销售，但所购药品用于治疗癫痫病患者，与单纯以牟利为目的的非法经营行为相比，主观恶性较小。其次，胡某弟非法经营的社会危害性较小。胡某弟未经许可经营国家管制药品的行为虽然侵害了药品市场管理秩序，但未造成药品滥用和对他人生命健康的实际损害，社会危害性较小。最后，胡某弟在本案之前无违法犯罪记录，案发后主动交代未销售的涉案药品所在地点并带领公安人员前往起获，到案后如实供述所犯罪行，有坦白情节，主动退缴违法所得，具有一定认罪悔罪表现。纵观本案的事实与情节，胡某弟的行为虽然构成非法经营罪，但犯罪情节轻微，依法可免予刑事处罚。

本院认为，被告人胡某弟违反国家规定，非法经营国家限制买卖的药品的行为已构成非法经营罪。公诉机关原起诉被告人胡某弟的行为构成走私、贩卖毒品罪的指控不能成立，公诉机关在第二次开庭审理时，当庭变更胡某弟的行为构成非法经营罪的意见予以支持。被告人胡某弟及其辩护人关于不构成走私、贩卖毒品罪的辩解、辩护意见依法予以采纳，其他辩解、辩护意见依法不予采纳。根据被告人胡某弟的犯罪事实、犯罪的性质、情节和对于社会的危害程度，依照《中华人民共和国刑法》第二百二十五条第一项、第六十七条第三款、第三十七条、第六十一条、第六十四条之规定，判决如下：

1. 被告人胡某弟犯非法经营罪，免予刑事处罚。

2. 被告人胡某弟的违法所得人民币31,676.4元予以追缴，上缴国库。

3. 扣押在案的氯巴占155盒、喜保宁132盒、雷帕霉素18盒，由扣押机关中牟县公安局依法处理；作案工具华为、VIVO手机各一部，予以没收，上缴国库。

如不服本判决，可在接到判决书第二日起十日内，通过本院或者直接向河南省郑州市中级人民法院提出上诉。书面上诉的，应当提交上诉状正本一份，副本五份。

审　判　长　刘某兰

人民陪审员　李某霞

人民陪审员　张某兰

二〇二三年三月三十一日

法官助理　蔡某

书　记　员　张某

## 第三节　刑事裁定书

### 一、刑事裁定书的概念

刑事裁定书，是人民法院在刑事司法活动中也较为常用的一种法律文书，其作用主要在于保障刑事诉讼顺利进行，保障人民法院的判决得以实现，生效的裁定书与判决书相同，都具有法律强制力。总之，所谓刑事裁定书，是指人民法院在刑事案件审理或判决执行过程中，就程序问题和部分实体问题所做的书面决定。如裁定撤销一审判决并发回重审、裁定维持原判驳回上诉、裁定终止审理等，整体来看，其大部分涉及刑事审判程序问题，少许涉及部分刑事审判实体问题。

## 二、刑事裁定书的写作要点

### （一）首部

1. 标题和案号

此处同刑事判决书类似，表述为"××××人民法院刑事裁定书"，并附案号（根据案件具体情况，写明案号，或为一审案号，或为二审案号，或为再审案号），如"（××××）×刑初字第××号"。

2. 公诉机关、抗诉机关、自诉人及诉讼参与人的基本情况

此处须写明公诉机关或抗诉机关名称、被告人或上诉人等的姓名、性别、出生年月日、民族、籍贯、职业或工作单位和职务、住址和本案受强制措施情况等，现被羁押或所处何处等，写明辩护人姓名、性别、工作单位和职务等。

值得注意的是，裁定书相较于判决书更为具体、简洁，甚至是有针对性地解决某一方当事人具体问题的裁定书，故只需写明与该具体问题有关的人员的基本情况，如死刑核准裁定书只需写明被告人的具体情况即可。如刑罚执行阶段的刑事裁定书中，则只需写明犯罪人的基本情况，如假释裁定书、减刑裁定书、减免罚金刑事裁定书等。

3. 案由

关于刑事二审或再审维持原判或撤销原判发回重审的刑事裁定书，案由部分的写法与判决书无异；就程序问题的刑事裁定书，既可写明案由，也可与事实理由结合起来写；减刑、假释、减免罚金等案件，其案由概括描述犯罪人处刑和执刑的情况即可。

### （二）正文（以裁定书的具体情形为例）

（1）上诉（含抗诉的上诉案件）、再审刑事案件中裁定维持原判的写法，事实与理由与判决书文书类似，写明刑事案件的事实与理由，裁定结果的写法：上诉的裁定结果写为："驳回上诉或抗诉，维持原判或裁定。"再审的裁定结果为："维持本院（××××）×刑初字第××号刑事判决。"

（2）裁定撤销原判发回重审的裁定书，写明原判决事实不清，证据不足，或者原判决违反法律规定的诉讼程序，裁定写为："一、撤销××××人民法院（××××）×刑初字第××号刑事判决；二、发回××××人民法院重新审判。"

（3）驳回刑事自诉的裁定书，写法需列明事实与理由，大体与判决书类似，只是裁定结果为："驳回自诉人×××对被告人×××的控诉。"

（4）假释裁定书、减刑裁定书、减免罚金裁定书、终止审理裁定书等，将相应内容写明即可。即"罪犯×××"，其基本情况列明，现所处何处服刑。后列明其被判决刑罚情况，及刑罚执行机关对罪犯提出的减刑建议。本院依法组成合议庭审理，出庭人员及参加诉讼人员到庭参加诉讼，现已审理终结。此处可表述为"经审理查明×××，认真遵守监规……上述事实，有下列证据证实并经庭审举证、质证……。本院认为，罪犯×××……，本院予以采纳。依照……（写明法律依据）之规定，裁定结果为：对罪犯×××减去有期徒刑×年或×月（减刑后应执行的刑期自××年月日起至

××年月日止）。"

**（三）尾部**

一审的刑事裁定书，需交代和注明上诉事宜；二审的刑事裁定书则写明"本裁定为终审裁定。"若为死刑的裁定，还须注明"是核准死刑的裁定，还是需报请最高人民法院核准的裁定"。假释、减刑、减免罚金裁定书和终止审理裁定书等写明"本裁定书送达后即发生法律效力。"审判人员、落款时间、盖章、印鉴等与刑事判决书并无二致，核对清楚、保持准确和完整即可。

## 三、刑事裁定书的样式与范例

### （一）刑事裁定书的样式

1. 再审后按一审程序再审维持原判裁定书样式

××××人民法院

**刑事裁定书**

（××××）……刑再初……号

原公诉机关 ××××人民检察院。

原审被告人……（写明姓名、性别、出生年月日、民族、出生地、文化程度、职业或者工作单位和职务、住址等，现羁押处所）

辩护人……（写明姓名、工作单位和职务）

××××（写明省、自治区、直辖市和市）人民法院审理××××人民检察院指控被告人×××犯×××罪一案，于××××年××月××日作出（××××）××刑初××号刑事判决。该判决发生法律效力后，……（写明提起再审的根据或者案件的由来）本院依法另行组成合议庭，公开（或者不公开）开庭审理了本案。××××人民检察院检察员×××出庭履行职务。被害人×××、原审被告人×××及其辩护人×××等到庭参加诉讼。现已审理终结。

……（概述原审判决认定的事实、证据、判决的理由和结果）

……（概述再审中原审被告人的辩解和辩护人的辩护意见。对人民检察院在再审中提出的意见，应当一并写明）

经再审查明，……（写明再审认定的事实和证据，并就诉讼双方对原判有异议的事实、证据作出分析、认证）

本院认为，……（根据再审查明的事实、证据和有关法律规定，通过分析论证，具体写明原判定罪准确，量刑适当，应予维持，被告人的辩解和辩护人的辩护意见不予采纳的理由）依照……（写明法律依据）的规定，裁定如下：

维持本院（××××）××刑初××号刑事判决。

如不服本裁定，可在接到裁定书的第二日起五日内，通过本院或者直接向××××人民法院提出上诉。书面上诉的，应当提交上诉状正本一份，副本×份。

审判长　×××

审判员　×××

审判员　×××

××××年××月××日

（院印）

本件与原本核对无异

书记员　×××

2. 再审后按二审程序的上诉（抗诉）案件维持原判裁定书样式

××××人民法院

## 刑事裁定书

（××××）　××刑再终××号

原公诉机关××××人民检察院。

上诉人（原审被告人）……（写明姓名、性别、出生年月日、民族、出生地、职业、文化程度或者工作单位和职务、住址等，现羁押处所）

辩护人……（写明姓名、工作单位和职务）

××××（写明省、自治区、直辖市和市）人民法院审理××××人民检察院指控被告人×××罪一案，于××××年××月××日作出（××××）……刑再初……号刑事判决（或者裁定）……（写明裁判结果）宣判后，×××提出上诉。本院依法组成合议庭，公开（或者不公开）开庭审理了本案。××××人民检察院检察员×××出庭履行职务。被害人×××、上诉人（原审被告人）×××其辩护人×××等到庭参加诉讼。现已审理终结。

……（概述一审法院的再审判决（或者裁定）认定的事实、证据、判决的理由和结果）

……（概述上诉、辩护的主要意见。对人民检察院在二审中提出的意见，应当一并写明）

经审理查明，……（写明二审法院认定的事实和证据，并就诉讼双方对原判有异议的事实、证据作出分析、认证）

本院认为，……（根据二审查明的事实、证据和有关法律规定，通过分析论证，具体写明原判定罪准确，罪刑适当，应予维持，上诉理由不能成立，辩护意见不予采纳的理由）依照……（写明法律依据）的规定，裁定如下：

……〔写明裁定结果。分两种情况：

109

第一，一审法院再审裁定系维持原判的，表述为：

"驳回上诉，维持××××人民法院（××××）××刑再初××号刑事裁定和××××人民法院（××××）××刑初××号刑事判决。"

第二，一审法院再审判决系改变原判的，表述为：

"驳回上诉，维持××××人民法院（×××x）××刑再初××号刑事判决。"〕

本裁定为终审裁定。

审判长 ×××

审判员 ×××

审判员 ×××

××××年××月××日

（院印）

本件与原本核对无异

书记员 ×××

## 3. 终止审理裁定书样式

××××人民法院

### 刑事裁定书

（××××）××刑××号

公诉机关×××人民检察院。

被告人……（写明姓名、性别、出生年月日、民族、出生地、文化程度、职业或者工作单位和职务）

×××人民检察院于××××年××月××日以××检××刑诉〔××××〕××号起诉书，指控被告人×××犯××罪，向本院提起公诉。在审理过程中，被告人×××于××××年××月××日死亡（或者犯罪已过追诉时效期限，并且不是必须追诉或者经特赦令免除刑罚的）。依照……（写明法律依据）的规定，裁定如下：

本案终止审理。

本裁定送达后即发生法律效力。

审判长 ×××

审判员 ×××

审判员 ×××

××××年××月××日

（院印）

本件与原本核对无异

书记员 ×××

4. 假释裁定书样式

×××××人民法院

# 刑事裁定书

（××××）……刑执……号

罪犯……（姓名、性别、出生年月日、民族、出生地、文化程度、现服刑监所和原住址）

×××人民法院于××××年××月××日作出了（××××）……刑初……号刑事判决，以被告人×××犯××罪，判处……（写明具体刑种、刑期，上诉、抗诉的写明二审裁判结果，未经二审的写明"判决发生法律效力后"。）交付执行……（续写执行中的刑种、刑期变更情况）执行机关……（写明机关名称）于××××年××月××日提出假释建议书，报送本院审理。本院依法组成合议庭进行了审理。现已审理终结。

执行机关……（简述执行机关所提罪犯确有悔改表现、假释后不致再危害社会或者具有的特殊情况）

经审理查明……（写明确认罪犯在服刑期间确有悔改表现，假释后不致再危害社会或者有特殊情况的具体事实和证据）

本院认为……（写明应予假释的理由）依照……（写明裁定的法律依据）的规定，裁定如下：

对罪犯×××予以假释，剥夺政治权利×年不变。假释考验期限，从假释之日起计算，即自××××年××月××日起，至××××年××月××日止。

本裁定送达后即发生法律效力。

审判长 ×××
审判员 ×××
审判员 ×××
××××年××月××日
（院印）

本件与原本核对无异

书记员 ×××

5. 减刑裁定书样式

×××× 人民法院

## 刑事裁定书

（××××）××刑执××号

罪犯×××（写明姓名、性别、出生年月日、民族、出生地、文化程度和现服刑监所）。

××××人民法院于××××年××月××日作出了（××××）××刑初××号刑事判决，以被告人×××犯×××罪，判处……（写明主刑的刑种、刑期和附加剥夺政治权利及其刑期，写明上诉、抗诉后二审法院的裁判结果和执行中的刑种、刑期变更情况。）执行机关……（写明机关名称）于××××年××月××日提出减刑建议书，并报送本院审理。本院依法组成合议庭进行了审理。现已审理终结。

执行机关……（简述写明刑罚执行机关所提罪犯确有悔改或者立功、重大立功表现的事实和证据）

经审理查明，……（简述写明确认罪犯在服刑期间确有悔改表现或者立功、重大立功表现的具体事实和证据）

本院认为，……（写明应予减刑的理由）依照……（写明依据的法律条文）的规定，裁定如下：

……（写明罪犯姓名和对其减刑的具体内容）

本裁定送达后即发生法律效力。

审判长 ×××
审判员 ×××
审判员 ×××
××××年××月××日
（院印）

本件与原本核对无异

书记员 ×××

### 6. 撤销缓刑裁定书样式

×××× 人民法院

## 刑事裁定书

（××××）……刑执……号

罪犯……（姓名、性别、年龄、出生年月日、民族、出生地、文化程度、现住址）

　　××××年××月××日，本院作出了（××××）××刑××号刑事判决（或者裁定），以……罪，判处被告人×××……（具体刑种、刑期）宣告缓刑……（刑期）原判已发生法律效力并交付执行。××××执行机关于××××年××月××日书面建议本院撤销对罪犯×××的缓刑。本院依法组成合议庭进行了审理。现已审理终结。

　　执行机关……（简述公安机关提出罪犯在缓刑考验期限内，违反法律、行政法规或者国务院公安部门有关缓刑的监督管理规定的事实和理由）

　　经审理查明：……（详述查证后认定的罪犯在缓刑考验期限内，违反法律、行政法规或者国务院公安部门有关缓刑的监督管理规定的事实和证据）

　　本院认为……（写明撤销缓刑的具体理由）依照《中华人民共和国刑法》第七十七条第二款和《最高人民法院关于适用〈中华人民共和国刑事诉讼法〉的解释》第四百五十八条的规定，裁定如下：

　　一、撤销本院（××××）××刑××号刑事判决中对罪犯×××宣告缓刑……（期限）的执行部分；

　　二、对罪犯×××收监执行原判……（刑种、刑期）刑期自××××年××月××日起至××××年××月××日止。

　　本裁定送达后即发生法律效力。

审判长　×××

审判员　×××

审判员　×××

××××年××月××日

（院印）

本件与原本核对无异

书记员　×××

7. 减免罚金裁定书样式

××××人民法院

## 刑事裁定书

（××××）××刑执××号

　　罪犯×××（写明姓名和案由）一案，本院于××××年××月××日作出了（××××）××刑××号刑事判决（或者裁定），其中对罪犯×××判处罚金人民币……（写明具体数额）在执行期间，罪犯×××提出书面申请减、免……（写明罪犯申请减、免罚金的事由和罚金数额）本院经查证，罪犯×××……（简述写明查证的事实），缴纳罚金确有困难。依照我国……（写明法律依据）的规定，裁定如下：

对罪犯×××减少罚金××元人民币，余额继续追缴。

（或者）

对罪犯×××免除罚金××元人民币。

本裁定送达后即发生法律效力。

审判长　×××

审判员　×××

审判员　×××

××××年××月××日

（院印）

本件与原本核对无异

书记员　×××

### （二）刑事裁定书的范例

北京市第二中级人民法院

## 刑事裁定书

（2015）二中刑减字第 01634 号

本院于 2010 年 5 月 18 日作出（2010）二中刑初字第 689 号刑事判决，以被告人黄某某犯非法经营罪、内幕交易罪、单位行贿罪，判处有期徒刑十四年，并处罚金人民币六亿元，没收个人部分财产人民币两亿元；继续追缴被告人黄某某、杜某、许某民的违法所得，予以没收。被告人黄某某不服，提出上诉。

北京市高级人民法院于 2010 年 8 月 27 日作出（2010）高刑终字第 363 号刑事判决，维持对被告人黄某某的定罪量刑。判决发生法律效力后交付执行。

北京市第一中级人民法院于 2012 年 6 月 18 日以（2012）一中刑减字第 2608 号刑事裁定，对其减去有期徒刑十个月，罚金人民币六亿元、没收个人部分财产人民币二亿元不变。

执行机关北京市第二监狱提出减刑建议，报送本院审理。本院依法立案、进行了公示，并组成合议庭进行了审理。执行机关代表北京市第二监狱警官郭某军、张某静出庭提请减刑。北京市人民检察院第三分院检察员张某、孙某东出庭履行职务。罪犯黄某某，证人刘某、刘某全、杨某龙、陈某锋到庭参加诉讼。本案现已审理终结。

北京市第二监狱提出，罪犯黄某某在服刑期间，能认罪悔罪，遵守监规纪律，积极参加学习和劳动，二次获得监狱改造积极分子奖励，建议减刑。北京市人民检察院第三分院当庭发表检察意见，同意北京市第二监狱所提减刑意见。

经审理查明，罪犯黄某某在刑罚执行期间，能认罪悔罪，认真遵守法律法规及监规，接受教育改造，积极参加思想、文化、技术学习，按时完成劳动任务。该犯自 2012 年 1 月至 2012 年 9 月末，累计有效积分达到 62 分，评定奖励时管理级别为二级严管，获监狱改造积极分子奖励；该犯自 2012 年 10 月至 2013 年 5 月末，累计有效积分达到 65 分，评定奖励时管理级别为普管，获监狱改造积极分子奖励。

另查明，罪犯黄某某已主动缴纳罚金及没收个人部分财产共计人民币八亿元，上缴违法所得人民币二千三百六十六万九千四百元。生效判决所判处财产刑的款项已经全部执行完毕。

上述事实，有证人证言、认罪悔罪书、减刑综合材料、证明、奖励审批表、计分考核材料、评审鉴定表、本院执行局出具的情况说明及罚没款统一收据等在案佐证。

本院认为，罪犯黄某某在刑罚执行期间确有悔改表现，符合法定减刑条件，可予减刑。根据罪犯黄某某在服刑期间的具体表现、其所犯罪行的具体情节及社会危害程度，依照《中华人民共和国刑法》第七十八条、第七十九条和《中华人民共和国刑事诉讼法》第二百六十二条第二款之规定，裁定如下：

对罪犯黄某某减去有期徒刑十一个月（减刑后应执行的刑期自 2008 年 11 月 17 日起至 2021 年 2 月 16 日止），原判附加刑并处罚金人民币六亿元、没收个人部分财产人民币二亿元不变（已缴纳）。

本裁定送达后即发生法律效力。

审判长　李　某

审判员　赵某某

审判员　唐　某

二〇一六年五月三十一日

本件与原本核对无异

书记员　许某某

# 第四节　刑事决定书

## 一、刑事决定书的概念

刑事决定书，是指人民法院在刑事审判或执行活动过程中，就部分特定程序事项所作出的具有法律效力的书面决定书。此亦是人民法院刑事法律文书中较为常见的一种裁判文书。根据我国《刑法》及《刑事诉讼法》的规定，刑事决定书的适用范围限于刑事程序性问题，而不针对刑事实体问题。刑事司法中较为常见的刑事决定书主要是涉及取保候审、监视居住、逮捕、回避、管辖、受理、调取证据、撤诉处理等。限于篇幅，这里以取保候审决定书、监视居住决定书、（申请）回避决定书、管辖决定书为例。

## 二、刑事决定书的写作要点

相较于刑事判决书和刑事裁定书的写作，刑事决定书相对简单明了，但也同样包括三个部分，即首部、正文与尾部，无出其右。其中，首部的写作，包括标题与案号与判决书、裁定书如出一辙，此不赘述。正文部分的写作，根据涉及事项的不同，具体表述也有区分，如涉及取保候审事宜的，则表述为决定采取取保候审，期限日期，应当遵守的规定及违反规定的后果；尾部则包括强制措施的执行机关及应当向被告人宣布、要求被告人签名等事项。尾部的落款、日期、院印鉴等（此处不需审判长及审判员署名），此外除正文之外，落款之后应附宣布的时间、被告人签名等内容。

## 三、刑事决定书的样式与范例

### （一）刑事决定书的样式

1. 取保候审决定书样式

××××人民法院

**取保候审决定书**

（××××）×××刑×××号

根据《中华人民共和国刑事诉讼法》第五十一条第一款的规定，决定对本院正在审理的一案的被告人×××采取取保候审的强制措施。取保候审的期限为××个月。在取保候审期间，被告人应当遵守以下规定：

（一）未经执行的公安机关批准不得离开所居住的市、县；

（二）在传讯的时候及时到案；

（三）不得以任何形式干扰证人作证；

（四）不得毁灭、伪造证据或者串供。

如违反上述规定，依照《中华人民共和国刑事诉讼法》第五十六条第二款的规定处理。

本决定由×××公安局执行。

本决定应当向被取保候审的被告人宣布，并由被告人在决定书上签名。

××××人民法院

（院印）

××××年××月××日

向被告人宣布的时间：××××年××月××日××时

被告人签名：×××

2. 监视居住决定书样式

×××× 人民法院

## 监视居住决定书

（××××）××刑××号

根据《中华人民共和国刑事诉讼法》第五十一条第一款的规定，决定对本院正在审理的××××一案的被告人×××采取监视居住的强制措施。监视居住的期限为×个月。在监视居住期间，被告人应当遵守以下规定：

（一）未经执行机关批准不得离开住处，无固定住处的，未经批准不得离开指定的居所；

（二）未经执行机关批准不得会见他人；

（三）在传讯的时候及时到案；

（四）不得以任何形式干扰证人作证；

（五）不得毁灭、伪造证据或者串供。

本决定由×××公安局执行。

××××人民法院

（院印）

××××年××月××日

向被告人宣布的时间：××××年××月××日××时

被告人签名：×××

3. 回避决定书样式

×××× 人民法院

## 对申请回避的决定书

（××××）××刑××号

申请人×××……（写明提出申请回避的当事人及其法定代理人的姓名和基本情况）

本院在审理××××人民检察院指控被告人×××犯××罪（自诉案件写"自诉人×××控诉被告人×××犯××罪"）一案中，申请人……（写明申请人申请回避的审判人员或者书记员、翻译人员、鉴定人员等的姓名和申请其回避的理由）

本院院长（或者本院审判委员会讨论）认为，……（写明准许回避申请或者驳回回避申请的理由）依照《中华人民共和国刑事诉讼法》第三十条第一款的规定，决定如下：

……（写明决定结果："准许×××提出的回避申请。"或"驳回×××提出的回避申请。"）

如不服本决定，可以向本院申请复议一次（注：若准许回避申请的，此句则略）。

××××人民法院

（院印）

××××年××月××日

4. 管辖决定书样式

××××人民法院

## 同意或者不同意移送管辖决定书

（××××）××刑××号

××××人民法院：

你院××××年××月××日关于被告人×××被起诉犯××××罪一案请求移送本院审判的报告收到。经审查，根据《中华人民共和国刑事诉讼法》第二十三条的规定，同意将该案移送本院审判。你院收到此决定书后，即办理有关移送事宜，并书面通知提起公诉的××××人民检察院。

××××人民法院

（院印）

××××年××月××日

抄送：××××人民检察院

### （二）刑事决定书的范例

此处以一份常见的取保候审决定书为范例供研习：

安徽省亳州市谯城区人民法院

## 取保候审决定书

（2016）皖 1602 刑初字第 124 号

根据《中华人民共和国刑事诉讼法》第六十五条之规定，决定对本院正在审理的被告人汪某某开设赌场一案的被告人汪某某采取取保候审的强制措施。

取保候审的期限为六个月。

在取保候审期间，被告人应当遵守以下规定：

（一）未经执行的公安机关批准不得离开所居住的市、县；

（二）住址、工作单位和联系方式发生变动的，在二十四小时以内向执行机关报告；

（三）在传讯的时候及时到案；

（四）不得以任何形式干扰证人作证；

（五）不得毁灭、伪造证据或者串供。

如违反上述规定，依照《中华人民共和国刑事诉讼法》第六十九条之规定处理。

本决定由亳州市公安局执行。

本决定应当向被取保候审的被告人宣布，并由被告人在决定书上签名。

二〇一六年二月十五日

## 第五节 人民法院其他刑事法律文书

### 一、其他刑事法律文书的概念

人民法院其他刑事法律文书，是指除了刑事判决书、刑事裁定书、刑事决定书之外，人民法院在刑事审判或执行活动中所运用的其他类型的用以辅助审判或执行有序进行的法律文书的统称。司法实践中，常见的主要有刑事案件笔录、传票回证、案件报告、司法建议等书函、执行通知书等文书。

### 二、其他刑事法律文书的写作要点

人民法院其他刑事法律文书涉及类型多样，也多为保障刑事审判活动或执行事项顺利进行的通知或书函等，形式多样，内涵丰富。就其他刑事法律文书的写作要点与文书样式也大有不同。就写作要点上，也有所差异。但整体上而言，就某个刑事案件的具体事项所作的其他类法律文书，其写作要点也仍须具备首部、正文和尾部三个基础部分，只不过稍显简洁。现就此几类较为常见的文书，说明其文书样式。

### 三、其他刑事法律文书的样式与范例

**（一）其他刑事法律文书的样式**

1. 庭审笔录样式

**法庭笔录（第×次）**

**（刑事案件用）**

时间：××××年××月××日××时××分至××时××分

地点：×××××

是否公开审理：是或否

旁听人数：××人／无

审判人员：×××、×××、×××

书记员：×××

（审判长（员）宣布开庭审理被告人×××被起诉×××罪一案。依照我国《刑事诉讼法》的规定，依次核对当事人是否到庭，宣布案由，宣布审判人员、书记员、公诉人、辩护人、诉讼代理人、鉴定人、翻译人员（如有）的名单，告知当事人诉讼权利和义务，询问控辩双方是否申请回避等，均应当记入庭审笔录中。若当庭宣布判决结果的，也应当一并记明。）

记录如下：

……（写明庭审笔录情况）

备注：1. 庭审笔录应当在庭审后交给当事人阅读或者向其宣读。当事人认为记录有遗漏或者差错的，可以请求补正。当事人确认无误后，应当签名或盖章。2. 出庭证人的证言部分，应当在庭审后交给证人阅读或向其宣读。证人确认无误后，应当签名或盖章。3. 审判人员审阅后，均应当签名确认，书记员亦同。

## 2. 传票回证样式

×××人民法院

# 传 票

| 案号 | （××××）×××刑字第××号 |
|---|---|
| 案由 | ××× |
| 当事人姓名 | ××× |
| 工作单位或者住址 | ××× |
| 传唤事由 | 开庭 |
| 应到时间 | ××××年××月××日××时××分 |
| 应到处所 | 本院第×××审判庭 |

注意事项：

1. 被传唤人必须准时到达应到处所。

2. 被传唤人应携带本传票报到。

3. 被传唤人收到传票后，应在送达回证上签名或者盖章。

审判员 ×××

书记员 ×××

××××年××月××日

（院印）

本联送达被传唤的当事人

## 3. 司法建议书样式

×××人民法院

# 司法建议书

（××××）××刑××号

×××（主送单位名称）：

本院在审判……（写明控辩双方名称或者姓名和案由）一案中，发现……（写明发现有关单位存在的重要问题和提出建议的理由）为此，特建议：

……（写明建议的具体事项，内容多的可分项书写）

以上建议请研究处理，并将处理结果函告本院。

（院印）

××××年××月××日

抄送：×××（抄送机关名称）

4. 取保候审执行通知书样式

×××人民法院

# 取保候审执行通知书

（××××）××刑××号

×××公安局：

本院决定对被告人×××采取取保候审的强制措施。取保候审期限为××个月，自×××年××月××日至××××年××月××日。根据《中华人民共和国刑事诉讼法》第五十一条第二款规定，请你局执行。在取保候审期间，如发现被告人有违反《刑事诉讼法》第五十六条第一款规定的情形，请及时告知本院×××庭。

附：取保候审决定书一份。

（院印）

××××年××月××日

被取保候审人有关情况如下：

| 案由 | | 取保候审期限 | 个月 | | |
|---|---|---|---|---|---|
| 被告人 | 姓名 | | 性别 | | 出生日期 | 年 月 日 |
| | 文化程度 | | 工作单位 | | | |
| | 住址 | | | | | |

121

续表

| 保证人姓名、住址、电话 | | | |
|---|---|---|---|
| 与被告人的关系 | | 交纳保证金数额 | |

备注：本执行通知书与人民法院取保候审裁定书配套使用，该通知书发送至负责执行的公安机关。该类法律文书，均可参照。

## 5. 执行决定书样式

××××人民法院

# 执行通知书
## （有期徒刑、拘役用）

（××××）××刑××号

××××（执行机关）：

罪犯×××经依法判处刑罚，判决已发生法律效力，根据《中华人民共和国刑事诉讼法》第二百一十三条第二款的规定，请按照本通知送交监狱（或者公安机关）执行。

例书如下：

| 姓名 | | 性别 | | 出生日期 | 年 月 日 | 民族 | |
|---|---|---|---|---|---|---|---|
| 家庭住址 | | | | | | | |
| 罪名 | | | | 主刑 | | | |
| 起刑日期 | 年 月 日 | | | | | | |
| 羁押抵刑 | 年 个月 日 | | | 刑满日期 | 年 月 日 | | |
| 附加刑 | 剥夺政治权利 年 | | | | | | |
| 执行依据 | 人民法院（××××）××××刑字第××号刑事判决书<br>人民法院（××××）××××刑字第××号刑事裁定书 | | | | | | |
| 备注 | | | | | | | |

签发人：　　　　　　　　　经办人：

（院印）

年 月 日

此联送交执行单位

备注：该类刑事执行通知书，一般为一式若干联，一份存根，一份送交执行单位，一份回执（给法院），一份交服刑人员本人收执，文书收执单位有所变动需要根据实际情况实际填写，形式及内容则大同小异。

### （二）其他刑事法律文书的范例

此处因涉及案件的具体信息及公民个人信息等，故一般不作为刑事裁判文书上网公开的对象，故谨以现实中较为常见的司法建议书（函）为范例供研习：

### 司法建议书①
（珠中法建〔2022〕12号）

江苏省××市文体广电和旅游局：

我院在审理原审被告人黄某兴、谢某华、荣某犯掩饰、隐瞒犯罪所得罪上诉一案中，发现：2021年6月12日在你市举办了"××音乐节"，事后，仅被珠海市公安机关侦查破获的、在该音乐节上失窃手机的公民就有34人，失窃手机34部，这些手机后被犯罪分子转手倒卖他人。我院认为，这已严重侵害公民财产权及个人信息及隐私权，严重扰乱治安秩序。

为此，特建议：在组织、运行大规模群众演艺活动时，你局应当提前预判，配置足额警力和治安防范力量，加强科技手段防范，预防和处置偷盗、扒窃、猥亵等违法犯罪行为，同时也应对参与该类大规模群众演艺活动的公民提前发出治安警情提示，提醒其加强自我安全防范，妥善保管好随身物品，尽力避免类似事件再次发生。

以上建议请予以考虑，并于今年八月十日前将落实情况函告我院。

珠海市中级人民法院
2022年7月4日

【本章思考】

1. 刑事法律文书的类型有哪些？
2. 自然人犯罪和法人犯罪的刑事判决书的主要区别在哪里？
3. 刑事判决书的判决结果有几种表达方式？
4. 刑事裁定书适用的场景有哪些？

---

① 《珠海市中级人民法院珠中法建〔2022〕12号司法建议书》，载珠海市中级人民法院官方网站：http：//www.zhcourt.gov.cn/article/detail/2022/10/id/6981744.shtml，最后访问日期：2024年1月18日。

# 第五章　人民法院民事法律文书

## 【导语】

　　民事法律文书，是人民法院依法行使司法审判权的表现形式之一，是体现案涉当事人权利与义务等实体内容的重要载体，其作为司法改革的重要组成部分，受到了社会各界的广泛关注。最高人民法院近年来颁布了多项文件，对人民法院民事法律文书的样式、内容进行规范，例如最高人民法院于2016年发布的《人民法院民事裁判文书制作规范》《民事诉讼文书样式》两份文件，为人民法院进行民事法律文书写作提供了明确的标准。本章以上述两个文件以及其他相关文件为基础，主要对较为常见的民事判决书、民事裁定书、民事调解书以及人民法院的笔录之概念与写作要点进行简述。

## 【本章要求】

　　了解人民法院的文书种类，掌握人民法院民事判决书、民事裁定书、民事调解书、笔录的写作要点。

## 第一节　民事判决书

### 一、民事判决书的概念

　　民事判决书，是人民法院对案涉各方当事人的权利和义务等实体问题作出判决的具有法律强制力的书面法律文书。根据程序的不同，民事判决书可分为第一审普通程序民事判决书、第二审程序民事判决书、审判监督程序民事判决书，而一审判决书可以细分为简易程序民事判决书、公益诉讼民事判决书、第三人撤销之诉民事判决书、执行异议之诉民事判决书等等。

### 二、民事判决书的写作要点

　　《中华人民共和国民事诉讼法》第一百五十五条对民事判决书应具备的内容进行了规定，例如判决书应当写明判决认定的事实和理由、适用的法律和理由、判决结果等。[①] 除

---

　　① 《中华人民共和国民事诉讼法》第一百五十五条："判决书应当写明判决结果和作出该判决的理由。判决书内容包括：（一）案由、诉讼请求、争议的事实和理由；（二）判决认定的事实和理由、适用的法律和理由；（三）判决结果和诉讼费用的负担；（四）上诉期间和上诉的法院。判决书由审判人员、书记员署名，加盖人民法院印章。"

了这一法条外，《人民法院民事裁判文书制作规范》也对民事裁判文书的制作作出要求，这一文件规定民事判决书主要由标题、正文、落款三部分组成。标题包括法院名称、文书名称和案号。其中案号一般由收案年份、法院、案件类型的代字以及依照立案时间先后产生的顺序号所组成。案号的编制、使用应根据《最高人民法院关于人民法院案件案号的若干规定》制定。①

例如广东省某基层人民法院一审民事案件的案号为："（年份）+粤××××（法院代字）+民初（案件类型）+××××（顺序号）+号"；湖北省某中级人民法院二审民事案件的案号为："（年份）+鄂××××（法院代字）+民终（案件类型）+××××（顺序号）+号"。

落款则为审判人员、书记员署名，法院印章、日期等，且每份民事判决书均需在署名与日期的左侧加盖"本件与原件核对无异"的核对章。

正文部分是整份民事判决书的主体内容，其包括首部、事实、判决理由与依据、判决结果、尾部几个部分。以下主要针对民事判决书的正文部分应如何制作进行详细阐述。

**（一）首部**

首部应载明各方当事人的诉讼地位以及基本情况、委托诉讼代理人的基本情况，案件由来与审理经过。

1. 当事人的诉讼地位以及基本情况

根据《中华人民共和国民事诉讼法》第五章第一节的规定，当事人是指以自己的名义向人民法院提出申请，以保护自身合法权益或解决民商事法律纠纷，且与案件有直接利害关系，并受到相应法院裁判约束的自然人、法人和其他组织。

在进行此部分书写时，当事人的诉讼地位应在前。由于当事人的诉讼地位不同，可表述为"原告""被告""第三人""上诉人""被上诉人""申请人""被申请人"等，根据程序、案件类型的不同而进行相应适用。比如民事一审案件，当事人的诉讼地位一般为"原告""被告"与"第三人"，若存在反诉，则在本诉的诉讼地位后写明反诉的诉讼地位。例如"原告（反诉被告）""被告（反诉原告）"等。再比如宣告失踪、宣告死亡的案件，当事人的诉讼地位则为"申请人"。在诉讼地位之后，则为写明当事人的详细信息。当事人的详细信息由于主体的不同，内容有所不同。

如当事人是自然人的，应当写明其姓名、性别、出生年月日、民族、住所、居民身份证号等，以上信息均应与居民身份证或其他户籍证明材料一致。② 如自然人为外国人士，应写明其经过翻译的中文名字以及住所，并同时写明其外文名字及住所。其中，如为有国籍人士应当写明其国籍，如为无国籍人士则应当写明无国籍。如当事人为港澳台地区的居民，应相应写明"香港特别行政区居民""澳门特别行政区居民"或"台湾地区居民"，

---

① 2019年1月1日起施行的《最高人民法院关于修改〈关于人民法院案件案号的若干规定〉的决定》进行了部分修改，特此备注。

② 《中华人民共和国民法典》第二十五条："自然人以户籍登记或者其他有效身份登记记载的居所为住所；经常居所与住所不一致的，经常居所视为住所。"

且在对港澳台地区自然人的住所进行书写时应当分别冠以"香港特别行政区""澳门特别行政区"或"台湾地区"。如自然人有法定代理人或指定代理人的，应当在写明自然人身份之后另起一行写明姓名（名称）、住所、与自然人的关系等信息。

例如，某中国籍男士是某民事一审案件的原告，他的信息可表述为：

原告：×××，男，×年×月×日出生，×族，住××××××，居民身份证号码为××××××。

法定代理人：×××，女，×年×月×日出生，×族，住××××××，居民身份证号码为××××××，系×××的×××。

例如，某香港特别行政区女士是某民事二审案件的被上诉人，她的信息可表述为：

被上诉人（原审×××），女，×年×月×日出生，香港特别行政区居民，住××××××，（证件名称）号码为××××××。

如当事人是法人或其他组织的，应写明其名称、住所、统一社会信用代码、法定代表人（负责人/代表人等）等，以上信息均应与营业执照或其他相关证明材料一致。如当事人是个体工商户的，还应另起一行写明经营者的姓名、性别、出生年月日、民族、住所、居民身份证号等信息，以上信息均应与居民身份证或其他户籍证明材料一致。法人或其他组织的住所是指其主要办事机构所在地，如主要办事机构所在地不明确，应以其注册地或登记地为住所。

例如在中国注册登记的某有限责任公司是某民事一审案件的被告，该公司的信息可表述为：

被告：×××有限公司，住所地为××××××，统一社会信用代码为××××××。

法定代表人：×××。

如当事人有曾用名，且该曾用名与案件审理有关联的，人民法院须在当事人现用名之后用括号写明曾用名。

例如，××（诉讼地位）：×××（曾用名×××），男，×年×月×日出生，×族，住××××××，居民身份证号码为××××××。

如当事人在诉讼过程中进行姓名（名称）变更的，裁判文书应当列明变更后的姓名（名称），变更前的姓名（名称）无须列明。对于姓名（名称）变更的事实，人民法院须在查明事实部分写明具体情况。例如，某公司在与 A 公司交易时的名称为 ZZZ 公司，ZZZ 公司在与 A 公司的诉讼过程中把公司名称变更为 YYY 公司，并在行政管理部门完成相关变更手续，人民法院在制作判决书时，须在查明事实部分对 ZZZ 公司变更为 YYY 公司的相关情况予以说明。此部分多表述为："另查明，×××有限公司于×年×月×日变更为×××有限公司"。

如当事人中任意一方有数方，每一方单独一行，不应全部放在一起。可表述为：

原告：×××有限公司，住所地为××××××，统一社会信用代码为××××××。

法定代表人：×××。

原 告：×××，女，×年×月×日出生，×族，住××××××，居民身份证号码为××××××。

2. 委托诉讼代理人的基本情况

根据《中华人民共和国民事诉讼法》第六十一条的规定，当事人、法定代理人可以委托一至二人作为诉讼代理人。下列人员可以被委托为诉讼代理人：（1）律师、基层法律服务工作者；（2）当事人的近亲属或者工作人员；（3）当事人所在社区、单位以及有关社会团体推荐的公民。

如当事人有委托诉讼代理人的，应当在当事人的基本情况之后另起一行写明代理人的身份及姓名等其他基本信息，如有两位诉讼代理人的，应分行分别说明。

如诉讼受托人为律师、基层法律服务工作者，应写明该受托律师（基层法律服务工作者）的姓名、工作单位（律师事务所、法律服务所）的名称以及执业身份，如属于法律援助的，还应写明法律援助情况。

例如，可表述为："委托诉讼代理人：×××，×××法律援助中心指派律师"。

如诉讼受托人为当事人的近亲属，应写明该亲属的姓名、与当事人之间的关系以及住所等。如诉讼受托人为当事人所在的社区、单位以及有关社会团体推荐的公民，除应写明姓名、性别、住所等信息外，还应对推荐情况予以说明。

如诉讼受托人为本单位工作人员，应写明姓名、性别以及工作人员身份等信息。

如自然人同时委托其近亲属，或法人、其他组织同时委托本单位工作人员，以及律师或基层法律服务工作者担任委托诉讼代理人的，近亲属或本单位工作人员应列在第一位，委托外单位的人员或律师等担任委托代理人的列在第二位。

诉讼受托人为当事人近亲属的，可表述为：

××（原告）：×××，女，×年×月×日出生，×族，住××××××，居民身份证号码为××××××。

委托诉讼代理人：×××，男，×年×月×日出生，×族，住××××××，居民身份证号码为××××××，系×××（诉讼地位+当事人姓名）的配偶。

委托诉讼代理人：×××，×××律师事务所律师。

诉讼受托人为本单位工作人员的，可表述为：

××（原告）：×××有限公司，住所地为××××××，统一社会信用代码为××××××。

法定代表人：×××。

委托诉讼代理人：×××，男，×年×月×日出生，×族，住××××××，居民身份证号码为××××××，系该公司员工。

委托诉讼代理人：×××，×××律师事务所律师。

3. 案件由来与审理经过

案件由来部分应简要写明案件名称与来源，此部分应包括当事人的诉讼地位与姓名（名称）、案由、案件来源等。如当事人姓名（名称）过长，可在案件由来部分第一次出现时用括号说明其简称，简称应当规范并能够准确反映该姓名（名称）的特点。例如：

"广东长江食品有限公司（以下简称长江公司）"。

案由应当准确反映案件所涉及的法律关系的性质，并符合最高人民法院有关民事案由的要求。如果经过人民法院审理，认为立案时确认的案由不当的，以经审理后确定的案由为准，人民法院应在理由部分予以相应说明。

案件来源应具体情况具体分析，一般新受理的案件，应当写明起诉人。其他来源的案件则根据具体情况采用不同的方法进行列明。例如上级法院发回重审、上级法院指定审理、移送管辖等案件，应当写明原审法院作出裁判的案号及日期，上诉人，上级法院作出裁判的案号及日期、裁判结果，说明引起本案的起因等。

审理经过部分应写明立案日期、适用程序、审理方式、庭审参与人员等。适用程序包括普通程序、简易程序、小额诉讼程序、非讼程序等。审理方式包括开庭审理和不开庭审理，开庭审理包括公开开庭和不公开开庭。① 开庭审理的案件应写明当事人出庭参与诉讼的情况，不开庭审理的案件则应写明不开庭的原因。如存在当事人未到庭应诉或中途退庭的情况，应对相应情况予以说明，写明经传票传唤，无正当理由拒不到庭或者未经法庭许可中途退庭的情况。对于审理中的其他程序性事项，如中止诉讼情况等也应写明。

例如一审普通程序民事案件的案由及审理经过可表述为："原告×××有限公司（以下简称××公司）诉被告×××、第三人×××有限公司（以下简称××公司）××××（案由）纠纷一案，本院于×年×月×日立案受理后，依法适用普通程序独任审理。原告××公司的委托诉讼代理人×××、×××，被告×××的委托诉讼代理人×××、×××均到庭参加诉讼。第三人××公司经本院合法传唤，无正当理由拒不出庭参加诉讼，本院依法进行缺席审理。本案现已审理终结。"

一审简易程序民事案件的案由及审理经过可表述为："原告×××与被告×××因×××（案由）纠纷一案，本院于×年×月×日立案后，依法适用简易程序，公开开庭进行了审理。原告×××、被告×××到庭参加诉讼。本案现已审理终结。"

二审民事案件的案由及审理经过可表述为："上诉人×××有限公司（以下简称××公司）与被上诉人×××有限公司（以下简称××公司）、×××有限公司（以下简称××公司）、×××因××（案由）纠纷一案，不服××省××法院×××号（一审案号）民事判决，向本院提起上诉。本院依法组成合议庭进行了审理。本案现已审理终结。"

**（二）事实**

事实是确认案涉当事人权利义务、解决当事人纠纷的依据之一。裁判文书事实部分的内容主要包括当事人的主张、事实与理由、举证质证，以及人民法院所认定的事实和证据。

---

① 《中华人民共和国民事诉讼法》第一百三十七条："人民法院审理民事案件，除涉及国家秘密、个人隐私或者法律另有规定的以外，应当公开进行。离婚案件，涉及商业秘密的案件，当事人申请不公开审理的，可以不公开审理。"

1. 当事人的主张

根据民事程序的不同，此部分的内容也有所不同。比如民事一审案件，应按照原告、被告、第三人的顺序依次表达当事人的主张（诉讼请求及其事实与理由、答辩意见及其事实与理由，等等）。再比如民事二审案件，除应写明二审阶段各方当事人的主张外，还需要写明一审各方当事人的主张以及原审的一些基本情况。此部分主要是对诉讼各方当事人争议的内容进行阐述，反映案件基本情况，明确双方争执焦点。民商事案件解决的是平等主体之间就民事权益所产生的争议，各方当事人处于平等的法律地位，人民法院作为居中裁判者，需要保障各方当事人平等地享有权利以及履行义务，而判决书中此部分内容即是以上内容的体现，同时也是司法中立性与被动性的一种体现。

无论是哪一种程序，在此部分的书写过程中，可无须直接抄写当事人提供的各种书面意见，应综合考虑当事人在庭审前、中、后各阶段的意见，进行综合表述。如当事人在法庭辩论终结前变更诉讼请求、提出新请求，以及当事人在庭审后提交的补充意见且与案件事实有关联的，也应当在此部分写明。在对当事人主张的内容进行概括提炼时，不能够脱离当事人的原意，在反映当事人意愿的基础之上进行准确转述。

例如在一审案件中，被告承认原告主张的诉讼请求或事实，应根据被告是全部认可还是部分认可分别写明。如"被告×××承认原告×××主张的×××××事实、被告×××承认原告×××的全部诉讼请求等"。

例如一审民事案件当事人的主张还可表述为：

原告×××向本院提出如下诉讼请求：①×××；②×××；③×××。事实和理由：××××××。

被告×××辩称，××××××。（概述被告答辩意见）

第三人×××述称，××××××。（概述第三人答辩意见）

2. 人民法院对证据与事实的认定

在当事人的主张之后，另起一段简要写明当事人举证、质证的一般情况。书写方式一般有两种，一种为简要列明各方当事人的举证质证情况，如证据过多可附录全案证据或证据目录；另一种则直接表述为："当事人围绕诉讼请求依法提交了证据，本院组织当事人进行了证据交换和质证"。

例如一审民事案件的证据与事实可表述为：

原告×××为支持其诉讼请求向本院提交如下证据：证据一、×××；证据二、×××；证据三、×××。

被告×××对原告×××提交的证据一的真实性无异议，但××××××；对证据二、三无异议。

被告为支持其抗辩主张向本院提交×××××。

原告对被告提交的证据无异议。

人民法院对当事人提交的证据以及主张事实的认定意见会紧随其后。无论是当事人之间有争议的证据还是无争议的证据，此部分均需要进行相应说明。若是当事人无争议的证据，人民法院一般在此部分会写明"对当事人无异议的证据，本院予以确认并在卷佐证"。对有争议的证据，应当分别写明争议的证据名称以及人民法院对证据认定的意见与理由①②③。

对人民法院调取的证据、鉴定意见等，经过庭审质证后，同样依照当事人是否有争议分别写明。对当事人超过举证期限提交的证据或其他不予采纳的证据，人民法院应当说明理由。

人民法院对事实的认定应重点围绕当事人争议的事实展开，依照民事举证责任的分配与证明标准，对证据的证明力等进行审查认定。在进行此部分书写时，根据案件的情况具体问题具体分析，客观中立地对案件的经过进行叙述。在对认定结果、认定理由等内容进行叙述时，要注意前后逻辑正确，层次分明，重点突出，避免遗漏与案件争议的关键事实。此部分可根据案件的需要选择适合的方法进行叙述，例如可以按照时间先后顺序进行叙述，也可以对与争议相关的主要事实着重叙述，对其他事实进行概括叙述。对有争议的事实，人民法院亦应当写明事实认定的意见与理由。

召开庭前会议或者庭审时归纳争议焦点的，应明确写明争议焦点。进行争议焦点归纳时，在抓住重点的同时做到简明扼要。争议焦点的位置可以根据案件实际需要灵活处理。争议焦点中如有证据和事实的内容，可以在当事人的主张之后，当事人争议的证据和事实中写明。争议焦点如主要为法律适用方面的问题，可在理由部分，先写明争议焦点，再进行论述说理。

例如，民事一审案件人民法院对证据与事实的认定，可表述为：

当事人围绕诉讼请求依法提交了证据，本院组织当事人进行了证据交换和质证。对当事人无异议的证据，本院予以确认并在卷佐证。对有争议的证据和事实，本院认定如下：

××××××××，故本院认定×××××××。

×××××××××。本院的认定及理由：××××××。

例如，民事一审案件人民法院对证据与事实的认定，还可表述为：

本院经审理认定事实如下：×××××××××。

原告提交×××（证据）主张××××××。被告辩称××××××。

另查××××。

---

① 《最高人民法院关于民事诉讼证据的若干规定》第九十七条："人民法院应当在裁判文书中阐明证据是否采纳的理由。对当事人无争议的证据，是否采纳的理由可以不在裁判文书中表述。"

② 《最高人民法院关于加强和规范裁判文书释法说理的指导意见》第四条："裁判文书中对证据的认定，应当结合诉讼各方举证质证以及法庭调查核实证据等情况，根据证据规则，运用逻辑推理和经验法则，必要时使用推定和司法认知等方法，围绕证据的关联性、合法性和真实性进行全面、客观、公正的审查判断，阐明证据采纳和采信的理由。"

③ 《最高人民法院关于加强和规范裁判文书释法说理的指导意见》第六条："裁判文书应当结合庭审举证、质证、法庭辩论以及法庭调查核实证据等情况，重点针对裁判认定的事实或者事实争点进行释法说理。依据间接证据认定事实时，应当围绕间接证据之间是否存在印证关系、是否能够形成完整的证明体系等进行说理。采用推定方法认定事实时，应当说明推定启动的原因、反驳的事实和理由，阐释裁断的形成过程。"

上述事实，有原告提交的×××、×××、×××（证据名称），被告提交的××
×、×××、×××（证据名称），以及本案庭审笔录等附卷为证。

### （三）判决理由、依据与结果

1. 判决理由

判决理由是民事判决书的重点之所在，亦是难点，人民法院需要在此部分对案涉纠纷
予以解决，并就其支持的结果予以说理论证。根据《最高人民法院关于加强和规范裁判
文书释法说理的指导意见》的相关要求，① 人民法院应坚持"以事实为依据，以法律为
准绳"的原则，民事判决书的说理部分应符合社会主义核心价值观的精神和要求，紧扣
争议焦点，对案件的证据与事实的认定、法律适用等问题进行说理。在进行说理论述时应
做到适用法律法规正确、论证透彻、逻辑严密、层次分明、语言精练且准确。同时，可以
根据案件的难易程度，采用不同的方式进行论证。如是争议焦点清晰且不大的民商事案
件，可简案略说，例如采用小额诉讼程序审理的案件。如是各方争议较大或其他疑难复杂
案件，应强化释法说理；除了争议焦点外，涉及案件当事人的主张能否成立或与案件裁判
结果有关的问题，也应进行论证分析。

人民法院在进行论证说理时，除了可以援引法律法规、司法解释等规定外，还可以运
用以下文件材料作为判决的理由之一，以提高裁判结论的正当性和可接受性：最高人民法
院发布的指导性案例；最高人民法院发布的非司法解释类审判业务规范性文件②；公理、
情理、经验法则、交易惯例、民间规约、职业伦理；立法说明等立法材料；采取历史、体
系、比较等法律解释方法时使用的材料；法理及通行学术观点；与法律、司法解释等规范
性法律文件不相冲突的其他论据；司法指导性文件体现的原则和精神③等。

关于此部分的书写一般以"本院认为"作为开头，其后进行论证说理并写明具体意
见。在论证说理后，如需突出结论，可另起一行，以"综上所述"总结归纳观点，简明
扼要地对是否支持当事人的主张予以说明。

2. 判决依据

判决依据主要是人民法院列明法院定案所依据的法律规定，应严格依照《最高人民
法院关于裁判文书引用法律、法规等规范性法律文件的规定》相关规定进行法律适用。
该规定对人民法院引用的要求进行了详细规定，例如，人民法院在引用法律法规等规范性
法律文件时，应准确完整写明该文件的名称以及条款序号。此外，该文件还对规范性法律

---

① 《最高人民法院关于加强和规范裁判文书释法说理的指导意见》第三、八、九、十条。
② 《最高人民法院关于加强和规范裁判文书释法说理的指导意见》第十三条。
③ 《最高人民法院关于深入推进社会主义核心价值观融入裁判文书释法说理的指导意见》第六条：
"民商事案件无规范性法律文件作为裁判直接依据的，除了可以适用习惯以外，法官还应当以社会主义
核心价值观为指引，以最相类似的法律规定作为裁判依据；如无最相类似的法律规定，法官应当根据立
法精神、立法目的和法律原则等作出司法裁判，并在裁判文书中充分运用社会主义核心价值观阐述裁判
依据和裁判理由。"

文件的引用顺序进行了具体要求。① 宪法、指导性案例、各级人民法院的会议纪要等不可作为判决依据，但宪法以及有关文件的原则和精神可在判决理由部分予以阐述。

3. 判决结果

判决结果又称为判决主文，是人民法院对审理终结的案件处理决定的体现。根据《最高人民法院关于人民法院立案、审判与执行工作协调运行的意见》的要求，判决主文应当明确具体，不可含糊不清，避免遗漏内容或超判。② 判决主文中当事人的名称应使用全称，如为多名当事人承担责任的，应写明各当事人承担责任的形式、范围。如为给付义务的，应写明给付内容，包括但不限于给付的标的物、时间、给付方式、给付各方的信息。如当事人之间互付给付义务且内容相同的，应另起一行写明抵付情况。

如有多项金钱给付内容的，应列明项目名称、金额等，并在最后进行金额汇总。如为金钱给付义务并需要计算利息、罚息等的，应明确计算的本金、起止时间、利率等。例如以×××为本金，按×××（利率），自×年×月×日起计算至×年×月×日止。

例如，民事一审案件可表述为：

本院认为，本案为×××纠纷。本案争议焦点为：①××××××；②××××××。

关于焦点一，××××××。本院××××××。

关于焦点二，××××××。本院××××××。

综上，依照《中华人民共和国民法典》第×××条、第×××条、……，《中华人民共和国民事诉讼法》第×××条、第×××条、……的规定，判决如下：

一、限被告×××于本判决发生法律效力之日起××日内向原告×××支付货款×××元；

二、限被告×××于本判决发生法律效力之日起××日内向原告×××支付上述货款的逾期付款损失（以×××元为基数，按照全国银行同业拆借中心公布的同期贷款市场报价利率的1.5倍标准，从×年×月×日起计算至全部货款付清之日止）。

**（四）尾部**

尾部主要包括诉讼费用负担和告知事项两部分。

---

① 《最高人民法院关于裁判文书引用法律、法规等规范性法律文件的规定》第二条："并列引用多个规范性法律文件的，引用顺序如下：法律及法律解释、行政法规、地方性法规、自治条例或者单行条例、司法解释。同时引用两部以上法律的，应当先引用基本法律，后引用其他法律。引用包括实体法和程序法的，先引用实体法，后引用程序法。"

② 《最高人民法院关于人民法院立案、审判与执行工作协调运行的意见》第十一条："法律文书主文应当明确具体：（1）给付金钱的，应当明确数额。需要计算利息、违约金数额的，应当有明确的计算基数、标准、起止时间等；（2）交付特定标的物的，应当明确特定物的名称、数量、具体特征等特定信息，以及交付时间、方式等；（3）确定继承的，应当明确遗产的名称、数量、数额等；（4）离婚案件分割财产的，应当明确财产名称、数量、数额等；（5）继续履行合同的，应当明确当事人继续履行合同的内容、方式等；（6）排除妨碍、恢复原状的，应当明确排除妨碍、恢复原状的标准、时间等；（7）停止侵害的，应当明确停止侵害行为的具体方式，以及被侵害权利的具体内容或者范围等；（8）确定子女探视权的，应当明确探视的方式、具体时间和地点，以及交接办法等；（9）当事人之间互负给付义务的，应当明确履行顺序。对前款规定中财产数量较多的，可以在法律文书后另附清单。"

诉讼费用不属于诉讼争议的事项，不列入判决主文，应在判决主文之后另起一行书写。诉讼费用包括案件受理费和其他诉讼费用，在进行书写时应明确诉讼费用的负担情况。例如可表述为：本案受理费×××元，诉前财产保全费×××元，原告均已预交，由被告×××承担。

告知事项根据程序、案由的不同而有所不同。

关于金钱给付义务。一审判决中具有金钱给付义务的，应在所有判项之后另起一行写明"如果未按本判决指定的期间履行给付金钱义务，应当依照《中华人民共和国民事诉讼法》第二百六十四条的规定，加倍支付迟延履行期间的债务利息。"① 二审判决具有金钱给付义务的，如属于二审改判的，无论一审判决是否写入前述告知内容，均应在所有判项之后另起一行写明上述告知内容。如二审维持原判的，且一审已写明上述告知内容的，可不再重复。

关于上诉权利的告知。如为可以依法上诉的一审判决，在尾部写明"如不服本判决，可在判决书送达之日起××日内向本院递交上诉状，并按对方当事人的人数或代表人的人数提出副本，上诉于×××人民法院。"上诉期的长短应符合《中华人民共和国民事诉讼法》的相关规定。②③

### （五）其他写作要点

1. 数字用法

（1）判决主文的序号、尾部落款时间使用汉字数字，例："一""二"；"二〇二四年一月一日"。

（2）案号使用阿拉伯数字，例："（2024）粤1971民初1号"。

（3）其他数字用法按照《中华人民共和国国家标准GB/T15835—2011出版物上数字用法》执行。

2. 标点符号用法

（1）"被告辩称""本院认为"等词语后用逗号。

（2）"×××向本院提出×××请求""本院认定如下""判决如下"等词语之后用冒号。

（3）裁判项序号后用顿号。

（4）除有具体规范进行明确要求外，其他标点符号按照《中华人民共和国国家标准GB/T15834—2011标点符号用法》执行。

---

① 《中华人民共和国民事诉讼法》第二百六十四条："被执行人未按判决、裁定和其他法律文书指定的期间履行给付金钱义务的，应当加倍支付迟延履行期间的债务利息。被执行人未按判决、裁定和其他法律文书指定的期间履行其他义务的，应当支付迟延履行金。"

② 《中华人民共和国民事诉讼法》第一百七十一条第一款："当事人不服地方人民法院第一审判决的，有权在判决书送达之日起十五日内向上一级人民法院提起上诉。"

③ 《中华人民共和国民事诉讼法》第二百八十六条的规定："在中华人民共和国领域内没有住所的当事人，不服第一审人民法院判决、裁定的，有权在判决书、裁定书送达之日起三十日内提起上诉。被上诉人在收到上诉状副本后，应当在三十日内提出答辩状。当事人不能在法定期间提起上诉或者提出答辩状，申请延期的，是否准许，由人民法院决定。"

## 三、文书样式与范例

### （一）文书样式

注：以下仅为部分民事判决书的文书样式。

1. 民事判决书（第一审普通程序用）样式

××××人民法院

## 民事判决书

（××××）××民初××号

原告：×××，男/女，××××年××月××日出生，×族，……（工作单位和职务或者职业），住……

法定代理人/指定代理人：×××，……

委托诉讼代理人：×××，……

被告：×××，住所地……

法定代表人/主要负责人：×××，……

委托诉讼代理人：×××，……

第三人：×××，……

法定代理人/指定代理人/法定代表人/主要负责人：×××，……

委托诉讼代理人：×××，……

（以上写明当事人和其他诉讼参加人的姓名或者名称等基本信息）

原告×××与被告×××、第三人×××……（写明案由）一案，本院于××××年××月××日立案后，依法适用普通程序，公开/因涉及……（写明不公开开庭的理由）不公开开庭进行了审理。原告×××、被告×××、第三人×××（写明当事人和其他诉讼参加人的诉讼地位和姓名或者名称）到庭参加诉讼。本案现已审理终结。

×××向本院提出诉讼请求：1. …… 2. ……（明确原告的诉讼请求）事实和理由：……（概述原告主张的事实和理由）

×××辩称，……（概述被告答辩意见）

×××诉/述称，……（概述第三人陈述意见）

当事人围绕诉讼请求依法提交了证据，本院组织当事人进行了证据交换和质证。对当事人无异议的证据，本院予以确认并在卷佐证。对有争议的证据和事实，本院认定如下：1. …… 2. ……（写明法院是否采信证据，事实认定的意见和理由）

本院认为，……（写明争议焦点，根据认定的事实和相关法律，对当事人的诉讼请求作出分析评判，说明理由）

综上所述，……（对当事人的诉讼请求是否支持进行总结评述）依照《中华人民共和国……法》第×条、……（写明法律文件名称及其条款项序号）规定，判决如下：

一、……

二、……

（以上分项写明判决结果）

如果未按本判决指定的期间履行给付金钱义务，应当依照《中华人民共和国民事诉讼法》第二百六十四条规定，加倍支付迟延履行期间的债务利息（没有给付金钱义务的，不写）。

案件受理费……元，由……负担（写明当事人姓名或者名称、负担金额）。

如不服本判决，可以在判决书送达之日起十五日内，向本院递交上诉状，并按照对方当事人或者代表人的人数提出副本，上诉于××××人民法院。

审判员　×××

××××年××月××日

（院印）

法官助理　×××

书记员　×××

2. 民事判决书（简易程序对案件事实没有争议用）样式

××××人民法院

**民事判决书**

（××××）××民初××号

原告：×××，男/女，××××年××月××日出生，×族，……（工作单位和职务或者职业），住……

法定代理人/指定代理人：×××，……

委托诉讼代理人：×××，……

被告：×××，住所地……

法定代表人/主要负责人：×××，……

委托诉讼代理人：×××，……

（以上写明当事人和其他诉讼参加人的姓名或者名称等基本信息）

原告×××与被告×××……（写明案由）一案，本院于××××年××月××日立案后，依法适用简易程序，公开/因涉及……（写明不公开开庭的理由）不公开开庭进行了审理。原告×××、被告×××（写明当事人和其他诉讼参加人的诉讼地位和姓名或者名称）到庭参加诉讼。本案现已审理终结。

×××向本院提出诉讼请求：1. …… 2. ……（明确原告的诉讼请求）事实和理由：……（概述原告主张的事实和理由）

×××承认原告在本案中所主张的事实，但认为，……（概述被告对法律适用、责任承担的意见）

本院认为，×××承认×××在本案中主张的事实，故对×××主张的事实予以确认。……（对当事人诉讼请求进行简要评判）

依照《中华人民共和国……法》第×条、……（写明法律文件名称及其条款项序号）规定，判决如下：

……（写明判决结果）

如果未按本判决指定的期间履行给付金钱义务，应当依照《中华人民共和国民事诉讼法》第二百六十四条规定，加倍支付迟延履行期间的债务利息（没有给付金钱义务的，不写）。

案件受理费……元，减半收取计……元，由××负担（写明当事人姓名或者名称、负担金额）。

如不服本判决，可以在判决书送达之日起十五日内，向本院递交上诉状，并按对方当事人的人数提出副本，上诉于××××人民法院。

审判员 ×××

××××年××月××日

（院印）

法官助理 ×××

书记员 ×××

3. 民事判决书（小额诉讼程序令状式判决用）样式

××××人民法院

**民事判决书**

（××××）××民初××号

原告：×××，男/女，××××年××月××日出生，×族，……（工作单位和职务或者职业），住……

法定代理人/指定代理人/法定代表人/主要负责人：×××，……

委托诉讼代理人：×××，……

被告：×××，……

法定代理人/指定代理人/法定代表人/主要负责人：×××，……

委托诉讼代理人：×××，……

（以上写明当事人和其他诉讼参加人的姓名或者名称等基本信息）

……（写明当事人及案由）一案，本院于××××年××月××日立案后，依法适用简易程序，公开/因涉及……（写明不公开开庭的理由）不公开开庭进行了审理。原告×××、被告×××（写明当事人和其他诉讼参加人的诉讼地位和姓名或者名称）到庭参加诉讼。本案现已审理终结。

　　×××向本院提出诉讼请求：1.……　2.……（明确原告的诉讼请求）事实和理由：……（概述原告主张的事实和理由，可以非常简略）

　　×××辩称，……（概述被告答辩意见，可以非常简略）

　　本院认为……（结合查明的案件事实，对诉讼请求作出评判）

　　依照《中华人民共和国……法》第×条、……（写明法律文件名称及其条款项序号）判决如下：

　　……（写明判决结果）

　　如果未按本判决指定的期间履行给付金钱义务，应当依照《中华人民共和国民事诉讼法》第二百六十四条规定，加倍支付迟延履行期间的债务利息（没有给付金钱义务的，不写）。

　　案件受理费……元，由××负担（写明当事人姓名或者名称、负担金额）。本判决为终审判决。

审判员　×××

××××年××月××日

（院印）

法官助理　×××

书记员　×××

## 4. 民事判决书（驳回上诉，维持原判用）样式

××××人民法院

**民事判决书**

（××××）××民终××号

上诉人（原审诉讼地位）：×××，……

法定代理人/指定代理人/法定代表人/主要负责人：×××，……

委托诉讼代理人：×××，……

被上诉人（原审诉讼地位）：×××，……

法定代理人/指定代理人/法定代表人/主要负责人：×××，……

委托诉讼代理人：×××，……

原审原告/被告/第三人：×××，……

法定代理人/指定代理人/法定代表人/主要负责人：×××，……

委托诉讼代理人：×××，……

**（以上写明当事人和其他诉讼参加人的姓名或者名称等基本信息）**

　　上诉人×××因与被上诉人×××/上诉人×××及原审原告/被告/第三人×××……（写明案由）一案，不服××××人民法院（××××）……民初……号民事判决，向本院提起上诉。本院于××××年××月××日立案后，依法组成合议庭，开庭/

因涉及……（写明不开庭的理由）不开庭进行了审理。上诉人×××、被上诉人×××、原审原告/被告/第三人×××（写明当事人和其他诉讼参加人的诉讼地位和姓名或者名称）到庭参加诉讼。本案现已审理终结。

×××上诉请求：……（写明上诉请求）事实和理由：……（概述上诉人主张的事实和理由）

×××辩称，……（概述被上诉人答辩意见）

×××述称，……（概述原审原告/被告/第三人陈述意见）

×××向一审法院起诉请求：……（写明原告/反诉原告/有独立请求权的第三人的诉讼请求）

一审法院认定事实：……（概述一审认定的事实）一审法院认为……（概述一审裁判理由）判决：……（写明一审判决主文）

本院二审期间，当事人围绕上诉请求依法提交了证据。本院组织当事人进行了证据交换和质证（当事人没有提交新证据的，写明：二审中，当事人没有提交新证据）。对当事人二审争议的事实，本院认定如下：……（写明二审法院采信证据、认定事实的意见和理由，对一审查明相关事实的评判）

本院认为……（根据二审认定的案件事实和相关法律规定，对当事人的上诉请求进行分析评判，说明理由）

综上所述，×××的上诉请求不能成立，应予驳回；一审判决认定事实清楚，适用法律正确，应予维持。依照《中华人民共和国民事诉讼法》第一百七十七条第一款第一项规定，判决如下：

驳回上诉，维持原判。

二审案件受理费……元，由××负担（写明当事人姓名或者名称、负担金额）。

本判决为终审判决。

审判员 ×××

××××年××月××日

（院印）

法官助理 ×××

书记员 ×××

5. 民事判决书（二审改判用）样式

××××人民法院

**民事判决书**

（××××）……民终……号

上诉人（原审诉讼地位）：×××，……

被上诉人（原审诉讼地位）：×××，……

原审原告/被告/第三人：×××，……

（以上写明当事人和其他诉讼参加人的姓名或者名称等基本信息）

上诉人×××因与被上诉人×××/上诉人×××及原审原告/被告/第三人××
×……（写明案由）一案，不服××××人民法院（××××）××民初××号民事判
决，向本院提起上诉。本院于××××年××月××日立案后，依法组成合议庭，开庭/
因涉及……（写明不开庭的理由）不开庭进行了审理。上诉人×××、被上诉人×××、
原审原告/被告/第三人×××（写明当事人和其他诉讼参加人的诉讼地位和姓名或者名
称）到庭参加诉讼。本案现已审理终结。

×××上诉请求：……（写明上诉请求）事实和理由：……（概述上诉人主张的事
实和理由）

×××辩称，……（概述被上诉人答辩意见）

×××述称，……（概述原审原告/被告/第三人陈述意见）

×××向一审法院起诉请求：……（写明原告/反诉原告/有独立请求权的第三人的
诉讼请求）

一审法院认定事实：……（概述一审认定的事实）一审法院认为……（概述一审裁
判理由）。判决：……（写明一审判决主文）

本院二审期间，当事人围绕上诉请求依法提交了证据。本院组织当事人进行了证据交
换和质证（当事人没有提交新证据的，写明：二审中，当事人没有提交新证据）。对当事
人二审争议的事实，本院认定如下：……（写明二审法院是否采信证据、认定事实的意
见和理由，对一审查明相关事实的评判）

本院认为，……（根据二审认定的案件事实和相关法律规定，对当事人的上诉请求
进行分析评判，说明理由）

综上所述，×××的上诉请求成立，予以支持。依照《中华人民共和国×××法》
第×条（适用法律错误的，应当引用实体法）、《中华人民共和国民事诉讼法》第一百七
十七条第一款第×项规定，判决如下：

一、撤销××××人民法院（××××）……民初……号民事判决；

二、……（写明改判内容）

二审案件受理费……元，由×××负担（写明当事人姓名或者名称、负担金额）。

本判决为终审判决。

审判长　×××

审判员　×××

审判员　×××

××××年××月××日

（院印）

法官助理　×××

书记员　×××

6. 民事判决书（依申请提审判决用）样式

××××人民法院

## 民事判决书

（××××）××民再××号

再审申请人（一、二审诉讼地位）：×××，……

法定代理人/指定代理人/法定代表人/主要负责人：×××，……

委托诉讼代理人：×××，……

被申请人（一、二审诉讼地位）：×××，……

法定代理人/指定代理人/法定代表人/主要负责人：×××，……

委托诉讼代理人：×××，……

二审上诉人/二审被上诉人/第三人（一审诉讼地位）：×××，……

法定代理人/指定代理人/法定代表人/主要负责人：×××，……

委托诉讼代理人：×××，……

（以上写明当事人和其他诉讼参加人的姓名或者名称等基本信息）

再审申请人×××因与被申请人×××/再审申请人及×××……（写明案由）一案，不服××××人民法院（××××）……号民事判决/民事调解书，向本院申请再审。本院于××××年××月××日作出（××××）……号民事裁定，提审本案。本院依法组成合议庭，开庭审理了本案。再审申请人×××、被申请人×××（写明当事人和其他诉讼参加人的诉讼地位和姓名或者名称）到庭参加诉讼。（未开庭的，写明：本院依法组成合议庭审理了本案）。本案现已审理终结。

×××申请再审称，……（写明再审请求、事实和理由）

×××辩称，……（概述被申请人的答辩意见）

×××述称，……（概述原审其他当事人的意见）

×××向一审法院起诉请求：……（写明一审原告的诉讼请求）一审法院认定事实：……一审法院判决：……（写明一审判决主文）

×××不服一审判决，上诉请求：……（写明上诉请求）二审法院认定事实：……（概述二审认定事实）二审法院认为，……（概述二审判决理由）二审法院判决：……（写明二审判决主文）

围绕当事人的再审请求，本院对有争议的证据和事实认定如下：

……（写明再审法院采信证据、认定事实的意见和理由，对一审、二审法院认定相关的事实进行评判）

本院再审认为，……（写明争议焦点，根据再审认定的案件事实和相关法律，对再审请求进行分析评判，说明理由）

综上所述，……（对当事人的再审请求是否成立进行总结评述）依照《中华人民共和国民事诉讼法》第二百一十八条第一款、第一百七十七条第一款第×项、……（写明援引的法律依据）规定，判决如下：

一、......

二、......

（以上分项写明判决结果）

一审案件受理费......元，由×××负担；二审案件受理费......元，由×××负担；再审案件受理费......元，由×××负担（写明当事人姓名或名称、负担金额）。

审判长 　×××

审判员 　×××

审判员 　×××

××××年××月××日

（院印）

法官助理 　×××

书记员 　×××

7. 民事判决书（依申请对本院案件按一审程序再审用）样式

××××人民法院

## 民事判决书

（××××）......民再......号

再审申请人（原审诉讼地位）：×××，......

被申请人（原审诉讼地位）：×××，......

原审原告/被告/第三人：×××，......

（以上写明当事人和其他诉讼参加人的姓名或者名称等基本信息）

再审申请人×××因与被申请人×××/再审申请人×××......（写明案由）一案，不服本院（××××）......民×......号民事判决/民事调解书，向本院申请再审。本院于××××年××月××日作出（××××）......民×......号民事裁定再审本案。本院依法另行组成合议庭，开庭审理了本案。再审申请人×××、被申请人×××（写明当事人和其他诉讼参加人的诉讼地位和姓名或者名称）到庭参加诉讼。本案现已审理终结。

×××申请再审称，......（写明再审请求、事实和理由）

×××辩称，......（概述被申请人的答辩意见）

×××述称，......（概述原审其他当事人的意见）

×××向本院起诉请求：......（写明原审原告的诉讼请求）本院原审认定事实：......本院原审认为，......（概述原审判决理由）本院原审判决：......（写明原审判决主文）

围绕当事人的再审请求，本院对有争议的证据和事实认定如下：

141

……（写明再审采信证据、认定事实的意见和理由，对原审认定相关的事实进行评判）

本院再审认为，……（写明争议焦点，根据再审认定的案件事实和相关法律，对再审请求进行分析评判，说明理由）

依照《中华人民共和国民事诉讼法》第二百一十八条第一款、……（写明法律文件名称及其条款项序号）规定，判决如下：

一、……

二、……

（以上分项写明裁判结果）

……（写明诉讼费用的负担）

如不服本判决，可在判决书送达之日起十五日内，向本院递交上诉状，并按对方当事人的人数提出副本，上诉于××××人民法院。

审判长　×××

审判员　×××

审判员　×××

××××年××月××日

（院印）

法官助理　×××

书记员　×××

## （二）民事判决书范例

××省××市××人民法院

### 民事判决书

（××××）粤××××民初××××号

原告：陈一，男，198×年×月×日出生，汉族，住广东省×××××。

委托诉讼代理人：王亮，×××律师事务所律师。

被告：宋二，男，198×年×月×日出生，汉族，住广西壮族自治区×××××。

被告：周三，男，198×年×月×日出生，汉族，住广西壮族自治区×××××。

原告陈一诉被告宋二、周三运输合同纠纷一案，原告的诉讼请求为：一、两被告向原告支付运输费用25,200元及利息（利息以25,200元为基数，按照全国银行间同业拆借中心公布的贷款市场报价利率1.5倍的标准，自起诉之日起至实际清偿之日止）；二、本案诉讼费由两被告承担。本院立案受理后，依法适用小额诉讼程序进行审理。原告陈一及其委托诉讼代理人王亮、被告周三到庭参加诉讼，被告宋二经本院合法传唤无正当理由拒不到庭参加诉讼。本案现已审理终结。

本院经审理认定：原告主张，两被告合伙经商，2022 年 4 月，被告宋二联系原告进行代运货物工作，运输费用按 4600 元/车计算。2022 年 4 月 29 日原告在东莞市××街道××路××号××栋××室装车运至韶关，总共运输 6 车货物，但被告宋二仅支付了 10,000 元，欠 17,600 元运费未结算。2022 年 5 月 17 日原告共运输 6 车货物，被告周三支付了 10,000 元，欠 17,600 元运费未结算。对此，原告向本院提供了微信聊天记录、微信转账电子凭证、结算记录表等证据予以证明。两被告认为，两被告分别是东莞市永盛环保环境治理有限公司的法定代表人和业务经理，两被告对外与第三人进行的意思表示是职务行为，非本案适格被告。至诉讼前共支付原告运费合计 103,400 元，故原告诉请的运费，两被告已支付完毕。对此向本院提供了微信转账电子凭证予以证明。

根据原告提供证据显示，于 2022 年 4 月 29 日，原告称"李总一起是六车，今天收到一万"，被告宋二回复"OK"。2022 年 5 月 17 日，原告称"李总后面装了六车"，被告宋二回复"好的"。2022 年 8 月 6 日，被告宋二称"然后我想问你一下，就是说你现在那个车还能拉不，如果能拉的话，我们东城那边场地上还有货，你装的话，到时候装一车给你算一车还是怎么弄"。2022 年 8 月 9 日，双方进行对账，原告称"还剩两万五千二未结"，被告宋二回复"好"。2022 年 8 月 15 日，被告宋二向原告转账 9000 元，原告回复"收到，谢谢李总""8 月 15 号两车已收"。2022 年 8 月 18 日，原告向被告宋二发送装车视频，并称"李总货装好了"，被告宋二向原告转账 9000 元，原告回复"收到，谢谢"。

根据被告提供的证据显示：1. 2022 年 4 月 29 日，被告宋二支付了 10,000 元；2. 2022 年 5 月 17 日，被告周三支付了 10,000 元；3. 2022 年 8 月 6 日，被告宋二支付了 5000 元；4. 2022 年 8 月 9 日，被告宋二支付了 5000 元；5. 2022 年 8 月 12 日，被告周三支付了 9000 元；6. 2022 年 8 月 15 日，被告宋二支付了 9000 元；7. 2022 年 8 月 18 日，被告宋二支付了 9000 元。原告确认收到上述款项，但认为 2022 年 8 月 12 日、8 月 15 日、8 月 18 日所支付的款项为当天运输费用，与本案无关。

庭审中，被告周三确认运费为 4500 元至 4800 元/车，后来基本为 4600 元/车。原告主张 2022 年 8 月 12 日、8 月 15 日、8 月 18 日各运输二车，共计六车，运费 4500 元/车，合计 27,000 元。被告周三确认上述三日原告共计运输六车。关于运输事宜的沟通情况，原告主张：是被告周三通过电话或微信让原告进行运输的，运费是被告宋二支付，要求原告拉货的主要是被告周三沟通的。被告周三认为：被告宋二也有与原告沟通，主要是被告周三与原告沟通。2022 年 8 月 15 日、8 月 18 日是由被告宋二与原告进行沟通跟踪的。

本院认为，根据原、被告的陈述，本案的争议焦点为：一、案涉交易主体。二、剩余未付运输费数额。对此本院分析如下：

关于焦点一。两被告主张，两被告分别是东莞市永盛环保环境治理有限公司的法定代表人和业务经理，两被告对外与第三人进行的意思表示是职务行为，但未能提供证据予以证明，应承担举证不能的不利后果，故本院对两被告的主张不予采纳。根据查明的事实，两被告共同协商处理案涉运输事宜，应共同承担案涉债务，故原告要求两被告承担案涉债务，本院予以支持。

关于焦点二。被告周三在庭审中明确原告于 2022 年 8 月 12 日、8 月 15 日、8 月 18 日共计运输六车，且被告周三于 2022 年 8 月 12 日向原告支付了运费 9000 元，被告宋二确认 2022 年 8 月 15 日、8 月 18 日原告各运输二车，亦在当天各支付了 9000 元。对此，本院认为，上述三天原告为两被告运输货物共计六车，且该六车的运费是当场结算，运费不包括在本案数额中。根据原告与被告宋二的微信聊天记录显示，双方在 2022 年 8 月 9 日进行对账，确认两被告尚欠运费数额为 25,200 元，对此本院予以认定。

如前所述，两被告未能按时支付运费，已构成违约，故原告要求两被告支付运费 25,200 元及利息，于法有据，本院予以支持，利息应以 25,200 元为基数，按照全国银行间同业拆借中心公布的一年期贷款市场报价利率 1.5 倍的标准，自起诉之日即 2023 年 5 月 26 日起至实际清偿之日止。

综上所述，依照《中华人民共和国民法典》第五百零九条、第五百七十七条，《中华人民共和国民事诉讼法》第一百四十七条，《最高人民法院关于适用〈中华人民共和国民事诉讼法〉的解释》第二百七十一条的规定，判决如下：

限被告宋二、周三于本判决生效之日起五日内向原告陈一支付运费 25,200 元及利息（以 25,200 元为基数，按照全国银行间同业拆借中心公布的一年期贷款市场报价利率 1.5 倍的标准，自 2023 年 5 月 26 日起至实际清偿之日止）。

如未按指定的期间履行上述给付金钱义务，应当依照《中华人民共和国民事诉讼法》第二百六十条之规定，加倍支付迟延履行期间的债务利息。

本案受理费 215 元（已由原告预交），该款由被告宋二、周三共同负担。

本判决为终审判决。

审判员 梁某某

本件与原本核对无异

二〇××年×月×日

书记员 关 某

## 第二节 民事裁定书

### 一、民事裁定书的概念

民事裁定书，是人民法院依照民事诉讼法的规定，在民事案件审理或民事判决执行过程中，就程序性事项所作的处理决定而形成的法律文书。根据《中华人民共和国民事诉讼法》第一百五十七条第二款的规定："裁定适用于下列范围：（一）不予受理；（二）对管辖权有异议的；（三）驳回起诉；（四）保全和先予执行；（五）准许或者不准许撤诉；（六）中止或者终结诉讼；（七）补正判决书中的笔误；（八）中止或者终结执行；（九）撤销或者不予执行仲裁裁决；（十）不予执行公证机关赋予强制执行效力的债权文书；（十一）其他需要裁定解决的事项。"民事裁定书可应用于多种类型、多种程序的民事案件，是人民法院应用场景最广的一种裁判文书。

## 二、民事裁定书的写作要点

民事裁定书与民事判决书一样，须符合《人民法院民事裁判文书制作规范》《民事诉讼文书样式》等规定的要求，做到格式统一、要素齐全、逻辑严密，用语准确。两种法律文书均由标题、正文、落款三个部分构成。民事裁定书的制作要求大多与民事判决书要求一致，例如，两份法律文书的标题和尾部部分要求是一致的。标题同样包括法院名称、文书名、案号，落款亦均为审判人员、书记员署名，法院印章、日期等内容。

两份法律文书的主要区别在正文部分，由于民事裁定书的适用场景非常广，不同场景所适用的民事裁定书存在细微差别，以下仅就各类型民事裁定书正文部分写作要点的共性进行分析阐述。

### （一）首部

关于当事人的诉讼地位以及基本情况、委托诉讼代理人的基本情况部分，民事裁定书的要求与民事判决书要求一致，在此不再赘述。

关于案件由来和审理经过。案件由来部分一般为必备内容，而案件审理经过则并非必备内容。对于无须经过审理，仅审查相关资料即可作出的民事裁定书则无须写明适用程序、审理方式等内容，写明立案时间即可。对于未正式立案的则写明收到材料的时间。例如管辖权异议民事裁定书、不予受理民事裁定书、准许撤诉民事裁定书、保全类民事裁定书等。

例如，管辖权异议用的民事裁定书可表述为："原告×××与被告×××、第三人×××……（写明案由）一案，本院于×年×月×日立案"。例如诉前财产保全用的民事裁定书可表述为："申请人×××于×年×月×日向本院申请诉前财产保全，请求对被申请人×××……（写明申请采取财产保全措施的具体内容）申请人×××/担保人×××以……（写明担保财产的名称、数量或者数额、所在地点等）提供担保"。例如驳回起诉用的民事裁定书可表述为："原告×××与被告×××……（写明案由）一案，本院于×年×月×日立案后，依法进行审理"。

### （二）事实

在事实部分中，一般为简要概述申请方提出的请求及其事实与理由。例如，因民事裁定书处理的大多为程序性事项，其不像民事判决书那般重视举证质证的环节，故大多民事裁定书没有这一方面的内容，而法院对当事人主张证据与事实的认定也一般会放在理由部分予以体现。

例如，变更当事人时使用的民事裁定书可表述为：

×××称，……（概述申请人变更当事人承担诉讼的事实和理由）

本院经审查认为，……（写明准许变更当事人的理由）

例如，将简易程序转为普通程序时使用的民事裁定书可表述为：

原告×××与被告×××……（写明案由）一案，本院于×年×月×日立案后，依法适用简易程序。

×年×月×日，×××提出异议认为，……（概述不宜适用简易程序的事实和理由），本案不宜适用简易程序。（法院依职权发现不宜适用简易程序的，不写）

### （三）裁定理由、依据与结果

民事裁定书同样重视释法说理，在裁定理由部分，也须做到合法合理、理由正当、层次分明、有针对性，同样重视阐明事理、释明法理，以及讲明情理。民事裁定书一般也以"本院认为"作为此部分阐述的开头，其后进行相应的说理论述。在裁定依据部分也应严格适用《最高人民法院关于裁判文书引用法律、法规等规范性法律文件的规定》等规定，科学规范地书写裁定依据。民事裁定书的裁定结果一般都以一句话简洁明了说明人民法院的决定，其不像民事判决书那般有多个判项。例如依职权移送管辖用的民事裁定书，其裁定结果为"本案移送×××人民法院处理"；又如对特别程序申请不予受理用的民事裁定书，其裁定结果为"对×××的申请，本院不予受理"；再如小额诉讼程序驳回起诉用的民事裁定书，其裁定结果为"驳回×××的起诉"。

### （四）尾部

民事裁定书根据是否有诉讼费用负担和告知事项而有所不同。如当事人既无须就裁定书中的事项支付诉讼费用以及无申请上诉、复议等权利，则此种类型的裁定书无此部分内容，人民法院裁定理由、依据与结果则为正文部分的最后内容。

如当事人须就民事裁定书中的事项支付诉讼费用的，应在民事裁定书中写明。例如管辖权异议用的民事裁定书须写明："案件受理费……元，由……负担（写明当事人姓名或者名称、负担金额）"。

对于可以提起上诉的民事裁定，应在尾部对上诉事项进行告知，根据《中华人民共和国民事诉讼法》的相关规定，不予受理、对管辖权有异议、驳回起诉三种类型的民事裁定书可以上诉，上诉期为十日；但在中华人民共和国领域内没有住所的当事人对以上三种类型的裁定不服，上诉期为三十日。①②③

对于可以申请复议的民事裁定，应在尾部对复议事项进行告知。例如：根据《中华人民共和国民事诉讼法》第一百一十一条的规定："当事人对保全或者先予执行的裁定不服的，可以申请复议一次。复议期间不停止裁定的执行"。则在该类型裁定书中应写明："如不服本裁定，可以自收到裁定书之日起×日内向本院申请复议一次，复议期间不停止裁定的执行"。

如还有其他应告知的事项，也应在民事裁定书中写明。例如保全类的民事裁定书，如支持申请人的请求，裁定采取保全措施的，裁定书尾部一般会写明"本裁定立即开

---

① 《中华人民共和国民事诉讼法》第一百五十七条第一款与第二款："裁定适用于下列范围：（一）不予受理；（二）对管辖权有异议的；（三）驳回起诉；……对前款第一项至第三项裁定，可以上诉。"

② 《中华人民共和国民事诉讼法》第一百七十一条第二款："当事人不服地方人民法院第一审裁定的，有权在裁定书送达之日起十日内向上一级人民法院提起上诉。"

③ 《中华人民共和国民事诉讼法》第二百八十六条："在中华人民共和国领域内没有住所的当事人，不服第一审人民法院判决、裁定的，有权在判决书、裁定书送达之日起三十日内提起上诉。被上诉人在收到上诉状副本后，应当在三十日内提出答辩状。当事人不能在法定期间提起上诉或者提出答辩状，申请延期的，是否准许，由人民法院决定。"

始执行"。①

### （五）其他写作要点

民事裁定书的数字与标点符号用法与民事判决书一致，在此不再赘述。

## 三、文书样式与范例

### （一）文书样式

注：以下仅为部分民事裁定书的文书样式。

1. 民事裁定书（管辖权异议用）样式

××××人民法院

**民事裁定书**

（××××）××民初××号

原告：×××，……

法定代理人/指定代理人/法定代表人/主要负责人：×××，……

委托诉讼代理人：×××，……

被告：×××，……

法定代理人/指定代理人/法定代表人/主要负责人：×××，……

委托诉讼代理人：×××，……

第三人：×××，……

法定代理人/指定代理人/法定代表人/主要负责人：×××，……

委托诉讼代理人：×××，……

（以上写明当事人和其他诉讼参加人的姓名或者名称等基本信息）

原告×××与被告×××、第三人×××……（写明案由）一案，本院于××××年××月××日立案。

×××诉称，……（概述原告的诉讼请求、事实和理由）

×××在提交答辩状期间，对管辖权提出异议认为，……（概述异议内容和理由）

本院经审查认为，……（写明异议成立或不成立的事实和理由）

依照《中华人民共和国民事诉讼法》第×条、第一百三十条第一款规定，裁定如下：

（异议成立的）×××对管辖权提出的异议成立，本案移送×××人民法院处理。

（异议不成立的）驳回×××对本案管辖权提出的异议。

案件受理费……元，由被告×××负担（写明当事人姓名或者名称、负担金额）。

如不服本裁定，可以在裁定书送达之日起十日内，向本院递交上诉状，并按对方当事

---

① 《中华人民共和国民事诉讼法》第一百零四条第二款："人民法院接受申请后，必须在四十八小时内作出裁定；裁定采取保全措施的，应当立即开始执行。"

人或者代表人的人数提出副本，上诉于××××人民法院。

审判长　×××

审判员　×××

审判员　×××

××××年××月××日

（院印）

法官助理　×××

书记员　×××

2. 民事裁定书（诉前财产保全用）样式

××××人民法院

**民事裁定书**

（××××）××财保××号

申请人：×××，……

被申请人：×××，……

（以上写明申请人、被申请人及其代理人的姓名或者名称等基本信息）

申请人×××于××××年××月××日向本院申请诉前财产保全，请求对被申请人×××……（写明申请采取财产保全措施的具体内容）申请人×××/担保人×××以……（写明担保财产的名称、数量或者数额、所在地点等）提供担保。

本院经审查认为，……（写明采取财产保全措施的理由）依照《中华人民共和国民事诉讼法》第一百零四条、第一百零五条、第一百零六条第一款规定，裁定如下：

查封/扣押/冻结被申请人×××的……（写明保全财产名称、数量或者数额、所在地点等），期限为……（写明保全的期限）

案件申请费……元，由×××负担（写明当事人姓名或者名称、负担金额）。

本裁定立即开始执行。

如不服本裁定，可以自收到裁定书之日起五日内向本院申请复议一次。复议期间不停止裁定的执行。

申请人在人民法院采取保全措施后三十日内不依法提起诉讼或者申请仲裁的，本院将依法解除保全。

审判员　×××

××××年××月××日

（院印）

法官助理　×××

书记员　×××

3. 民事裁定书（诉讼财产保全用）样式

××××人民法院

**民事裁定书**

（××××）……民×……号

申请人：×××，……

被申请人：×××，……

（以上写明申请人、被申请人及其代理人的姓名或者名称等基本信息）

……（写明当事人及案由）一案，申请人×××于××××年××月××日向本院申请财产保全，请求对被申请人×××……（写明申请采取财产保全措施的具体内容）。申请人×××/担保人×××以……（写明担保财产的名称、数量或者数额、所在地点等）提供担保。

本院经审查认为，……（写明采取财产保全措施的理由）依照《中华人民共和国民事诉讼法》第一百零三条、第一百零五条、第一百零六条第一款规定，裁定如下：

查封/扣押/冻结被申请人×××的……（写明保全财产名称、数量或者数额、所在地点等），期限为……（写明保全的期限）

案件申请费……元，由×××负担（写明当事人姓名或者名称、负担金额）。

本裁定立即开始执行。

如不服本裁定，可以自收到裁定书之日起五日内向本院申请复议一次。复议期间不停止裁定的执行。

审判长　×××

审判员　×××

审判员　×××

××××年××月××日

（院印）

法官助理　×××

书记员　×××

4. 民事裁定书（对起诉不予受理用）样式

××××人民法院

**民事裁定书**

（××××）……民初……号

起诉人：×××，……

（以上写明起诉人及其代理人的姓名或者名称等基本信息）

××××年××月××日，本院收到×××的起诉状。起诉人×××向本院提出诉讼请求：1.……　2.……（明确原告的诉讼请求）事实和理由：……（概述原告主张的事实和理由）

本院经审查认为，……（写明对起诉不予受理的理由）

依照《中华人民共和国民事诉讼法》第一百二十二条、第一百二十六条规定，裁定如下：

对×××的起诉，本院不予受理。

如不服本裁定，可以在裁定书送达之日起十日内，向本院递交上诉状，上诉于××××人民法院。

审判长　×××

审判员　×××

审判员　×××

××××年××月××日

（院印）

法官助理　×××

书记员　×××

5. 民事裁定书（驳回起诉用）样式

××××人民法院

**民事裁定书**

（××××）……民初……号

原告：×××，……

被告：×××，……

（以上写明当事人和其他诉讼参加人的姓名或者名称等基本信息）

原告×××与被告×××……（写明案由）一案，本院于××××年××月××日立案后，依法进行审理。

×××向本院提出诉讼请求：1.……　2.……（明确原告的诉讼请求）事实和理由：……（概述原告主张的事实和理由）

本院经审查认为，……（写明驳回起诉的理由）

依照《中华人民共和国民事诉讼法》第一百二十二条/第一百二十七条第×项、第一百五十七条第一款第三项，《最高人民法院关于适用〈中华人民共和国民事诉讼法〉的解释》第二百零八条第三款规定，裁定如下：

驳回×××的起诉。

如不服本裁定，可以在裁定书送达之日起十日内，向本院递交上诉状，并按照对方当事人或者代表人的人数提出副本，上诉于××××人民法院。

审判长 ×××

审判员 ×××

审判员 ×××

××××年××月××日

（院印）

法官助理 ×××

书记员 ×××

6. 民事裁定书（准许撤诉用）样式

××××人民法院

**民事裁定书**

（××××）……民初……号

原告：×××，……

被告：×××，……

（以上写明当事人和其他诉讼参加人的姓名或者名称等基本信息）

……（写明当事人及案由）一案，本院于××××年××月××日立案。原告×××于××××年××月××日向本院提出撤诉申请。

本院认为，……（写明准许撤诉的理由）

依照《中华人民共和国民事诉讼法》第一百四十八条第一款规定，裁定如下：

准许×××撤诉。

案件受理费……元，减半收取计……元，由×××负担。

审判长 ×××

审判员 ×××

审判员 ×××

××××年××月××日

（院印）

法官助理 ×××

书记员 ×××

7. 民事裁定书（补正法律文书中的笔误用）样式

××××人民法院

## 民事裁定书

（××××）……民初……号

本院于××××年××月××日对……（写明当事人及案由）一案作出的（×××
×）……民×……号……（写明被补正的法律文书名称）中，存在笔误，应予补正。

依照《中华人民共和国民事诉讼法》第一百五十七条第一款第七项、《最高人民法院
关于适用〈中华人民共和国民事诉讼法〉的解释》第二百四十五条规定，裁定如下：

（××××）……民×……号……（写明被补正的法律文书名称）中"……"（写明
法律文书误写、误算，诉讼费用漏写、误算和其他笔误）补正为"……"（写明补正后的内
容）。

审判长　×××
审判员　×××
审判员　×××
××××年××月××日
（院印）
法官助理　×××
书记员　×××

8. 民事裁定书（简易程序转为普通程序用）样式

××××人民法院

## 民事裁定书

（××××）……民初……号

原告：×××，……

被告：×××，……

（以上写明当事人和其他诉讼参加人的姓名或者名称等基本信息）

原告×××与被告×××……（写明案由）一案，本院于××××年××月××日
立案后，依法适用简易程序。

××××年××月××日，×××提出异议认为，……（概述不宜适用简易程序的
事实和理由）本案不宜适用简易程序。（法院依职权发现不宜适用简易程序的，不写）

本院经审查认为，……（写明不宜适用简易程序的情形）本案不宜适用简易程序。
依照《中华人民共和国民事诉讼法》第一百七十条规定，裁定如下：

本案转为普通程序。

审判长　×××

审判员　×××

审判员　×××

××××年××月××日

（院印）

法官助理　×××

书记员　×××

9. 民事裁定书（二审发回重审用）样式

××××人民法院

## 民事裁定书

（××××）……民终……号

上诉人（原审诉讼地位）：×××，……

被上诉人（原审诉讼地位）：×××，……

原审原告/被告/第三人：×××，……

……

（以上写明当事人和其他诉讼参加人的姓名或者名称等基本信息）

上诉人×××因与被上诉人×××/上诉人×××及原审原告/被告/第三人×××…（写明案由）一案，不服××××人民法院（××××）……民初……号民事判决，向本院提起上诉。本院依法组成合议庭对本案进行了审理。

本院认为……（写明原判决认定基本事实不清或者严重违反法定程序的问题）依照《中华人民共和国民事诉讼法》第一百七十七条第一款第×项规定，裁定如下：

一、撤销××××人民法院（××××）……民初……号民事判决；

二、本案发回××××人民法院重审。

上诉人×××预交的二审案件受理费……元予以退回。

审判长　×××

审判员　×××

审判员　×××

××××年××月××日

（院印）

法官助理　×××

书记员　×××

10. 民事裁定书（确认仲裁协议无效用）样式

××××人民法院

# 民事裁定书

（××××）……民特……号

申请人：×××，……

被申请人：×××，……

（以上写明申请人、被申请人及其代理人的姓名或者名称等基本信息）

申请人×××与被申请人×××申请确认仲裁协议效力一案，本院于××××年××月××日立案后进行了审查。现已审查终结。

×××称，……（概述申请人的请求、事实和理由）

×××称，……（概述被申请人的意见）

经审查查明：……（写明确认仲裁协议效力的事实根据）

本院认为，……（写明确认仲裁协议无效的理由）

依照《中华人民共和国仲裁法》第十七条第×项、第二十条规定，裁定如下：

确认申请人×××与被申请人×××的仲裁协议无效。

申请费……元，由被申请人×××负担。

审判长　×××

审判员　×××

审判员　×××

××××年××月××日

（院印）

法官助理　×××

书记员　×××

11. 民事裁定书（撤销仲裁裁决申请用）样式

××××人民法院

# 民事裁定书

（××××）……民特……号

申请人：×××，……

被申请人：×××，……

（以上写明申请人、被申请人及其代理人的姓名或者名称等基本信息）

申请人×××与被申请人×××申请撤销仲裁裁决一案，本院于××××年××月××日立案后进行了审查。现已审查终结。

×××称……（概述申请人的请求、事实和理由）

×××称……（概述被申请人的意见）

经审查查明：××××年××月××日，××××仲裁委员会作出（×××××）……号裁决：……（写明裁决结果）

……（写明撤销裁决的事实根据）

本院认为……（写明撤销裁决的理由）

依照《中华人民共和国仲裁法》第五十八条、第五十九条、第六十条规定，裁定如下：

（撤销全部裁决的）撤销××××仲裁委员会（××××）……号裁决。

申请费……元，由被申请人×××负担。

（撤销部分裁决的）撤销××××仲裁委员会（××××）……号裁决第×项，即：……

申请费……元，由申请人×××负担……元，被申请人×××负担……元。

审判长　×××

审判员　×××

审判员　×××

××××年××月××日

（院印）

法官助理　×××

书记员　×××

12. 民事裁定书（上级人民法院依再审申请提审用）样式

××××人民法院

## 民事裁定书

（××××）……民申……号

再审申请人（一、二审诉讼地位）：×××，……

法定代理人/指定代理人/法定代表人/主要负责人：×××，……

委托诉讼代理人：×××，……

被申请人（一、二审诉讼地位）：×××，……

法定代理人/指定代理人/法定代表人/主要负责人：×××，……

委托诉讼代理人：×××，……

二审上诉人/二审被上诉人/第三人（一审诉讼地位）：×××，……

法定代理人/指定代理人/法定代表人/主要负责人：×××，……

委托诉讼代理人：×××，……

（以上写明当事人和其他诉讼参加人的姓名或者名称等基本信息）

再审申请人×××因与被申请人×××/再审申请人×××及×××（写明原审其他当事人诉讼地位、姓名或名称）……（写明案由）一案，不服××××人民法院（××××）……号民事判决/民事裁定/民事调解书，向本院申请再审。本院依法组成合议庭进行了审查，现已审查终结。

本院认为，×××的再审申请符合《中华人民共和国民事诉讼法》第二百一十一条第×项/第二百一十二条（针对调解书申请再审）规定的情形。

依照《中华人民共和国民事诉讼法》第二百一十五条、第二百一十七条、《最高人民法院关于适用〈中华人民共和国民事诉讼法〉的解释》第三百九十三条第一款规定，裁定如下：

一、本案由本院提审；

二、再审期间，中止原判决/原裁定/原调解书的执行。

审判长　×××

审判员　×××

审判员　×××

××××年××月××日

（院印）

法官助理　×××

书记员　×××

## （二）民事裁定书范例

××省××市中级人民法院

**民事裁定书**

（××××）粤××××民初××××号

原告：AA公司。住所地：香港特别行政区××××××

负责人：罗一，系该公司董事。

委托诉讼代理人：文静，×××律师事务所律师。

被告：BB公司。住所地：香港特别行政区××××××。

负责人：陆二。

被告：CC公司。住所地：××省××市××××××。统一社会信用代码：××××××××。

法定代表人：谢三。

委托诉讼代理人：杨树，×××律师事务所律师。

原告 AA 有限公司（以下简称 A 公司）与被告新 BB 公司（以下简称 B 公司）、CC 公司（以下简称 C 公司）股权转让纠纷一案，本院于 2022 年 8 月 3 日立案。

原告诉请：1. 判令 B 公司、C 公司立即退还诚意金 100 万元及赔偿逾期退款损失（以 100 万元为本金，按全国银行间同业拆借中心公布的一年期贷款市场报价利率的 1.5 倍为标准，自 2022 年 1 月 18 日起计至实际退还之日止，暂计至 2022 年 8 月 16 日为 31,650 元）；2. 判令 B 公司、C 公司承担本案诉讼费用。事实与理由：2021 年 11 月 20 日，就 A 公司拟收购 B 公司持有的 C 公司 88% 的股权事宜，A 公司与 B 公司签订《意向书》，约定《意向书》签订后 5 日内，A 公司委托翡翠公司向 B 公司指定的收款账户支付 100 万元诚意金，款项支付后，A 公司可对 B 公司、C 公司进行全面的尽职调查（期限不超过 30 日），B 公司、C 公司予以配合。若尽调期限结束后，A 公司书面通知无购买意向，则 B 公司收到该通知 3 日内退还诚意金。2021 年 11 月 22 日，A 公司依约向 B 公司指定的账户转账 100 万元，并收取确认收款的《收款收据》。但 B 公司、C 公司未配合尽职调查，以致 A 公司委托的尽调人员未能就有关事实进行了解，无法确切查明 B 公司、C 公司的具体情况。原告基于多种因素考虑，决定不购买 B 公司持有的 C 公司 88% 的股权，并于 2022 年 1 月 10 日向 B 公司发出《关于退还一百万元诚意金的书面通知》，明确告知没有意向也不再收购股权，请 B 公司按照《意向书》约定于收到通知后 3 日内将已收取的 100 万元诚意金退回指定账户。但 B 公司于 2022 年 1 月 15 日收到通知后，并未依约退款。A 公司于 2022 年 1 月 18 日向 B 公司、C 公司分别寄发催款律师函，仍未退款。请求法院判如所请。

B 公司在提交答辩状期间对管辖权提出异议，请求裁定××省××市中级人民法院对本案无管辖权，并驳回原告的起诉。事实与理由：一、根据 A 公司提交的《意向书》，该合同的相对人是 A 公司与 B 公司，根据 A 公司提交的《银行电子回单》《收款收据》，C 公司并非本案股权转让协议的收款人。根据合同相对性以及相关法律规定，C 公司并非本案适格的被告，应当裁定驳回 A 公司对 C 公司的起诉，不能以 C 公司所在地作为本案司法管辖的依据。二、根据《意向书》的约定，该《意向书》仅为《股权转让协议》的预约合同，双方事后亦并未签订正式的《股权转让协议》，更未进行股权的实际交易。因此，该预约合同的履行地应当为接收货币的一方所在地，即 B 公司营业所在地香港特别行政区。根据《中华人民共和国民事诉讼法》第二十四条的规定，本案的被告住所地、合同履行地均在香港特别行政区，故××省××市中级人民法院对本案无管辖权，应裁定驳回原告的起诉。

本院经审查认为，本案为股权转让纠纷，原告 A 公司、被告 B 公司均为香港特别行政区注册成立的公司，故本案为涉港股权转让纠纷。根据《最高人民法院关于适用〈中华人民共和国民事诉讼法〉的解释》第五百四十九条规定，本案参照适用涉外民事诉讼程序的特别规定。

本案 A 公司依据《意向书》诉请 B 公司、C 公司退还诚意金及赔偿逾期退款损失，案涉《意向书》是 A 公司拟收购 B 公司持有 C 公司股权，为确保收购事项的履行而达成的意向，故案涉纠纷属于合同性质的民事纠纷。《中华人民共和国民事诉讼法》第二百七十二条规定:"因合同纠纷或者其他财产权益纠纷,对在中华人民共和国领域内没有住所的被告提起的诉讼,如果合同在中华人民共和国领域内签订或者履行,或者诉讼标的物在中华人民共和国领域内,或者被告在中华人民共和国领域内有可供扣押的财产,或者被告在中华人民共和国领域内设有代表机构,可以由合同签订地、合同履行地、诉讼标的物所在地、可供扣押财产所在地、侵权行为地或者代表机构住所地人民法院管辖。"根据该规定,A公司因拟收购B公司持有C公司股权与B公司签订案涉《意向书》,C公司是目标公司,该公司位于××省××市,属于本院管辖范围,故本院依法对本案具有管辖权。

此外,B公司在提出管辖异议的同时,又主张C公司不是本案适格被告主体。根据《最高人民法院关于适用〈中华人民共和国民事诉讼法〉的解释》第二百二十三条第一款"当事人在提交答辩状期间提出管辖异议,又针对起诉状的内容进行答辩的,人民法院应当依照中华人民共和国民事诉讼法第一百三十条第一款的规定,对管辖异议进行审查"的规定,C公司是否为本案适格主体,应当在本案管辖权异议解决后经审查认定,不属于管辖权异议阶段的审查范围。综上,依照《中华人民共和国民事诉讼法》第一百三十条、第一百五十七条、第二百七十二条,《最高人民法院关于适用〈中华人民共和国民事诉讼法〉的解释》第二百二十三条、第五百四十九条及前述援引法律条文的规定,裁定如下:

驳回B公司对本案管辖权提出的异议。

案件受理费100元,由B公司负担。

如不服本裁定,A公司、B公司可以在裁定书送达之日起三十日内向本院递交上诉状,并按照对方当事人或者代表人的人数提出副本,上诉于××省××人民法院。

审判员　冯××

二○××年×月×日

本件与原本核对无异

书记员　梁　　×

## 第三节　民事调解书

### 一、民事调解书的概念

民事调解书也是人民法院常用的且十分重要的法律文书之一,它广泛应用到民商事一审、二审、再审等程序中。民事调解书是人民法院在各方当事人自愿达成调解的基础上,根据当事人之间真实、合法意思表示所制作的具有强制执行力的法律文书。人民法院出具的民事调解书与当事人之间直接签订的调解协议既有联系也有区别。如当事人在诉讼过程中达成调解并签订合法有效的调解协议,可将此提交人民法院,经人民法院审查,若各方基于真实意思表示作出,且不违反法律法规的,人民法院可据此制作调解笔录。各方当事人确认无误后,人民法院可依此制作民事调解书。有的案件达成调解协议,可不制作调解书，对于无须制作调解书的协议，应当记入笔录，在各方当事人、审判人员、书记员签名或盖章后，即具有法律效力。①②

民事调解书是申请强制执行的依据之一，如有一方当事人未依照生效的民事调解书履行义务的，相对方有权向人民法院申请强制执行，但当事人之间私下签订的调解协议非强制执行的依据。

## 二、民事调解书的写作要点

民事调解书的写作要点与民事判决书基本一致，它也由标题、正文、落款三部分组成。民事调解书的正文内容更为简单，其正文一般由首部、当事人主张、调解协议的内容、司法确认这几个部分构成。其中，标题、首部、当事人主张、落款的要求与民事判决书一致，在此不再赘述。以下主要就调解协议的内容以及司法确认这两部分进行阐述。

### （一）调解协议的内容

调解协议的内容是民事调解书的核心。调解协议必须是各方当事人在自愿的基础上达成的，如任何一方受到胁迫，该调解协议均不可成立，且调解协议的内容不得违反法律的规定。《中华人民共和国民事诉讼法》在确认调解协议的非诉案件中明确了裁定驳回申请的情形，③ 这些情形其实同样适用于一审、二审等程序。协议的内容必须准确具体，不应模棱两可，避免影响民事调解书的执行力。调解协议的内容一般与申请方的主张有关，如申请方的主张中不涉及诉讼费用的承担，人民法院一般在调解时也会询问各方意见，如各方选择将其作为调解协议的一部分，可作为调解协议中的其中一项予以体现。如果调解协议的内容超过申请方的主张，但不违反法律法规的规定，并且系当事人真实意思表示的，人民法院可准许。

### （二）司法确认

本部分主要体现人民法院对当事人之间达成的调解协议的态度，如人民法院确认当事人之间所达成的调解协议，则一般会写明："上述协议，不违反法律规定，本院予以

---

① 《中华人民共和国民事诉讼法》第 百零 条："下列案件调解达成协议，人民法院可以不制作调解书：（一）调解和好的离婚案件；（二）调解维持收养关系的案件；（三）能够即时履行的案件；（四）其他不需要制作调解书的案件。对不需要制作调解书的协议，应当记入笔录，由双方当事人、审判人员、书记员签名或者盖章后，即具有法律效力。"

② 《最高人民法院关于适用〈中华人民共和国民事诉讼法〉的解释》第一百五十一条："根据民事诉讼法第一百零一条第一款第四项规定，当事人各方同意在调解协议上签名或者盖章后即发生法律效力的，经人民法院审查确认后，应当记入笔录或者将调解协议附卷，并由当事人、审判人员、书记员签名或者盖章后即具有法律效力。前款规定情形，当事人请求制作调解书的，人民法院审查确认后可以制作调解书送交当事人。当事人拒收调解书的，不影响调解协议的效力。"

③ 《最高人民法院关于适用〈中华人民共和国民事诉讼法〉的解释》第三百五十八条："经审查，调解协议有下列情形之一的，人民法院应当裁定驳回申请：（一）违反法律强制性规定的；（二）损害国家利益、社会公共利益、他人合法权益的；（三）违背公序良俗的；（四）违反自愿原则的；（五）内容不明确的；（六）其他不能进行司法确认的情形。"

确认"。

此外，民事调解书还会写明该文书发生法律效力的时间。比如第一审程序中的民事调解书会写明："本调解书经各方当事人签收后，即具有法律效力/本调解协议经各方当事人在笔录上签名或者盖章，本院予以确认后即具有法律效力（各方当事人同意在调解协议上签名或者盖章后发生法律效力的）"。

### （三）其他写作要点

民事调解书的数字与标点符号用法与民事判决书一致，在此不再赘述。

## 三、文书样式与范例

### （一）文书样式

注：以下仅为部分民事调解书的文书样式。

1. 民事调解书（第一审普通程序用）样式

××××人民法院

**民事调解书**

（××××）……民初……号

原告：×××，……

法定代理人/指定代理人/法定代表人/主要负责人：×××，……

委托诉讼代理人：×××，……

被告：×××，……

法定代理人/指定代理人/法定代表人/主要负责人：×××，……

委托诉讼代理人：×××，……

第三人：×××，……

法定代理人/指定代理人/法定代表人/主要负责人：×××，……

委托诉讼代理人：×××，……

（以上写明当事人和其他诉讼参加人的姓名或者名称等基本信息）

原告×××与被告×××、第三人×××……（写明案由）一案，本院于××××年××月××日立案后，依法适用普通程序，公开/因涉及……（写明不公开开庭的理由）不公开开庭进行了审理（开庭前调解的，不写开庭情况）。

……（写明当事人的诉讼请求、事实和理由）

本案审理过程中，经本院主持调解，当事人自愿达成如下协议/当事人自行和解达成如下协议，请求人民法院确认/经本院委托……（写明受委托单位）主持调解，当事人自愿达成如下协议：

一、……

二、……

（分项写明调解协议内容）

上述协议，不违反法律规定，本院予以确认。

案件受理费……元，由×××负担（写明当事人姓名或者名称、负担金额。调解协议包含诉讼费用负担的，则不写）。

本调解书经各方当事人签收后，即具有法律效力/本调解协议经各方当事人在笔录上签名或者盖章，本院予以确认后即具有法律效力（各方当事人同意在调解协议上签名或者盖章后发生法律效力的）。

审判长　×××

审判员　×××

审判员　×××

××××年××月××日

（院印）

法官助理　×××

书记员　×××

2. 民事调解书（第二审程序用）样式

××××人民法院

## 民事调解书

（××××）……民终……号

上诉人（原审原告/被告/第三人）：×××，……

被上诉人（原审原告/被告/第三人）：×××，……

原审原告/被告/第三人：×××，……

（以上写明当事人和其他诉讼参加人的姓名或者名称等基本信息）

上诉人×××因与被上诉人×××/上诉人×××、第三人×××……（写明案由）一案，不服××××人民法院（××××）……民初……号民事判决，向本院提起上诉。本院于××××年××月××日立案后，依法组成合议庭审理了本案（开庭前调解的，不写开庭情况）。

×××上诉称，……（概述上诉人的上诉请求、事实和理由）

本案审理过程中，经本院主持调解，当事人自愿达成如下协议/当事人自行和解达成如下协议，请求人民法院确认：

一、……

二、……

（分项写明调解协议内容）

上述协议，不违反法律规定，本院予以确认。

一审案件受理费……元，由……负担；二审案件受理费……元，由×××负担（写明当事人姓名或者名称、负担金额。调解协议包含诉讼费用负担的，则不写）。

本调解书经各方当事人签收后，即具有法律效力。

审判长　×××

审判员　×××

审判员　×××

××××年××月××日

（院印）

法官助理　×××

书记员　×××

3. 民事调解书（再审案件用）样式

××××人民法院

**民事调解书**

（××××）……民再……号

再审申请人（原审……）：×××……

被申请人（原审……）：×××……

（以上写明当事人和其他诉讼参加人的姓名或者名称等基本信息）

再审申请人×××因与被申请人×××/再审申请人×××及原审×××……（写明案由）一案，不服××××人民法院（××××）……号民事判决/民事裁定/民事调解书，申请再审。××××年××月××日，本院/××××人民法院作出（××××）……民×……号民事裁定，本案由本院再审。本院依法组成合议庭审理了本案。

×××再审请求，……（写明当事人的再审请求、事实和理由）

×××辩称，……（概述被申请人的答辩意见）

……（概述案件事实，写明原审裁判结果）

本案再审审理过程中，经本院主持调解，当事人自愿达成如下协议/当事人自行和解达成如下协议，请求人民法院确认：

一、……

二、……

（分项写明调解协议内容）

上述协议，不违反法律规定，本院予以确认。

一审案件受理费……元，由×××负担；二审案件受理费……元，由×××负担（写明当事人姓名或者名称、负担金额。调解协议包含诉讼费用负担的，则不写）。

本调解书经各方当事人签收后，即具有法律效力。

审判长　×××

审判员　×××

审判员　×××

××××年××月××日

（院印）

法官助理　×××

书记员　×××

## （二）民事调解书范例

××省××市××人民法院

### 民事调解书

（××××）粤××××民初××××号

原告：DD 有限公司，住所地为××省××市××××××。

法定代表人：柳某。

委托诉讼代理人：×××，×××律师事务所律师。

被告：EE 有限公司，住所地为××省××市××××××。

法定代表人：江某。

委托诉讼代理人：×××，女，汉族，198×年×月×日出生，身份证住址为××省××市××××××，居民身份证号码为××××××。系该公司员工。

案由：买卖合同纠纷。

本院于×年×月×日立案受理了原告 DD 有限公司诉被告 EE 有限公司买卖合同纠纷一案，依法适用简易程序进行审理。原告请求判决：1. 被告向原告支付货款 500,000 元；2. 被告向原告支付逾期付款违约金至实际清偿货款之日止（以 500,000 元为本金，自 2022 年 1 月 1 日按全国银行间同业折借中心公布的贷款市场报价利率 1.5 倍计至实际付清之日止，暂计至 2022 年 8 月 31 日为 18,225 元）；3. 被告承担本案的诉讼费，保全费。

本案审理过程中，双方自愿达成如下调解协议，请求本院确认：

一、各方一致确认：截至×年×月×日被告 EE 有限公司尚欠原告 DD 有限公司 2021 年 1 月至 2021 年 12 月期间的货款 500,000 元，违约金 18,225 元，上述款项合计 518,225 元；

二、各方一致同意，前述款项由被告 EE 有限公司按如下方式向原告 DD 有限公司支付：于×年×月至×年×月每月 28 日前支付 50,000 元，于×年×月 28 日前支付 18,225 元，双方就此了结本案纠纷；

三、如被告 EE 有限公司未按上述约定按期足额履行，原告 DD 有限公司有权要求被告 EE 有限公司支付后续违约金（以未付货款为本金，按照年利率 5% 从×年×月×日开始计算至清偿之日止），并就全部未付款项一次性向法院申请强制执行；

四、本案受理费 4491 元（已减半收取），保全费 3111 元，原告已预交，均由被告 EE 有限公司承担，于×年×月×日前迳付原告；

五、原告 DD 有限公司放弃其他诉讼请求。

双方当事人一致同意本调解协议经各方当事人在调解协议上签名或捺印后即具有法律效力。

上述协议，不违反法律规定，本院予以确认。

审判员　梁××

二○××年×月×日

本件与原本核对无异

书记员　关　×

## 第四节　笔　　录

### 一、笔录的概念

笔录是人民法院对诉讼活动进行记录的一种文书。《中华人民共和国民事诉讼法》以及《最高人民法院关于适用〈中华人民共和国民事诉讼法〉的解释》明确规定了人民法院应当在哪些情况下将哪些内容记入笔录。笔录一般由书记员或法官助理制作，是体现诉讼活动的文书之一，是人民法院制作民事判决书、民事裁定书等法律文书的重要依据之一。因此，笔录应做到客观、全面且真实。

### 二、笔录的写作要点

笔录的类型有很多种，调解笔录、法庭笔录、合议庭评议笔录、宣判笔录等。无论是哪一种笔录，均应将时间、地点、参与人员（如审判员、书记员、调解人员、各方当事人等）详细记录，而记录的具体内容因情况不同而有所不同。多种类型的笔录中，法庭笔录的内容最多，应用率较高，是记录审判活动的原始资料，以下仅对法庭笔录的写作要点进行阐述。

法庭笔录应首先将开庭时间、开庭地点、案号、案由、案件参与人员（包括但不限于审判人员、书记员、当事人及其代理人）当事人的诉讼权利、法庭准备阶段的程序事项等记录清楚。如当事人和其他诉讼参与人未到庭参加诉讼，应在当事人和其他诉讼参与人的基本信息之后使用括号备注未到庭。如有委托诉讼代理人的，应在委托诉讼代理人的基本信息之后备注代理权限。此外，法庭笔录还应将当事人及其诉讼代理人对其他方出庭人员是否有异议，是否需要申请审判人员、书记员等回避记录清楚。此后一般紧接法庭调查阶段的记录。在记录法庭调查阶段的内容时，应对当事人各方的主张、事实与理由、提交的证据，对证据的举证质证等内容进行详细记录。如庭审有法庭辩论阶段，则也需对法庭辩论的情况予以详细记录。在法庭辩论终结后，通常为各方当事人最后的陈述意见，如无法庭辩论环节，则系在法庭调查阶段结束后紧接当事人的最后陈述意见。

对于庭审过程中有违反法庭秩序的行为或延期审理等与庭审有关的事项，也应在法庭笔录中予以记录。

法庭记录通常系对审判人员、当事人的意见进行原话记录。如需要对表达者的发言进行归纳总结，应体现意见表达者的原意，适度省略与案件无关的话语，详细记录与案件有关的关键信息。且注意标点符号的使用，不写错字等。

法庭笔录的记录顺序一般为：审判员—原告（上诉人等）—被告（被上诉人）—第三人。具体详见笔录样式与范例。

## 三、笔录样式与范例

### （一）文书样式

1. 调解笔录（庭外调解用）样式

## 调 解 笔 录

时间：××××年××月××日××时××分至××时××分

地点：……

审判人员：……（写明职务和姓名）

书记员：×××

协助调解人员：……（写明单位、职务、姓名）

调解经过和结果：

（首先核对当事人和其他诉讼参加人身份、宣布案由、告知诉讼权利义务等）

……

（调解达成协议的）

经主持调解，当事人自愿达成如下协议：

……

（确定调解协议签名生效的）本调解协议经各方当事人在调解笔录上签名或者盖章后，即具有法律效力。

（以下无正文）

当事人和其他诉讼参加人（签名或者盖章）

审判人员（签名）

法官助理（签名）

书记员（签名）

2. 庭前会议笔录（召开庭前会议用）样式

**庭前会议笔录**

（××××）……民×……号

时间：××××年××月××日××时××分至××时××分

地点：……

审判人员：……（写明职务和姓名）

书记员：×××

记录如下：

……（写明记录内容）

（以下无正文）

当事人和其他诉讼参加人（签名或者盖章）

审判人员（签名）

书记员（签名）

3. 法庭笔录（开庭审理用）样式

**法 庭 笔 录**

时间：××××年××月××日××时××分至××时××分

地点：××××人民法院第×法庭

案号：（××××）……民×……号

案由：……（写明案由）

审判人员：……（写明职务和姓名）

书记员：×××

（开庭审理前，书记员应当查明当事人和其他诉讼参与人是否到庭，落座后宣布法庭纪律，请审判人员入庭就座）

审判人员：（敲击法槌）现在开庭。首先核对当事人和其他诉讼参加人的基本信息。

原告：×××，……

被告：×××，……

第三人：×××，……

（以上写明当事人和其他诉讼参加人的基本信息，未到庭的括注未到庭，委托诉讼代理人括注代理权限）

审判人员：原告对出庭人员有无异议？

原告：……

审判人员：被告对出庭人员有无异议？

被告：……

审判人员：第三人对出庭人员有无异议？

第三人：……

审判人员：经核对，各方当事人和其他诉讼参加人均符合法律规定，可以参加本案诉讼活动。××××人民法院依照《中华人民共和国民事诉讼法》第一百三十七条规定，今天依法适用普通程序，公开/不公开开庭审理（××××）……民×……号……（写明当事人及案由）一案。本案由审判员×××、审判员/人民陪审员×××、审判员/人民陪审员×××组成合议庭，由审判员×××担任审判长，由书记员×××担任记录。告知当事人有关的诉讼权利义务。

审判人员：当事人可以提出回避申请。原告是否申请回避？

原告：……

审判人员：被告是否申请回避？

被告：……

审判人员：第三人是否申请回避？

第三人：……

审判人员：现在进行法庭调查。首先由原告陈述诉讼请求、事实和理由。

原告：诉讼请求：……

事实与理由：……

审判人员：现在由被告答辩。

被告：……

审判人员：现在由第三人陈述。

第三人：……

审判人员：根据各方当事人的诉讼请求、答辩意见以及证据交换情况，合议庭归纳本案庭审争议焦点如下：一、……二、……三、……各方当事人对合议庭归纳的争议焦点是否有异议？

原告：……

被告：……

第三人：……

审判人员：下面围绕本案争议焦点涉及的事实问题展开调查。

问题一：……

原告：……

被告：……

第三人：……

问题二：……

原告：……

被告：……

第三人：……

审判人员：现在进行法庭辩论。法庭辩论阶段需要当事人发表法律意见的问题是：一、……二、……三、……首先由原告发言。

原告：……

审判人员：现在由被告答辩。

被告：……

审判人员：现在由第三人发言/答辩。

第三人：……

审判人员：现在由当事人互相辩论。首先由原告发表辩论意见。

原告：……

审判人员：现在由被告发表辩论意见。

被告：……

审判人员：现在由第三人发表辩论意见。

第三人：……

审判人员：法庭辩论终结。现在由当事人最后陈述。首先由原告陈述。

原告：……

审判人员：现在由被告陈述。

被告：……

审判人员：现在由第三人陈述。

第三人：……

审判人员：征询各方当事人的调解意向。原告是否愿意调解？

原告：……

审判人员：被告是否愿意调解？

被告：……

审判人员：第三人是否愿意调解？

第三人：……

审判人员：现在闭庭。（敲击法槌）

原告（签名或者盖章）

被告（签名或者盖章）

第三人（签名或者盖章）

审判人员（签名）

书记员（签名）


（如当庭宣判的，按下列格式）

审判人员：现在休庭✕分钟，由合议庭进行评议。（敲击法槌）

审判人员：（敲击法槌）现在继续开庭。

审判人员：……（写明当事人及案由）一案，合议庭经过审理，并进行了评议。现在当庭宣告裁判内容如下：（敲击法槌）

书记员：全体起立。

审判人员：……（宣告判决主文）

如不服本判决，可以在判决书送达之日起十五日内，向本院递交上诉状，并按对方当事人或者代表人的人数提出副本，上诉于××××人民法院。

如当事人不当庭要求邮寄发送本裁判文书，应在××××年××月××日到××××处领取裁判文书，否则承担相应后果。

审：现在闭庭。（敲击法槌）

原告（签名或者盖章）

被告（签名或者盖章）

第三人（签名或者盖章）

审判人员（签名）

书记员（签名）

4. 合议庭评议笔录（合议庭评议案件用）样式

## 合议庭评议笔录

（××××）……民×……号

时间：××××年××月××日××时×分至××时××分

地点：……

合议庭成员：审判长×××、审判员/人民陪审员×××、审判员/人民陪审员×××

书记员：×××

评议（××××）……民×……号……（写明当事人及案由）一案

记录如下：

……（记明合议庭评议内容）

合议庭评议结论：

……

（以下无正文）

审判人员（签名）

书记员（签名）

5. 审判委员会讨论案件笔录（审判委员会讨论案件用）样式

## 审判委员会讨论案件笔录

（第×次会议）

时间：××××年××月××日××时××分至××时××分

地点：……

会议主持人：×××

出席委员：……

列席人员：……

案件汇报人：×××

讨论×××人民法院（××××）……民×……号……（写明当事人及案由）一案

记录如下：

……（记明审判委员会讨论内容）

审判委员会讨论结论：

……

（以下无正文）

审判委员会委员（签名）

记录人（签名）

6. 宣判笔录（定期宣告判决用）样式

## 宣 判 笔 录

时间：××××年××月××日××时××分至××时××分

地点：××××人民法院第×法庭

旁听人数：×人

审判人员：……（写明职务和姓名）

书记员：×××

到庭的当事人和其他诉讼参加人：……（写明诉讼地位和姓名）

书记员：全体起立。

审判人员：（××××）……民×……号……（写明当事人及案由）一案，宣告判决如下：……（写明判决结果）

如不服本判决，可以在判决书送达之日起十五日内，向本院递交上诉状，并按对方当事人或者代表人的人数提出副本，上诉于××××人民法院。

（判决准予离婚的）当事人在判决发生法律效力前不得另行结婚。

（以下无正文）

原告（签名或者盖章）

被告（签名或者盖章）

第三人（签名或者盖章）

审判人员（签名）

书记员（签名）

（二）文书范例

因笔录一般不作为裁判文书上网，可获取度较低，且可能涉及案件具体信息等，此处略。

【本章思考】

1. 民事判决书与民事裁定书的写作区别是什么？

2. 民事判决书的"判决理由"部分可以用什么方式展开写作？

3. 民事裁定书的适用情形有哪些？

# 第六章　人民法院行政法律文书

## 【导语】

　　最高人民法院于 2015 年 4 月 29 日印发了《行政诉讼文书样式（试行）》，其中关于法院制作并发给当事人的判决（调解）类文书、裁定类文书、决定类文书、通知类文书等共 96 个。2018 年《最高人民法院关于加强和规范裁判文书释法说理的指导意见》特别指出，对于行政诉讼中对被诉行政行为所依据的规范性文件一并进行审查的、判决变更行政行为的案件裁判文书，应当强化释法说理，以全面提升行政审判公信力。公平正义既体现在实体裁判，也体现在裁判文书的制作水平与质量上。本章将围绕《行政诉讼文书样式（试行）》中的行政判决书、行政裁定书、行政赔偿调解书三种行政法律文书的写作进行具体介绍。

## 【本章要求】

　　了解人民法院行政法律文书的概念、种类及写法，掌握行政判决书、行政裁定书及行政赔偿调解书的写作要点。

## 第一节　人民法院行政法律文书概述

### 一、人民法院行政法律文书的概念与特征

#### （一）人民法院行政法律文书的概念

　　人民法院行政法律文书，是指人民法院审理行政案件，对所涉及的实体问题、程序问题或其他特殊问题所作书面处理时适用的法律文书。主要包括行政判决书、行政裁定书、行政决定书和行政调解书。

　　行政判决解决的是行政案件的实体问题，行政裁定解决的是行政案件的程序问题。而行政决定书，是人民法院在行政诉讼中为保证诉讼活动的顺利进行，对诉讼中的特殊、紧迫事项作出的书面决定，解决的是发生在行政诉讼中的某些特殊事项，如是否同意回避、是否采取强制措施、是否同意当事人申请缓、减、免诉讼费用、是否再审、是否合并审理或分立审理等问题。

#### （二）人民法院行政法律文书的特征

##### 1. 裁判内容的审查性

　　行政案件是指公民、法人或者其他组织认为国家行政机关的行政行为违法或不当，侵犯其合法权益而提出起诉，由人民法院处理的行政争议案件。《行政诉讼法》第六条规定，人民法院审理行政案件，对行政行为是否合法进行审查。因此，行政裁判的审理对象

主要是具体行政行为的合法性问题，人民法院在裁判文书中应阐明对被诉具体行政行为合法与否的审查过程及审查结论。除了实体问题外，人民法院还可以对行政案件中的程序问题进行审查并作出审查结论。

2. 实体裁判的多样性

人民法院对行政案件作出何种处理，主要取决于对被诉行政行为违法状态的审查及结论。例如，对于行政判决的处理决定，人民法院可视情况作出驳回诉讼请求、维持判决、撤销判决、履行判决或变更判决的决定；而对于行政裁决等处理决定，人民法院可视情况作出驳回起诉、不予受理、指定管辖、先予执行等处理决定。

## 二、行政法律文书的种类

最高人民法院《行政诉讼文书样式（试行）》将文书的样式由原来的两类扩展到了十三大类，法院制作并发给当事人的判决（调解）类文书、裁定类文书、决定类文书、通知类文书等共 96 个。依据不同的分类标准，可以将行政法律文书进行不同划分：

根据结案方式的不同进行划分。分为行政判决书、行政裁定书和行政调解书。行政判决书包括第一审行政判决书、第二审行政判决书、再审行政判决书，行政赔偿判决书；行政裁定书包括驳回起诉裁定书、准许或不准许撤诉裁定书、中止或者终结诉讼裁定书、发回重审裁定书、指定继续审理裁定书等；行政调解书包括第一审行政调解书、第二审行政调解书、再审行政调解书、行政赔偿调解书等。

根据行政诉讼审判程序不同进行划分。分为第一审行政裁判文书、第二审行政裁判文书、审判监督程序的行政法律文书。

根据裁判结果不同进行划分。行政判决书可分为驳回诉讼请求的判决书、撤销或部分撤销具体行政行为的判决书、限期履行法定职责的判决书、履行给付义务的判决书、变更行政处罚的判决书、确认被诉具体行政行为违法或无效的判决书、行政附带民事判决书等。行政裁定书可分为驳回起诉的裁定书、准许或不准许撤诉的裁定书、中止或者终结诉讼的裁定书、发回重审的裁定书、指定继续审理的裁定书等。

# 第二节　行政判决书

## 一、行政判决书的概念和特征

### （一）行政判决书的概念

行政判决书，是指人民法院审理行政案件终结时，根据事实和法律，对案件所涉及的实体问题作出的书面结论时所适用的法律文书。

### （二）行政判决书的特征

1. 制作主体是国家审判机关

行政判决书是由人民法院依法裁判作出的，人民法院依照法律规定对行政案件行使审判权，不受行政机关、社会团体和个人的干涉。因此除人民法院外的其他任何机关、团体和个人，都无权对行政案件予以受理、审理并作出判决。

2. 所作结论具有终局性

行政判决书是人民法院在审理行政案件终结时，根据审理所查清的事实，依据法律规定对行政案件做出的结论性处理决定。行政判决一经宣告并生效，即标志着案件阶段性审理程序的终结。

3. 所作处理是一种书面结论

行政判决书是人民法院对被诉的具体行政行为是否合法或行政处罚是否合理以及如何处理等具体行政行为所作出的书面结论。针对具体行政行为作出处理，是行政判决书和行政裁定书、行政决定书的区别之处。

4. 具有法律约束力

行政判决具有极强的法律效力，排除当事人对同一案件重新起诉和人民法院对同一案件重新审理的效力，人民法院非经法定程序不得予以变更或撤销，判决一经生效，当事人必须履行，一方拒绝履行的，对方当事人可以向人民法院申请执行。此外，有学者认为判决对当事人、法院、社会都有拘束力。①

## 二、行政判决书的写作要点

一篇行政判决书的基本要素由首部、正文、尾部三部分组成。以下将分别对行政判决书的首部、正文、尾部各部分的写作要点进行阐述。

### （一）首部

首部应依次写明标题、案号。

1. 标题

包括法院名称、文书名称和案号。

（1）标题中的法院名称，一般应与院印的文字一致，但基层法院应冠以省、市、自治区的名称。例如，广东省广州市白云区人民法院。

（2）标题中的文书名称，即文书的种类及其名称。即行政判决书。

2. 案号

标题中的案号，是不同案件的序列编号。应贯彻一案一号的原则。案号由立案年度、制作法院、案件性质、审判程序的代字和案件顺序号组成。例如，上海市黄浦区人民法院2014 年第 1 号一审行政案件，表述为"（2014）黄行初字第 1 号"。

### （二）正文

正文包括当事人及其诉讼代理人的基本情况，以及案件由来、审判组织和开庭审理过程等。

1. 当事人及其诉讼代理人的基本情况

提起行政诉讼的原告包括公民、法人或者其他组织。

（1）原告是公民的，写明姓名、性别、出生年月日、居民身份证号码、民族和住址，居民的住址应写住所地，住所地和经常居住地不一致的，写经常居住地。原告是无诉讼行为能力的公民，除写明原告本人的基本情况外，还应列项写明其法定代理人或指定代理人

---

① 吴旭莉主编：《法律文书写作》，厦门大学出版社 2020 年版，第 32 ~ 34 页。

的姓名、住址，并在姓名后括注其与原告的关系。

（2）原告是法人的，写明法人的名称和所在地址，并另起一行列项写明法定代表人及其姓名和职务等。原告是不具备法人资格的其他组织的，写明其名称或字号和所在地址，并另起一行写明负责人及其姓名和职务。原告是个体工商户的，写明业主的姓名、出生年月日、居民身份证号码、民族、住址；起有字号的，在其姓名之后用括号注明"系……（字号）业主"。

（3）群体诉讼案件，推选或指定诉讼代表人的，在原告身份事项之后写明"原告暨诉讼代表人……"，并写明诉讼代表人的基本情况，格式与原告基本情况相同。如涉及原告人数众多的，可在首部仅列明诉讼代表人基本情况，原告名单及其基本身份情况可列入判决书附录部分。

（4）行政判决书中的被告，是作出行政行为的行政机关。应写明被诉的行政主体名称、所在地址；另起一行列项写明法定代表人或诉讼代表人姓名和职务。有第三人参加诉讼的，第三人列在被告之后，第三人基本情况的写法同上。

（5）法定代表人项下，另起一行列写委托代理人的基本事项。委托代理人系律师或基层法律服务工作者的，只写明其姓名、工作单位和职务。

（6）当事人的代理人系当事人的近亲属的，应在代理人的姓名后括注其与当事人的关系。代理人系当事人所在社区、单位以及有关社会团体推荐的公民的，应写明代理人的姓名、性别、出生年月日、居民身份证号码、民族、工作单位和住址。

（7）制作二审行政判决书，上诉案件当事人的称谓，写"上诉人""被上诉人"，并用括号注明其在原审中的诉讼地位。原告、被告和第三人都提出上诉的，可并列为"上诉人"。当事人中一人或者部分人提出上诉，上诉后是可分之诉的，未上诉的当事人在法律文书中可以不列；上诉后仍是不可分之诉的，未上诉的当事人可以列为被上诉人。上诉案件当事人中的代表人、诉讼代理人等，分别在该当事人项下另起一行列项书写。

2. 案件理由

这部分应当交代清楚原告、被告、案由、受理日期、审判组织、审判方式、原被告双方当事人、诉讼参加人的到庭情况、开庭审理过程及审理终结情况等程序性事项。

（1）原告、被告、案由。例如，"原告朱某某诉被告××市社会保险基金管理局、××市人民政府基本养老保险资格或者待遇认定案"。

（2）受理日期、审判组织、审判方式、原被告双方当事人、诉讼参加人的到庭情况、审理终结情况。例如，"原告于2021年9月10日向本院提起行政诉讼。本院于同日立案后，于同年9月14日向被告××市社保局、××市政府送达了起诉状副本、应诉通知书、举证通知书等诉讼文书。本院依法组成合议庭，于同年10月22日公开开庭审理了本案。原告朱某某的委托代理人谢某某，被告××市社保局的副局长李某某及其委托代理人周某某，被告××市政府的委托代理人冯某某均到庭参加诉讼。本案现已审理终结。"

（3）如有以下情况，还需根据时间节点的先后顺序特别注明：

①移送管辖或指定管辖的案件要写明："由××××人民法院移送（或指定）本院管辖"；

②当事人经两次合法传唤拒不到庭的则应写明："被告×××经本院两次合法传唤无

正当理由拒不到庭";

③第三人参加诉讼,可写明:"因×××与本案被诉行政行为或与案件处理有利害关系,本院依法通知其为第三人参加诉讼";公民、法人或者其他组织申请作为第三人参加诉讼的写:"因×××与本案被诉行政行为有利害关系,经×××申请,本院依法准许其为第三人参加诉讼";

④当事人经合法传唤无正当理由未到庭的,应当写明:"×告×××经本院合法传唤,无正当理由拒不到庭";

⑤进行证据交换或召开庭前会议的应写明:"本院于××××年××月××日组织原、被告及第三人进行了证据交换(或召开庭前会议),并送达了证据清单副本";

⑥如有被批准延长审理期限情况,应写明批准延长审理期限批复的文号;不公开开庭审理的,应写明不予公开的理由。

3. 事实

由以下几个部分组成:行政行为的叙述部分、当事人诉辩意见部分、当事人举证、质证和法庭认证部分、法庭"经审理查明"部分。前述内容既可以相互独立,也可以根据具体案情进行融合,无须拘泥于固定的样式。

(1)行政行为的叙述部分应当注意详略得当。一般应当写明行政行为认定的主要事实、定性依据以及处理结果等核心内容,通过简洁的表述说明案件的诉讼标的。

(2)当事人的诉辩意见部分,既要尊重当事人原意,也要注意归纳总结。

(3)当事人举证部分写在当事人的诉辩意见后,即写明其提供的相关证据。

对当事人证据的列举可以结合案情,分别逐一列举或综合分类列举。

①行政给付类案件的审理,依当事人举证责任的不同需进行区分列举:

如当事人是原告,应提供其已经向被诉行政机关提出申请的事实,以及被诉行政机关不履行给付义务或者拒绝履行给付义务的证据和依据。

如当事人是被告,应提供证明原告的申请事项是否属于其法定职责或者法定义务的证据,其是否在法定期限内已经履行给付义务的证据,以及其不履行给付或者拒绝给付是否符合法律规定的证据等。

②如有以下情况,还需特别注明:

如当事人在法定期限内未提交证据或在诉讼中申请调取证据,法院决定不予调取的,应当说明;如人民法院予以采纳的是当事人超过法定举证期限提供的证据,应说明理由;如法院是依职权调取或根据原告、第三人申请调取的证据,应当说明;如法院根据当事人申请而委托鉴定部门进行鉴定的,需写明鉴定部门、鉴定事项和鉴定结论以及当事人的意见。

(4)质证部分,既可以"一证一质一认",也可以按不同分类综合举证、质证和认证。因案而异,当事人无争议的证据或者与案件明显无关联的证据,可以归纳概括等方式简要写明;当事人有争议的证据,特别是对行政行为的合法性有影响的证据,应当写明采纳或者不予采纳的理由。

(5)法庭认证部分,写明法院的认证意见和理由。

(6)"经审理查明"部分,是对事实的认定,应当准确、清晰。对事实的叙述应逻辑清晰地反映案件情况，叙述方式灵活自由，但需避免简单地记流水账；注意保守国家秘密，保护当事人的商业秘密和个人隐私；通过推定确认事实必须要有依据，符合证据法则。

如果庭审前经过证据交换、庭前会议或者在庭审辩论时，当事人对合议庭归纳的无争议事实均认可，那么事实部分可以分为两个层次：

如当事人对事实无异议，可表述为"对以下事实，各方当事人均无异议，本院依法予以确认"；

如当事人对事实有异议，主要写当事人可能有异议、本院依法认定的案件事实。可表述为"本院另认定以下事实，×××"。

4. 说理部分

说理部分是人民法院对争议焦点进行归纳总结后，给予事实论证和法律论证的部分。写好本部分应按照以下方法论述。

（1）对于争议焦点，应当详细论述；对于无争议的部分，可以简写。

案件的争议主要集中在事实问题的，也可将对证据的具体质证、认证意见与案件的争议焦点结合起来，置于此部分进行论述。

（2）理由部分。应就行政主体所作的行政行为是否合法、原告的诉讼请求是否成立等进行分析论证，阐明判决的理由。

①对于请求给付类案件，判决书要围绕行政实体法预先设定的有关条件，结合案件查明的事实，进行充分说理、论证，最后明确被告不履行给付或者拒绝给付是否合法，原告申请是否成立。

②对于原告要求确认行政行为（或确认不作为）违法或无效的案件，论述此具体行政行为的合法性时，要重点分析：被告是否具有法定职权、是否超越职权、滥用职权；被诉具体行政行为是否符合法定程序，即是否存在拖延履行、不予答复或不主动履行、未完全履行等情况；被诉具体行政行为认定事实是否清楚、法律依据是否充分；适用法律、法规、司法解释以及其他规范性文件是否正确；行政处罚是否显示公正等重大且明显违法的情形。

（3）援引法律依据部分。阐述理由时，应当注意加强对法律规定以及相关法理的阐释。在援引法律依据时，既可以写全整个条文内容，也可以部分摘抄内容，还可以只援引法律条款。注意援引法律的顺序，一般应当按照先法律、后司法解释的次序排列，并写明具体规定的条、款、项、目。

（4）原告请求对行政行为所依据的规范性文件一并进行合法性审查的，在对规范性文件进行审查后，应对规范性文件的合法性以及能否作为认定被诉行政行为合法性的依据予以阐明。

（5）应当注意履行法定职责类案件的审理重点。

①履行法定职责类案件的重点是原告请求行政机关履行法定职责的请求能否成立，行政机关针对原告的申请已经作出拒绝性决定的，案件的审查范围当然包含但不限于拒绝性决定的合法性。

②判决书应当基于法院根据案件的已有的全部证据所能够确认的事实，以及相关法律

依据，分析论述原告的请求能否成立，一般不限于原告、被告或者第三人的诉辩理由。

③应当注意案件裁判的成熟性，对于行政机关已经没有任何判断和裁量空间的案件，法院可以直接判决行政机关作出原告请求的特定法定职责。如果行政机关尚需要另行调查或者仍有判断、裁量空间的，则应当判决行政机关针对原告的请求重新作出处理，避免当事人错误理解裁判主文，防止重复诉讼，及时化解争议。同时，应当在"本院认为"部分适当论述或者说明裁判的意见和观点。

5. 判决结果

判决结果是人民法院对当事人之间的行政争议作出的实体处理结论。

（1）一审行政判决书的判决可分为驳回诉讼请求判决、撤销或者部分撤销判决、变更判决、确认违法判决等结果。

①驳回原告诉讼请求的，写："驳回原告×××的诉讼请求"。

②撤销被诉行政行为的，写："撤销被告×××（行政主体名称）作出的（×××
×）……字第×××号……（行政行为名称）"；

③部分撤销被诉行政行为的，还应写："驳回原告×××的其他诉讼请求"。

④判决被告针对原告的请求重新作出处理的，在撤销被诉行政行为后写："责令被告×××（行政主体名称）在××日内（法律有明确规定履行职责期限的，也可写为'在法定期限内'；不宜限定期限的，也可不写）……（可写对原告的申请重新作出处理，也可将原告的申请予以精炼概括并写明原告申请的内容）"

⑤判决变更行政行为的，写："变更被告×××（行政主体名称）作出的（×××
×）……字第××号……（写明行政行为内容或者具体项），改为……（写明变更内容）"

⑥原告的请求成立，但行政机关已经无法履行或者履行已无实际意义的，应当确认违法并判决被告重新作出处理，写：

"确认被告（行政主体名称）不履行……（应当履行的法定职责内容）违法。

责令被告×××（行政主体名称）在××日内（法律有明确规定履行职责期限的，也可写为'在法定期限内'；不宜限定期限的，也可不写）……（可写对原告的申请重新作出处理，也可将原告的申请予以精炼概括并写明原告申请的内容）"

⑦原告的请求不成立，但行政机关有违法情形依法应当确认违法的，写：

"确认被告×××（行政主体名称）……违法；

驳回原告×××的诉讼请求（需要判决驳回原告诉讼请求的，予以写明）。"

⑧判决被告履行给付义务的，写：

"责令被告×××（行政主体名称）……（写明被告应当在一定期限内履行给付义务的具体内容、方式及期限；因特殊情况难于确定的，可判决被告在一定期限内针对原告的请求作出处理；原告申请依法履行返还财产、排除妨碍、停止侵害、恢复原状等给付义务且无须被告再行作出处理的，可直接写明上述内容。）"

（2）二审行政判决书的判决结果可分为维持原审判决、对原审判决部分维持或者部分撤销、撤销原审判决并驳回原审原告的诉讼请求或者同时撤销或变更行政机关的行政行为。

①维持原审判决的，写："驳回上诉，维持原判。"

②对原审判决部分维持、部分撤销的，写：

"一、维持××××人民法院（××××）×行初字第××号行政判决第×项，即……（写明维持的具体内容）；

二、撤销××××人民法院（××××）×行初字第××号行政判决第×项，即……（写明撤销的具体内容）；

三、……（写明二审法院改判结果的内容。如无须作出改判的，此项不写）"

③驳回原审原告的诉讼请求的，写："驳回×××（当事人姓名）的诉讼请求。"

④撤销原审判决，同时撤销或变更行政机关的行政行为的，写：

"一、撤销××××人民法院（××××）×行初字第××号行政判决；

二、撤销（或变更）××××（行政主体名称）××××年××月××日（××××）×××字第××号……（写明具体行政行为或者复议决定名称或其他行政行为）；

三、……（写明二审法院改判结果的内容。如无需作出改判的，此项不写）"

（3）再审行政判决书的判决结果可分为全部改判、部分改判或维持原判。

①全部改判的，写：

"一、撤销××××人民法院××××年××月××日（××××）×行×字第××号行政判决（如一审判决、二审判决、再审判决均需撤销的，应分项写明）；

二、……（写明改判的内容，内容多的可分项写）"

②部分改判的，写：

"一、维持××××人民法院××××年××月××日（××××）×行×字第××号行政判决第×项，即……（写明维持的具体内容）；

二、撤销××××人民法院××××年××月××日（××××）×行×字第××号行政判决第×项，即……（写明部分改判的具体内容；如一审判决、二审判决均需撤销的，应分项写明）

三、……（写明部分改判的内容。内容多的可分项写）"

③仍然维持原判的，写："维持××××人民法院××××年××月××日（××××）×行×字第××号行政判决。"

### （三）尾部

判决书尾部应包括当事人的权利、合议庭成员的署名、日期和书记员的署名等。

（1）当事人的权利。尾部应在判决结果下方写明诉讼费用的负担，诉讼费用负担的下方再写明当事人上诉的权利、方法、期限和上诉审法院。

（2）署名和日期。判决书右下方写明合议庭成员署名、日期、书记员署名等。

（3）判决书的正本，应由书记员在判决日期的左下方、书记员署名的左上方加盖"本件与原本核对无异"字样的印戳。

（4）附录。根据案件的需要，按照先实体法律规范、后程序法律规范，先上位法律规范、后下位法律规范，先法律、后司法解释等次序排列，按1、2、3、4序号列明判决书中所提到的法律规范条文。另外，群体诉讼案件中原告名单及其身份情况、知识产权案件中的图案等均可以列入此部分。

## 三、行政判决书的样式与范例

### （一）行政判决书的样式

1. 一审请求撤销、变更行政行为类案件行政判决书样式

××××人民法院

## 行政判决书

（××××）×行初字第××号

原告×××，……（写明姓名或名称等基本情况）

法定代表人×××，……（写明姓名、职务）

委托代理人（或指定代理人、法定代理人）×××，……（写明姓名等基本情况）

被告×××，……（写明行政主体名称和所在地址）

法定代表人×××，……（写明姓名、职务）

委托代理人×××，……（写明姓名等基本情况）

第三人×××，……（写明姓名或名称等基本情况）

法定代表人×××，……（写明姓名、职务）

委托代理人（或指定代理人、法定代理人）×××，……（写明姓名等基本情况）

原告×××不服被告×××（行政主体名称）……（行政行为），于××××年××月××日向本院提起行政诉讼。本院于××××年××月××日立案后，于××××年××月××日向被告送达了起诉状副本及应诉通知书。本院依法组成合议庭，于××××年××月××日公开（或不公开）开庭审理了本案。……（写明到庭参加庭审活动的当事人、行政机关负责人、诉讼代理人、证人、鉴定人、勘验人和翻译人员等）到庭参加诉讼。……（写明发生的其他重要程序活动，如：被批准延长本案审理期限等情况）本案现已审理终结。

被告×××（行政主体名称）于××××年××月××日作出……（被诉行政行为名称），……（简要写明被诉行政行为认定的主要事实、定性依据和处理结果）

原告×××诉称，……（写明原告的诉讼请求、主要理由以及原告提供的证据、依据等）

被告×××辩称，……（写明被告的答辩请求及主要理由）

被告×××向本院提交了以下证据、依据：1.……2.……（证据的名称及内容等）

第三人×××述称，……（写明第三人的意见、主要理由以及第三人提供的证据、依据等）

本院依法调取了以下证据：……（写明证据名称及证明目的）

经庭审质证（或庭前交换证据、庭前准备会议），……（写明当事人的质证意见）

本院对上述证据认证如下：……（写明法院的认证意见和理由）

经审理查明，……（写明法院查明的事实。可以区分写明当事人无争议的事实和有争议但经法院审查确认的事实）

本院认为，……（写明法院判决的理由）依照……（写明判决依据的行政诉讼法以及相关司法解释的条、款、项、目）的规定，判决如下：

……（写明判决结果）

……（写明诉讼费用的负担）

如不服本判决，可以在判决书送达之日起十五日内向本院递交上诉状，并按对方当事人的人数提出副本，上诉于××××人民法院。

审判长　×××

（代理）审判员　×××

（代理）审判员　×××

××××年××月××日

（院印）

本件与原本核对无异

书记员　×××

附：本判决适用的相关法律依据

## 2. 一审请求履行法定职责类案件行政判决书样式

××××人民法院

# 行政判决书

（××××）×行初字第××号

原告×××，……（写明姓名或名称等基本情况）

法定代表人×××，……（写明姓名、职务）

委托代理人（或指定代理人、法定代理人）×××，……（写明姓名等基本情况）

被告×××，……（写明行政主体名称和所在地址）

法定代表人×××，……（写明姓名、职务）

委托代理人×××，……（写明姓名等基本情况）

第三人×××，……（写明姓名或名称等基本情况）

法定代表人×××，……（写明姓名、职务）

委托代理人（或指定代理人、法定代理人）×××，……（写明姓名等基本情况）

原告×××因认为被告×××（行政主体名称）……（写明不履行法定职责的案由），于××××年××月××日向本院提起行政诉讼。本院于××××年××月××日立案后，于××××年××月××日向被告送达了起诉状副本及应诉通知书。本院依法组成合议庭，于××××年××月××日公开（或不公开）开庭审理了本案。……（写明到庭参加庭审活动的当事人、行政机关负责人、诉讼代理人、证人、鉴定人、勘验人和翻译人员等）到庭参加诉讼。……（写明发生的其他重要程序活动，如：被批准延长本案审理期限等情况）本案现已审理终结。

第一，针对原告的履行法定职责的请求，被告已经作出拒绝性决定的案件，可写：

××××年××月××日，原告×××向被告×××提出申请（写明申请的内容），被告×××于××××年××月××日对原告×××作出××号××决定（或其他名称），……（简要写明拒绝性决定认定的主要理由和处理结果）

第二，针对原告的履行法定职责的请求，被告不予答复的案件，可写：

原告×××于××××年××月××日向被告×××提出……（写明申请内容）被告在原告起诉之前未作出处理决定（当事人对原告是否提出过申请或者被告是否作出处理有争议的，或者属于行政机关应当依职权履行法定职责的情形，不写）。

原告×××诉称，……（写明原告的诉讼请求、主要理由以及原告提供的证据、依据等）

被告×××辩称，……（写明被告的答辩请求及主要理由）

被告×××向本院提交了以下证据、依据：1.……2.……（证据的名称及内容等）

第三人×××述称，……（写明第三人的意见、主要理由以及第三人提供的证据、依据等）

本院依法调取了以下证据：……（写明证据名称及证明目的）

经庭审质证（或庭前交换证据、庭前准备会议），……（写明当事人的质证意见）

本院对上述证据认证如下：……（写明法院的认证意见和理由）

经审理查明，……（写明法院查明的事实。可以区分写明当事人无争议的事实和有争议但经法院审查确认的事实）

本院认为，……（写明法院判决的理由）依照……（写明判决依据的行政诉讼法以及相关司法解释的条、款、项、目）的规定，判决如下：

……（写明判决结果）

……（写明诉讼费用的负担）

如不服本判决，可以在判决书送达之日起十五日内向本院递交上诉状，并按对方当事人的人数提出副本，上诉于××××人民法院。

审判长　×××

（代理）审判员　×××

（代理）审判员　×××

××××年××月××日

（院印）

本件与原本核对无异

书记员　×××

附：本判决适用的相关法律依据

3. 维持原判或改判的二审行政判决书样式

××××人民法院

# 行政判决书

（××××）×行终字第××号

上诉人（原审×告）×××，……（写明姓名或名称等基本情况）

被上诉人（原审×告）×××，……（写明姓名或名称等基本情况）

（当事人及其他诉讼参加人的列项和基本情况的写法，除当事人的称谓外，与一审行政判决书的样式相同）

上诉人×××因……（与明案由）一案，不服××××人民法院（××××）×行初字第××号行政判决，向本院提起上诉。本院依法组成合议庭，公开（或不公开）开庭审理了本案。……（写明到庭的当事人、诉讼代理人等）到庭参加诉讼。本案现已审理终结。（未开庭的，写"本院依法组成合议庭，对本案进行了审理，现已审理终结。"）

……（概括写明原审认定的事实、理由和判决结果，简述上诉人的上诉请求及其主要理由和被上诉人的主要答辩的内容及原审第三人的陈述意见）

……（当事人二审期间提出新证据的，写明二审是否采纳以及质证情况，并说明理由。如无新证据，本段不写）

经审理查明，……（写明二审认定的事实和证据）

本院认为，……（写明本院判决的理由）依照……（写明判决依据的法律以及相关司法解释的条、款、项、目）的规定，判决如下：

……（写明判决结果）

……（写明诉讼费用的负担）

本判决为终审判决。

审判长　×××

（代理）审判员　×××

（代理）审判员　×××

××××年××月××日

（院印）

本件与原本核对无异

书记员　×××

附：本判决适用的相关法律依据

## 【说明】

（1）"经审理查明"部分，包括上诉争议的内容以及二审查明认定的事实和证据。书写上诉争议的内容时，要概括简练，抓住争议焦点，禁止照抄原审判决书、上诉状和答辩状,但又要不失原意。二审审查认定的事实和证据,如果原审判决事实清楚,上诉人亦无异议的,简要地确认原判认定的事实即可;如果原审判决认定事实清楚,但上诉人提出异议的,应对有异议的问题进行重点分析,予以确认;如果原审判决认定事实不清,证据不足,经二审查清事实后改判的,应具体叙述二审查明的事实和有关证据。

一般情况下,二审认定事实与一审一致的,可写"本院经审理查明的事实与一审判决认定的事实一致,本院予以确认。"与一审认定的主要事实基本一致,但对个别事实作出新的认定的,可写"本院经审理查明的事实与一审判决认定的事实基本一致。但一审认定的……事实不当,应认定为……"本院认定的事实是一审未认定的,可写"本院另查明:……"

(2)"本院认为"部分,要针对上诉请求和理由,重点围绕争议焦点,就原审判决及被诉行政行为是否合法,上诉理由是否成立,上诉请求是否应予支持等,阐明维持原判或者撤销原判予以改判的理由。具体可参照一审判决书理由部分。

(3)关于二审诉讼费用的负担,要区别情况作出决定。对驳回上诉,维持原判的案件,二审诉讼费用由上诉人承担;双方当事人都提出上诉的,由双方分担。对撤销原判,依法改判的案件,应同时对一、二两审的各项诉讼费用由谁负担,或者共同分担的问题作出决定,相应地变更一审法院对诉讼费用负担的决定。

(4)按本样式制作二审行政判决书时,注意参考一审行政判决书样式的说明。

4. 再审行政判决书样式

××××人民法院

## 行政判决书

(××××)×行再字第××号

抗诉机关××××人民检察院(未抗诉的,此项不写)

再审申请人(写明原审诉讼地位)×××,……(写明姓名或名称等基本情况)

被申请人(写明原审诉讼地位)×××,……(写明姓名或名称等基本情况)

原审第三人(或原审中的其他称谓)×××,……(写明姓名或名称等基本情况)

(当事人及其他诉讼参加人的列项和基本情况的写法,除当事人的称谓外,与一审行政判决书的样式相同。再审申请未提及的当事人,按原审判决书中诉讼地位列明。)

原审原告(或原审上诉人)×××与原审被告(或原审被上诉人)×××……(写明案由)一案,本院(或××××人民法院)于××××年××月××日作出(××××)×行×字第××号行政判决,已经发生法律效力。……(写明进行再审的根据)本院依法组成合议庭,公开(或不公开)开庭审理了本案。……(写明到庭的当事人、代理人等)到庭参加诉讼。本案现已审理终结。(未开庭的,写"本院依法组成合议庭审理了本案,现已审理终结。")

……(概括写明原审生效判决的主要内容;简述检察机关的抗诉理由,或者当事人

的陈述或申请再审要点)

经再审查明，……（写明再审确认的事实和证据）

本院认为，……（写明本院判决的理由）依照……（写明判决依据的行政诉讼法以及相关司法解释的条、款、项、目）的规定，判决如下：

……（写明判决结果）

……（写明诉讼费用的负担）

……（按第一审程序进行再审的，写明"如不服本判决，可以在判决书送达之日起十五日内向本院递交上诉状，并按对方当事人的人数提出副本，上诉于××××人民法院"。按第二审程序进行再审或者上级法院提审的，写明"本判决为终审判决。"）

审判长　×××

（代理）审判员　×××

（代理）审判员　×××

××××年××月××日

（院印）

本件与原本核对无异

书记员　×××

附：本判决适用的相关法律依据

【说明】

（1）制作再审行政判决书，应当贯彻实事求是、有错必纠的原则。

（2）判决书的首部，要写明对本案进行再审的根据。可分为四种情况表述：

①"××××人民检察院于××××年××月××日提出抗诉。"

②"本院于××××年××月××日作出（××××）×行申（监）字第××号行政裁定，对本案提起再审。"

③"××××人民法院于××××年××月××日作出（××××）×行申（监）字第××号行政裁定，指令本院对本案进行再审。"

④"本院于××××年××月××日作出（××××）×行申（监）字第××号行政裁定，对本案进行提审。"

（3）"经审理查明"部分，包括再审争议的内容以及再审查明认定的事实和证据，要根据不同类型的案件书写。

①一般情况下，如再审认定事实与原审一致的，写："本院经审理查明的事实与原审判决认定的事实一致，本院予以确认。"

②与原审认定的主要事实基本一致，但在个别事实作出新的认定的，写："本院经审理查明的事实与原审判决认定的事实基本一致。但原审认定的……事实不当，应认定为……"

③本院认定的事实是原审未认定的，写："本院另查明：……"

（4）"本院认为"部分，要有针对性和说服力，要注重事理分析和法理分析，兼顾全面审查和重点突出。针对再审申请请求和理由，重点围绕争议焦点，就原审判决及被诉行政行为是否合法，再审申请理由是否成立，再审请求是否应予支持等，阐明维持原判或者撤销原判予以改判的理由。具体写法可参照二审判决书理由部分。检察院抗诉的，还应对检察院抗诉的请求和理由进行审查。

（5）对全部改判或部分改判而变更原审诉讼费用负担的，写明原审诉讼费用由谁负担或者双方如何分担；对依照《诉讼费用交纳办法》第九条规定需要交纳案件受理费的，同时写明一、二审及再审诉讼费用由谁负担或者双方如何分担。对驳回再审申请，但依照《诉讼费用交纳办法》第九条规定需要交纳案件受理费的，写明再审诉讼费用的负担。

（6）按本样式制作判决书时，注意参考一审、二审行政判决书样式的说明。

**（二）行政判决书的范例**

1. 第一审行政判决书范例

××××人民法院

# 行政判决书

（20××）粤××××行初××××号

原告：广州市××有限公司，住所地广州市天河区×××××路××号。

法定代表人：刘×，董事长。

委托代理人：魏×、韩××，均为广东××律师事务所律师。

被告：××市××区人力资源和社会保障局，住所地××市××区××路8号。

法定代表人：黄×，局长。

委托代理人：董××，该局工作人员。

第三人：丘×，男，汉族，1967年1月18日出生，身份证住址×市×区。

原告广州市××有限公司诉被告××市××区人力资源和社会保障局工伤认定一案，第三人为丘×。本院受理后，于2023年10月27日依法公开开庭审理。原告广州市××有限公司的委托代理人魏×，被告××市××区人力资源和社会保障局的委托代理人董××到庭参加了诉讼。第三人丘×经本院合法传唤，未到庭参加诉讼。本案现已审理终结。

原告广州市××有限公司向本院提出诉讼请求：1. 撤销被告于2023年6月28日作出的编号〔2023〕×××××6号《认定工伤决定书》；2. 本案诉讼费由被告承担。

被告××市××区人力资源和社会保障局辩称，我局作出的编号：〔2023〕××××
×6号《认定工伤决定书》，认定事实清楚，证据充分，适用法律准确，程序合法，请求法院依法予以维持，驳回原告请求。

第三人丘×未到庭参加诉讼，亦未提交书面陈述意见。

经审理查明，2023年5月15日，第三人向被告提交《工伤认定申请表》等相关材料，述称其于2023年3月28日17:00在××市××区站BA050××××地铁项目1号楼—4号楼精装修施工专业承包工程搬运瓷砖时，由于瓷砖太重，在铁架上面倒下来砸到其身上，砸伤胸骨、左膝盖、右手腕，申请认定工伤。被告收到第三人的申请后，于同日决定受理第三人的工伤认定申请，并向原告邮寄《举证通知书》。2023年6月2日，原告向被告作出《答辩意见书》，称其与肖某某之间存在分包关系，与第三人之间不存在任何劳动合同关系，第三人于2023年3月28日并无出工记录，且何××是项目劳务搬运班组长肖某某于2023年4月25日才找过来的搬运工，存在做伪证嫌疑，其项目部对搬运班组管理严格，多次现场提醒搬运方式不对，已提出停工整改，搬运工人并无改过，依然按照错误方式进行搬运，对于第三人摔伤突发事件，肖某某已立即将伤者送往附近医院治疗，项目部接班组通知后赶往医院了解情况，治疗费已由肖某某支付，等等。2023年6月28日，被告作出《认定工伤决定书》（编号：〔2023〕××××6号），该决定书载明，工伤伤情诊断结论：胸骨骨折：胸骨柄后缘骨折；调查核实情况如下：原告承建××市××区南站BA50××××地铁项目1号楼—4号楼精装修施工专业承包项目，并将劳务分包给搬运班组组长肖某某，肖某某聘用第三人工作；第三人于2023年3月28日17时左右在项目4号楼搬运瓷砖时不慎被瓷砖砸伤身体多处，送到广东某医院治疗；第三人受到的事故伤害，符合《广东省工伤保险条例》第九条第（一）项之规定，属于工伤认定范围，予以认定为工伤。原告不服，诉至本院。

本院认为，《工伤保险条例》第十四条规定："职工有下列情形之一的，应当认定为工伤：（一）在工作时间和工作场所内，因工作原因受到事故伤害的；……"第十九条第二款规定："职工或者其近亲属认为是工伤，用人单位不认为是工伤的，由用人单位承担举证责任。"《广东省工伤保险条例》第九条规定："职工有下列情形之一的，应当认定为工伤：（一）在工作时间和工作场所内，因工作原因受到事故伤害的；……"《最高人民法院关于审理工伤保险行政案件若干问题的规定》第三条第一款规定："社会保险行政部门认定下列单位为承担工伤保险责任单位的，人民法院应予支持：……（四）用工单位违反法律、法规规定将承包业务转包给不具备用工主体资格的组织或者自然人，该组织或者自然人聘用的职工从事承包业务时因工伤亡的，用工单位为承担工伤保险责任的单位；……"本案中，第三人虽未提交其于2023年3月28日当日的出工记录，但结合住院疾病诊断证明书、调查笔录以及原告向被告所作的《答辩意见书》等材料，第三人确系于2023年3月28日在案涉项目4号楼搬运瓷砖时不慎被瓷砖砸伤，并由案外人肖某某送至医院治疗。原告承建××市××区南站BA50××××地铁项目1号楼—4号楼精装修施工专业承包项目，并将该工程的劳务分包给不具有用工资质的案外人，第三人受案外人聘请工作过程中受伤，原告作为承建企业应按照上述规定承担相应工伤保险责任，至于原告主张第三人对伤情的发生存在一定过失的问题，该主张不属于《工伤保险条例》第十六条规定的不得认定或视同工伤的情形，在第三人不存在法定不得认定工伤的情形下，第三人自身对受伤是否存在过错责任，不影响认定工伤的结果。被告经调查作出案涉《认定工伤决定书》认定事实清楚、证据充分、程序合法。原告请求撤销案涉《认定工伤决定书》，没有事实根据及法律依据，本院不予支持。

综上所述，依照《中华人民共和国行政诉讼法》第六十九条的规定，判决如下：

驳回原告广州市××有限公司的诉讼请求。

案件受理费50元，由原告广州市××有限公司负担。

如不服本判决，可在判决书送达之日起十五日内，向本院递交上诉状，并按对方当事人的人数提出副本，上诉于××××人民法院。

审　判　长　易××

人民陪审员　云××

人民陪审员　刘××

二〇二三年十一月二日

（院印）

本件与原本核对无异

法官助理　关××

书　记　员　许××

附录：最高人民法院《关于执行中华人民共和国行政诉讼法若干问题的解释》第五十六条："有下列情形之一的，人民法院应当判决驳回原告的诉讼请求：

起诉被告不作为理由不能成立的；

起诉具体行政行为合法但存在合理性问题的；

被诉具体行政行为合法，但因法律、政策变化需要变更或者废止的；

其他应当驳回诉讼请求的情形。"

## 2. 第二审行政判决书范例

北京市高级人民法院

### 行政判决书

（20××）京行终××××号

上诉人（原审原告）：上海好字在文化传播有限公司，住所地上海市松江区。

法定代表人：黄××，执行董事兼经理。

委托诉讼代理人：平××，上海市×××律师事务所律师。

被上诉人（原审被告）：国家知识产权局，住所地北京市海淀区。

法定代表人：申某雨，局长。

委托诉讼代理人：蔡××，国家知识产权局审查员。

原审第三人：深圳市字在文化传播有限公司，住所地广东省深圳市南山区。

法定代表人：刘××，总经理。

委托诉讼代理人：韩××，深圳市字在文化传播有限公司员工，住广东省深圳市福田区。

上诉人上海好字在文化传播有限公司（简称好字在公司）因商标权无效宣告请求行政纠纷一案，不服北京知识产权法院（20××）京×3行初1×××1号行政判决，向本院提起上诉。本院于2021年3月11日受理本案后，依法组成合议庭进行了审理。本案现已审理终结。

北京知识产权法院经审理查明：

一、诉争商标

1. 注册人：好字在公司。

2. 注册号：19245090。

3. 申请日期：2016年3月8日。

4. 专用期限至：2028年1月13日。

5. 标志："好字在"。

6. 核定使用服务（第41类，类似群4101—4105；4107）：培训；安排和组织大会；组织文化或教育展览；提供在线电子出版物（非下载）；娱乐服务；流动图书馆；提供博物馆设施（表演、展览）；摄影；翻译；为艺术家提供模特服务。

二、引证商标

1. 注册人：原注册人为深圳××文化传播有限公司，经核准于2019年11月6日转让至深圳市字在文化传播有限公司（简称深圳市字在公司）。

2. 注册号：17455718。

3. 申请日期：2015年7月17日。

4. 初审公告日期：2016年6月13日。

5. 专用期限至：2026年9月13日。

6. 标志："字在"。

7. 核定使用服务（第41类，类似群4101—4102；4104—4105）：教育；培训；实际培训（示范）；辅导（培训）；书籍出版；安排和组织学术讨论会；安排和组织培训班；假日野营娱乐服务；玩具出租；游戏器具出租。

三、被诉裁定

商评字〔20××〕第249×××号《关于第19245090号"好字在"商标无效宣告请求裁定书》，被诉裁定作出时间：2019年10月15日。

国家知识产权局以诉争商标的注册构成2014年施行的《中华人民共和国商标法》（简称2014年商标法）第三十一条规定之情形为由，裁定：诉争商标在"培训、安排和组织大会、组织文化或教育展览、提供在线电子出版物（非下载）、娱乐服务"服务上予以无效宣告，在其余服务上予以维持。

四、其他事实

在商标评审阶段，好字在公司提交了公众号截图、微信小程序界面截图、销售证明、实际使用证据、互联网搜索结果、商标寓意等证据。

好字在公司不服被诉裁定，于法定期限内向北京知识产权法院提起行政诉讼。

北京知识产权法院认为，诉争商标与引证商标在"培训、安排和组织大会、组织文化或教育展览、提供在线电子出版物（非下载）、娱乐服务"上构成2014年商标法第三十条所指的使用在相同或类似服务上的近似商标，故依照《中华人民共和国行政诉讼法》第六十九条之规定，判决：驳回好字在公司的诉讼请求。

好字在公司不服原审判决，向本院提起上诉，请求撤销原审判决及被诉裁定，判令国家知识产权局重新作出裁定，其主要上诉理由为：原审法院认定诉争商标在"培训、安排和组织大会、组织文化或教育展览、提供在线电子出版物（非下载）"服务上与引证商标构成2014年商标法第三十条规定的情形与事实不符，且适用法律错误。

国家知识产权局及深圳市字在公司均服从原审判决。

经审理查明：原审法院查明的事实属实，且有诉争商标和引证商标档案、被诉裁定、当事人提交的证据及当事人陈述等在案佐证，本院对此予以确认。

本院认为：本案应适用2014年商标法进行审理，且因引证商标初审公告日期晚于诉争商标申请日期，故本案应适用2014年商标法第三十一条，原审判决适用2014年商标法第三十条属法律适用错误，本院对此予以纠正。2014年商标法第三十一条规定，两个或者两个以上的商标注册申请人，在同一种商品或者类似商品上，以相同或者近似的商标申请注册的，初步审定并公告申请在先的商标；同一天申请的，初步审定并公告使用在先的商标，驳回其他人的申请，不予公告。

类似服务是指在服务的目的、内容、方式、对象等方面相同，或者相关公众一般认为存在特定联系、容易造成混淆的服务。认定商品或者服务是否构成类似，应当以相关公众对商品或服务的一般认识综合判断，《类似商品和服务区分表》可以作为判断类似商品或者服务的参考。本案中，诉争商标指定使用的"培训、安排和组织大会、组织文化或教育展览、提供在线电子出版物（非下载）、娱乐服务"服务与引证商标核定使用的"教育、安排和组织培训班、书籍出版、玩具出租"等服务在《类似商品和服务区分表》中属于同一类似群组，且在服务的目的、内容、方式、对象等方面相同或相近，属于同一种或类似服务。

商标近似是指商标的文字字形、读音、含义或者图形的构图及颜色，或者其各要素组合后的整体结构相似，或者其立体形状、颜色组合近似，易使相关公众对商品或服务的来源产生误认或者认为其来源存在某种特定联系。本案中，诉争商标由汉字"好字在"构成，引证商标由汉字"字在"构成，两商标在构成、呼叫等方面相近，若使用在同一种或类似服务上，相关公众在隔离观察时，易认为使用上述商标的服务来源于同一主体或者服务提供者之间具有特定关联关系，从而导致混淆误认。因此，原审判决及被诉裁定认定诉争商标与引证商标构成使用在相同或类似服务上的近似商标并无不当，本院对此予以确认。好字在公司的相关上诉主张缺乏事实及法律依据，本院不予支持。

综上所述，原审判决适用法律虽有错误，但判决结果正确，本院在纠正原审判决法律适用错误的基础上，对原审判决仍予维持。依照《中华人民共和国行政诉讼法》第八十九条第一款第一项之规定，判决如下：

驳回上诉，维持原判。

一、二审案件受理费各一百元，均由上海好字在文化传播有限公司负担（均已交纳）。

本判决为终审判决。

审　判　长　×××

审　判　员　×××

审　判　员　×××

二○××年×月×日

（院印）

本件与原本核对无异

法官助理　×××

书　记　员　×××

附录：《中华人民共和国行政诉讼法》第八十九条：

"人民法院审理上诉案件，按照下列情形，分别处理：

（一）原判决、裁定认定事实清楚，适用法律、法规正确的，判决或者裁定驳回上诉，维持原判决、裁定；

（二）原判决、裁定认定事实错误或者适用法律、法规错误的，依法改判、撤销或者变更；

（三）原判决认定基本事实不清、证据不足的，发回原审人民法院重审，或者查清事实后改判；

（四）原判决遗漏当事人或者违法缺席判决等严重违反法定程序的，裁定撤销原判决，发回原审人民法院重审。

原审人民法院对发回重审的案件作出判决后，当事人提起上诉的，第二审人民法院不得再次发回重审。

人民法院审理上诉案件，需要改变原审判决的，应当同时对被诉行政行为作出判决。"

# 第三节　行政裁定书

## 一、行政裁定书的概念和特征

### （一）行政裁定书的概念

行政裁定书，是指法院依照我国《行政诉讼法》规定的程序，在审理行政案件过程中或者执行案件的过程中，为解决有关诉讼的程序问题而依法作出的书面处理决定。

### （二）行政裁定书的特征

（1）行政裁定书是针对行政案件审理过程或者是案件执行过程中的程序问题作出的

处理决定，是诉讼活动得以顺利进行的重要保证。

（2）行政裁定书在行政诉讼的任何阶段都可能作出，可书面或口头形式作出，但口头裁定必须记入笔录，人民法院在一个审理程序可能作出多个裁定。

（3）行政诉讼裁定依据的是行政诉讼法，而非行政实体法，因此裁定书基本涉及的多是程序性问题，而不会对实体性问题进行论述。

（4）当事人对第一审程序中的行政裁定中的部分裁定有权提出上诉，对于能上诉的裁定书，裁定书的尾部会说明上诉法院和上诉的期间。

## 二、行政裁定书的写作要点

### （一）首部
主要包括标题、案号。

1. 标题

包括法院名称、文书名称和案号。标题中的法院名称与行政判决书相同，文书名称即"行政裁定书"。

2. 案号

案号的基本要素为收案年度、法院代字、类型代字、案件编号。例如，"（2018）粤2333行初字第141号"。由于行政裁定书是解决程序问题的法律文书，因此在一些特殊程序中"类型代字"会有所不同，如诉前财产保全的"类型代字"为"保"，而执行程序的"类型代字"为"执"等，具体可参考最高人民法院《关于人民法院案件案号的若干规定》及配套标准。

### （二）正文
主要记载当事人的基本情况、裁定所解决的程序事项、理由和法律依据及法院的裁定结果。

1. 当事人基本情况

应依次写明起诉人的姓名或名称等基本情况，有委托代理人的写明委托代理人的姓名、所在单位等基本情况。

需要注意的是，若裁定是在没有立案受理的情况下作出，不能在裁定书中写上"原告""被告"字样，更无须"通知'被告'应诉"；若裁定是在立案受理后作出的，则应以"原告""被告"列明。如指定管辖的裁定，可能发生在立案受理前，也可能发生在立案受理后，此时则应视不同阶段而注意当事人称呼的书写。

2. 裁定所解决的程序事项

（1）立案受理前的裁定，应概括写明起诉人的起诉事由，或案件由来。

（2）立案受理后的裁定，应写明案件由来以及审理经过。例如：

①指定管辖的裁定，应写明："××××人民法院与××××人民法院因管辖权发生争议。双方协商不成，报请本院指定管辖。"

②驳回起诉的裁定，案件由来应写明："原告×××诉被告×××……（写明案由）一案，本院受理后，依法组成合议庭（或依法由审判员×××独任审判），公开（或不公开）开庭审理了本案，现已审理终结（未开庭的，写'本院依法进行了审理，现已审

终结'）。"基本事实应概括写明原告起诉的事由和争议内容，如果没有争议内容，则不写。

（3）存在对相关事实存在争议，并发表当事人诉辩意见、举证、质证的，法庭应作出认定，即需要写明法庭"经审理查明"部分。具体写作要点与行政判决书相同，参考本章第二节的内容。

3. "本院认为"部分，即裁定理由、法律依据，以及法院的裁定结果

在案件由来和基本事实后另起一段，写："本院认为"，后接具体的裁定理由和法律依据，以及裁定结果。如，不予立案的裁定，此部分应写：

"本院认为，……（写明不予立案的理由）依照……（写明裁定依据的行政诉讼法以及相关司法解释的条、款、项、目）的规定，裁定如下：

对×××的起诉，本院不予立案。"

**（三）尾部**

包括当事人的权利、合议庭成员和书记员的署名、裁定日期等。

1. 尾部应视裁定事项的情况而定

针对当事人可以上诉的裁定，则写明当事人上诉的权利；针对当事人可以申请复议的裁定，则写明当事人申请复议的权利，等等。由于裁定书解决的程序问题极多，既存在一审裁定、二审裁定，还存在申请裁定，且一个申请程序中法院可以做出多个裁定，以下仅列举几个较为常见的行政裁定书尾部的制作。其他写法参见2015年最高人民法院发布的《行政诉讼文书样式（试行）》。

（1）人民法院裁定不予立案或驳回起诉的，尾部写："如不服本裁定，可在裁定书送达之日起10日内，向本院递交上诉状，并按对方当事人的人数提出副本，上诉于××××人民法院。"

（2）人民法院裁定驳回起诉、准许撤诉、按撤诉处理及中止或者终结诉讼的，应当在尾部写明诉讼费用的承担。

（3）人民法院裁定先予执行、依申请停止执行行政行为或驳回申请、依职权停止执行行政行为的，尾部写明："如不服本裁定，可以向本院申请复议一次，复议期间不停止裁定的执行。"

（4）二审维持或者撤销一审不予立案、驳回起诉裁定，及二审准许或不准许撤诉的也应在尾部写明："本裁定为终审裁定。"

2. 署名和日期

裁定书右下方写明合议庭成员署名、日期、书记员署名等。

3. 印戳

裁定书的正本，应由书记员在日期的左下方、书记员署名的左上方加盖"本件与原本核对无异"字样的印戳。

# 三、行政裁定书的样式与范例

## （一）行政裁定书样式
1. 不予立案的行政裁定书样式

××××人民法院

## 行政裁定书

（××××）×行初字第××号

起诉人……（写明姓名或名称等基本情况）

××××年××月××日，本院收到×××的起诉状（口头起诉的，注明起诉方式），……（概括写明起诉的事由）

本院认为，……（写明不予立案的理由）依照……（写明裁定依据的行政诉讼法以及相关司法解释的条、款、项、目）的规定，裁定如下：

对×××的起诉，本院不予立案。

如不服本裁定，可在裁定书送达之日起十日内，向本院递交上诉状，并按对方当事人的人数提出副本，上诉于××××人民法院。

审判长　×××

（代理）审判员　×××

（代理）审判员　×××

××××年××月××日

（院印）

本件与原本核对无异

书记员　×××

2. 管辖权争议时指定管辖的行政裁定书样式

××××人民法院

## 行政裁定书

（××××）×行×字第××号

×××（起诉人或者原告）诉×××（行政主体或者被告）××××（写明案由）一案，××××人民法院与××××人民法院因管辖权发生争议。双方协商不成，报请本院指定管辖。

本院认为，……（简要说明应当指定管辖的理由）依照……（写明裁定依据的行政诉讼法以及相关司法解释的条、款、项、目）的规定，裁定如下：

本案由××××人民法院（下级人民法院）管辖。

××××年××月××日

（院印）

3. 驳回起诉的行政裁定书样式

××××人民法院

# 行政裁定书

（××××）×××字第××号

原告×××，……（写明姓名或名称等基本情况）

被告×××，……（写明姓名或名称等基本情况）

第三人×××，……（写明姓名或名称等基本情况）

（当事人及其他诉讼参加人的列项和基本情况的写法，除当事人的称谓外，与一审行政判决书样式相同）

原告×××诉被告×××……（写明案由）一案，本院受理后，依法组成合议庭（或依法由审判员×××独任审判），公开（或不公开）开庭审理了本案，现已审理终结（未开庭的，写"本院依法进行了审理，现已审理终结"）。

……（概括写明原告起诉的事由）

……（各方当事人对案件是否符合起诉条件有争议的，围绕争议内容分别概括写明原告、被告、第三人的意见及所依据的事实和理由；如果没有，此项不写）

经审理查明，……（各方当事人对案件是否符合起诉条件的相关事实有争议的，写明法院对该事实认定情况；如果没有，此项不写）

本院认为，……（写明驳回起诉的理由）依照……（写明裁定依据的行政诉讼法以及相关司法解释的条、款、项、目，如《最高人民法院关于适用〈中华人民共和国行政诉讼法〉若干问题的解释》第三条第一款）的规定，裁定如下：

驳回原告×××的起诉。

……（写明诉讼费用的负担）

如不服本裁定，可在裁定书送达之日起十日内，向本院递交上诉状，并按对方当事人的人数提出副本，上诉于××××人民法院。

审判长　×××

（代理）审判员　×××

（代理）审判员　×××

××××年××月××日

（院印）

本件与原本核对无异

书记员　×××

4. 证据保全的行政裁定书样式

×××X人民法院

## 行政裁定书

（×××X）×行×字第××号

申请人×××，……（写明姓名或名称等基本情况）

被申请人×××，……（写明姓名或名称等基本情况）

本院在审理×××诉×××（写明当事人姓名或者名称及案由）一案中，×××（写明申请人姓名或者名称）于××××年××月××日向本院提出证据保全申请，请求……（写明当事人申请对何证据采取何种保全方法，当事人提供担保的情况）

本院经审查认为，……（人民法院作出证据保全裁定的理由）依照《中华人民共和国行政诉讼法》第四十二条、《最高人民法院关于行政诉讼证据若干问题的规定》第二十七条第二款的规定，裁定如下：……（保全的证据名称、数量等情况及保全方法）

审判长　×××

（代理）审判员　×××

（代理）审判员　×××

××××年××月××日

（院印）

本件与原本核对无异

书记员　×××

5. 依申请停止执行行政行为或驳回申请的行政裁定书样式

×××X人民法院

## 行政裁定书

（×××X）×××字第××号

原告×××，……（写明姓名或名称等基本情况）

被告×××，……（写明姓名或名称等基本情况）

第三人×××，……（写明姓名或名称等基本情况）

（当事人及其他诉讼参加人的列项和基本情况的写法，除当事人的称谓外，与一审行政判决书样式相同）

本院在审理原告×××诉被告×××……（写明案由）一案中，原告（或者利害关系人）×××认为……（写明停止执行行政行为的理由），向本院申请停止执行……（写明停止执行行政行为的名称）

本院认为，……（写明应当停止执行行政行为或者驳回申请的理由）依照《中华人民共和国行政诉讼法》第五十六条第一款（裁定停止执行的，需写明"第（二）项"）的规定，裁定如下：

……（写明裁定结果）

如不服本裁定，可以向本院申请复议一次，复议期间不停止裁定的执行。

审判长　×××

（代理）审判员　×××

（代理）审判员　×××

××××年××月××日

（院印）

本件与原本核对无异

书记员　×××

## 6. 中止或终结诉讼行政裁定书样式

××××人民法院

### 行政裁定书

（××××）×行×字第××号

原告×××，……（写明姓名或名称等基本情况）

被告×××，……（写明姓名或名称等基本情况）

第三人×××，……（写明姓名或名称等基本情况）

（当事人及其他诉讼参加人的列项和基本情况的写法，除当事人的称谓外，与一审行政判决书样式相同。如果原告已经死亡，其基本情况只写姓名、性别和死亡年月日）

本院在审理原告×××诉被告×××……（写明案由）一案中，……（写明中止或终结诉讼的事实根据）依照……（写明裁定依据的法律以及相关司法解释的条、款、项、目）的规定，裁定如下：

……（写明裁定结果）

……（写明诉讼费用的负担）

审判长　×××

（代理）审判员　×××

（代理）审判员　×××

××××年××月××日

（院印）

本件与原本核对无异

书记员　×××

**【说明】**

（1）本裁定书适用于《中华人民共和国行政诉讼法》第六十一条第二款，或者《最高人民法院关于执行〈中华人民共和国行政诉讼法〉若干问题的解释》第五十一条、第五十二条或《中华人民共和国行政诉讼法》第一百零一条、《中华人民共和国民事诉讼法》第一百五十条、第一百五十一条规定的暂时停止诉讼或结束诉讼的情形。

（2）"裁定结果"部分分为两种情况：

第一，中止诉讼的，写："本案中止诉讼。"

第二，终结诉讼的，写："本案终结诉讼。……（写明诉讼费用的负担）"

（3）二审中止或终结诉讼的行政裁定书，可参照本样式制作。

**（二）行政裁定书的范例**

重庆市沙坪坝区人民法院

## 行政裁定书

（2020）渝××××行初2××号

原告：李甲，男，汉族，1970年10月9日出生，住重庆市渝北区。

委托诉讼代理人：王某某，重庆××律师事务所律师。

被告：重庆市渝北区民政局，住所地重庆市渝北区龙平街10号，统一社会信用代码11500112009315949D。

负责人：邱某某，该局局长。

委托诉讼代理人：崔某某，北京市××律师事务所律师。

第三人：李乙，女，仡佬族，住贵州省遵义市播州区。

第三人：蓝某，女，汉族，住贵州省遵义市汇川区。

原告李甲诉被告重庆市渝北区民政局（以下简称渝北区民政局）撤销行政登记一案，于2020年10月13日向渝北区人民法院提起行政诉讼，重庆市第一中级人民法院作出了（2020）渝××行辖4××号行政裁定书，裁定由本院管辖。本院于2020年11月19日受理后，于2021年2月4日适用普通程序公开开庭进行了审理。审理中，原告李甲的委托诉讼代理人王某某，被告渝北区民政局的委托诉讼代理人崔某某到庭参加了诉讼。被告渝北区民政局局长邱某某作为被告负责人到庭参加诉讼。第三人李乙、蓝某经本院传票传唤无正当理由未到庭参加诉讼，不发生阻止案件审理的效果。本案现已审理终结。

1996年8月14日被告渝北区民政局为原告李甲与第三人李乙办理了结婚登记并颁发了渝北舒96字第××号结婚证，原告发现登记的李乙居民身份证号码为第三人蓝某所有。

原告李甲诉称，1996年原告在贵州工作时与李乙相识，并于1996年8月14日在被告婚姻登记中心登记结婚，结婚证号为渝北舒96字第××号。婚后未生育子女，由于双方感情不好，原告向法院起诉离婚时发现李乙登记的居民身份证号码为5221217××××××××，该号码对应的人为蓝某。李甲与李乙在办理结婚登记时，李乙提供虚假身份信息，被告颁发渝北舒96字第××号结婚证的行政行为没有事实依据。现起诉至人民法院，请求判决：一、撤销渝北区民政局于1996年8月14日作出的准予原告李甲与李乙结婚登记和颁发的渝北舒96字第××号结婚证。二、本案诉讼费由被告承担。

被告渝北区民政局辩称，一、原告李甲当前提起行政诉讼已经超过了法定起诉期限。《最高人民法院关于执行〈中华人民共和国行政诉讼法〉若干问题的解释》第四十一条第一款规定："行政机关作出具体行政行为时，未告知公民、法人或者其他组织诉权或者起诉期限的，起诉期限从公民、法人或者其他组织知道或者应当知道诉权或者起诉期限之日起计算，但从知道或者应当知道具体行政行为内容之日起最长不得超过2年。"被告于1996年8月14日为原告李甲办理渝北舒96字第××号结婚登记，直至2020年10月，原告李甲才提起行政诉讼，已超过2年最长起诉期限。二、渝北区民政局作出的婚姻登记事实清楚、程序合法，适用法律正确。我国婚姻登记采取的是形式审查，不做实质审查，只要当事人提交符合法律规定的申请材料，婚姻登记机关就应当给予登记。1996年8月14日原告李甲与李乙到婚姻登记机构申请婚姻登记，填写了结婚登记申请书，提交二人的户口簿、身份证，二人自愿登记结婚，渝北区民政局核对二人结婚登记材料后，认为符合了相关法律规定，遂颁发了结婚证。渝北区民政局已经尽到了审慎注意的义务。综上，渝北区民政局对李甲和李乙作出的婚姻登记行为事实清楚，程序合法，适用法律正确，李甲的诉讼请求超过法定起诉期限。

经审理查明，1996年8月14日，被告颁发了渝北舒96字第××号结婚证，证载男方姓名为李甲，身份证号为5102247×××××××××，女方姓名为李乙，身份证号为5221217××××××××。2020年10月13日，原告李甲向渝北区人民法院提起行政诉讼。

上述事实有原告李甲举示的渝北舒96字第××号结婚证，被告渝北区民政局举示的结婚登记申请书等证据以及当事人陈述可以证明，这些证据的真实性、合法性、关联性经开庭质证和本院审查，可以作为定案依据。

本院认为，《中华人民共和国行政诉讼法》第四十六条第二款规定："因不动产提起诉讼的案件自行政行为作出之日起超过二十年，其他案件自行政行为作出之日起超过五年提起诉讼的，人民法院不予受理。"本案中，被诉行政行为作出时间为1996年8月14日，原告于2020年10月13日提起行政诉讼距离被告作出被诉行政行为之日已超过五年，人民法院应不予受理。

综上，依照《中华人民共和国行政诉讼法》第四十六条第二款、《最高人民法院关于适用〈中华人民共和国行政诉讼法〉的解释》第六十九条第一款第二项裁定如下：

驳回原告李甲的起诉。

案件受理费50元，待本裁定发生法律效力后退还原告李甲。

如不服本裁定，可在裁定书送达之日起十日内向本院递交上诉状，并按对方当事人或代表人的人数提出副本，上诉于重庆市第一中级人民法院。

审 判 长 陆××

人民陪审员 李××

人民陪审员 张××

二〇二一年四月××日

（院印）

本件与原本核对无异

书 记 员 郭××

# 第四节 行政赔偿调解书

## 一、行政赔偿调解书的概念

行政赔偿调解书，是指在行政赔偿案件中，人民法院主持调解，促使双方当事人自愿达成解决争议的赔偿协议，并根据调解内容制作的具有法律效力的法律文书。

行政案件原则上不适用调解，但在行政赔偿、补偿以及行政机关行使法律、法规规定的自由裁量权的案件中，法院在征得双方同意后，可以进行调解。

行政赔偿诉讼调解机制，为解决行政赔偿争议提供了一条新的途径，是法院审判人员积极引导当事人达成解决赔偿纠纷的协议。在调解解决赔偿纠纷的过程中，强调当事人自愿、调解程序和调解内容的合法，以及法院的中立，法院审判人员不得以各种方式强迫、诱导当事人进行调解。

调解达成协议的，人民法院应当制作调解书。调解书应当写明诉讼请求、案件的事实和调解结果。调解书由审判人员、书记员署名，加盖人民法院印章，送达双方当事人。调解书经双方当事人签收后，即具有法律效力。

## 二、行政赔偿调解书的写作要点

一篇行政赔偿调解书的基本要素由首部、正文、尾部三部分组成。以下将分别对行政赔偿调解书的首部、正文、尾部各部分的写作要点进行阐述。

### （一）首部

1. 标题

包括法院名称、文书名称和案号。标题中的法院名称与行政判决书相同，文书名称即"行政调解书"。

2. 案号

案号的基本要素为收案年度、法院代字、类型代字、案件编号。如"（2018）粤2333行赔字第 22 号"。具体可参考最高人民法院《关于人民法院案件案号的若干规定》及配套标准。

### （二）正文

1. 正文内容

正文包括当事人及其诉讼代理人的基本情况、案件由来、审判组织和开庭审理过程，写明事实、理由除协议内容外，其余部分的制作与行政判决书相同，参考本章第二节的内容。

2. 协议内容

写明当事人自愿达成的解决争议的协议条款。可写：

"本案在审理过程中，经本院主持调解，双方当事人自愿达成如下协议：

……（写明协议的内容）"

### （三）尾部

尾部主要包括诉讼费用的承担、法院对协议内容的确认、调解书的效力、合议庭成员和书记员的署名、日期等。

1. 诉讼费用的承担

行政案件制作调解书的，诉讼费用的负担，由当事人协商解决的，可以作为协议内容的最后一项；由法院决定的，应另起一行写明。需要特别注意的是，审理赔偿案件不收取诉讼费用。

2. 对协议内容的确认

即法院对协议内容的认定，应在调解协议的下一行写明："上述协议，符合法律规定，本院予以确认。"

3. 调解书的效力

即本调解书是否产生法律效力。写明："本调解书经双方当事人签收后，即具有法律效力。"

4. 署名和日期

调解书右下方写明合议庭成员署名、日期、书记员署名等。

5. 日期

调解书的正本，应由书记员在日期的左下方、书记员署名的左上方加盖"本件与原本核对无异"字样的印戳。

## 三、行政调解书的样式与范例

### （一）行政调解书的样式

1. 一审行政案件行政调解书样式

××××人民法院

**行政调解书**

（××××）×行初字第××号

原告×××，……（写明姓名或名称等基本情况）

法定代表人×××，……（写明姓名、职务）

委托代理人（或指定代理人、法定代理人）×××，……（写明姓名等基本情况）

被告×××，……（写明行政主体名称和所在地址）

法定代表人×××，……（写明姓名、职务）

委托代理人×××，……（写明姓名等基本情况）

第三人×××，……（写明姓名或名称等基本情况）

法定代表人×××，……（写明姓名、职务）

委托代理人（或指定代理人、法定代理人）×××，……（写明姓名等基本情况）

原告×××不服被告×××（行政主体名称）（行政行为），于××××年××月××日向本院提起行政诉讼。本院于××××年××月××日立案后，于××××年××月××日向被告送达了起诉状副本及应诉通知书。本院依法组成合议庭，于××××年××月××日公开（或不公开）开庭审理了本案。……（写明到庭参加庭审活动的当事人、行政机关负责人、诉讼代理人、证人、鉴定人、勘验人和翻译人员等）到庭参加诉讼。……（写明发生的其他重要程序活动，如被批准延长本案审理期限等情况）本案现已审理终结。

经审理查明，……（写明法院查明的事实）

本案在审理过程中，经本院主持调解，双方当事人自愿达成如下协议：

……（写明协议的内容）

……（写明诉讼费用的负担）

上述协议，符合有关法律规定，本院予以确认。

本调解书经双方当事人签收后，即具有法律效力。

审判长　×××

（代理）审判员　×××

（代理）审判员　×××

××××年××月××日

（院印）

本件与原本核对无异

书记员　×××

【说明】

（1）本调解书的首部、尾部（附录部分），正文中有关证据的列举、认证、说理方式以及相关的写作要求等，也可以参考一审请求撤销、变更行政行为类案件判决书样式及其说明。对当事人诉辩意见、审理查明部分应当与裁判文书有所区别，应当本着减小分歧，钝化矛盾，有利于促进调解协议的原则，对争议和法院认定的事实适当简化。

（2）协议内容应明确、具体，便于履行。诉讼费用的负担，由当事人协商解决的，可以作为协议内容的最后一项；由法院决定的，应另起一行写明。

（3）本调解书样式及说明，亦可供制作第二审和再审的行政案件调解书时参考。第二审及再审行政调解书送达后，原一、二审判决、裁定不再执行。

2. 一审行政赔偿案件行政赔偿调解书样式

××××人民法院

# 行政赔偿调解书

（××××）×行赔字第××号

原告×××，……（写明姓名或名称等基本情况）

法定代表人×××，……（写明姓名、职务）

委托代理人（或指定代理人、法定代理人）×××，……（写明姓名等基本情况）

被告×××，……（写明行政主体名称和所在地址）

法定代表人×××，……（写明姓名、职务）

委托代理人×××，……（写明姓名等基本情况）

第三人×××，……（写明姓名或名称等基本情况）

法定代表人×××，……（写明姓名、职务）

委托代理人（或指定代理人、法定代理人）×××，……（写明姓名等基本情况）

原告×××因与被告×××……（写明案由）行政赔偿一案，于××××年××月××日向本院提起行政赔偿诉讼。本院于××××年××月××日立案后，于××××年××月××日向被告送达了起诉状副本及应诉通知书。本院依法组成合议庭，于××××年××月××日公开（或不公开）开庭审理了本案（不公开开庭的，写明原因）。……（写明到庭参加庭审活动的当事人、行政机关负责人、诉讼代理人、证人、鉴定人、勘验人和翻译人员等）到庭参加诉讼。……（写明发生的其他重要程序活动，如被批准延长审理期限等）本案现已审理终结。

经审理查明，……（写明法院查明的事实）

本案在审理过程中，经本院主持调解，双方当事人自愿达成如下协议：

……（写明协议的内容）

上述协议，符合有关法律规定，本院予以确认。

本调解书经双方当事人签收后，即具有法律效力。

审判长　×××

（代理）审判员　×××

（代理）审判员　×××

××××年××月××日

（院印）

本件与原本核对无异

书记员　×××

**【说明】**

（1）本调解书适用于单独提起行政赔偿诉讼的情形。

（2）调解应当根据当事人自愿的原则，在查清事实，分清是非的基础上进行。协议的内容不得违反法律的规定。

（3）本调解书的首部、尾部（附录部分），正文中有关证据的列举、认证、说理方式以及相关的写作要求等，也可以参考一审请求撤销、变更行政行为类案件判决书样式及其说明。对当事人诉辩意见、审理查明部分应当与裁判文书有所区别，应当本着减小分歧，钝化矛盾，有利于促进调解协议的原则，对争议和法院认定的事实适当简化。

（4）协议内容应明确、具体，便于履行。审理赔偿案件不收取诉讼费用。

（5）本调解书样式及说明，亦可供制作第二审和再审的行政赔偿案件调解书时参考。第二审及再审行政赔偿调解书送达后，原一、二审判决、裁定即不再执行。

**（二）行政调解书的范例**

陕西省渭南市中级人民法院

## 行政赔偿调解书

（2019）陕××行赔初××号

原告刘××，女，汉族。

委托诉讼代理人李××，女，汉族。

被告渭南市临渭区人民政府，住所地渭南市临渭区东风大街83号。

法定代表人李×升，任代区长。

委托诉讼代理人刘××，渭南市临渭区阎村镇副镇长。

委托诉讼代理人宋××，陕西渭临律师事务所律师。

原告刘××因与被告渭南市临渭区人民政府拆迁行政赔偿一案，于2019年××月××日向本院提起行政赔偿诉讼。本院受理后，依法组成合议庭，于2019年11月8日公开开庭进行了审理。被告因实施创新创业基地医疗耗材项目建设，需要征收原告的房屋及宅基地，被告将原告门前的道路和供水设施强制拆除。原告提起行政诉讼，经陕西省高级人民法院终审判决确认被告实施的拆除行为违法，后原告向被告提出了赔偿申请，被告于2019年7月8日作出了渭临政赔决字〔2019〕第××号《行政赔偿决定书》，原告认为被告作出的赔偿决定错误，应当撤销。现请求：1. 依法撤销渭临赔决字〔2019〕第××号《行政赔偿决定书》；2. 依法判决被告赔偿道路及供水设施等物品损失5000元；3. 依法判决向原告赔偿因违法拆除行为造成的损失10,705.5元（交通费1305.5元、误工费3900元，其他实际支出费用5500元）；4. 依法判决向原告赔偿精神抚慰金5000元。

本案在审理过程中，经本院主持调解，双方当事人自愿达成如下协议：

被告渭南市临渭区人民政府赔偿因强制拆除原告刘××门前的道路和供水设施等造成的全部损失3000元。

上述协议，不违反法律规定，本院予以确认。

本调解书经双方当事人签收后，即具有法律效力。

审判长　王××

审判员　郭××

审判员　李××

××××年××月××日

（院印）

本件与原本核对无异

书记员　林××

【本章思考】

1. 行政法律文书的特征是什么？

2. 再审行政判决书的首部有哪几种写法？

3. 行政赔偿调解书的正文包括哪些内容？

4. 行政判决书、行政裁定书与行政赔偿调解书的异同？

# 第七章　商事仲裁法律文书

**【导语】**

　　商事仲裁是我国多元纠纷解决机制的重要组成部分，它是指争议各方当事人自愿达成协议，同意将争议交由仲裁机构处理，由仲裁机构作出裁决的一种争议解决方式。仲裁法律文书在商事仲裁中扮演着重要的角色，它是指仲裁机构以及各方当事人在仲裁活动中使用的，具有法律意义以及法律效力的各种文书资料的总称。我国目前并没有统一的商事仲裁法律文书的要求，一般系由各仲裁机构自行制定本机构的文书模板。但这些机构的模板一般仅是排版等格式存在不同，文书中的基本要素是一致的。以下将分为四个小节分别对商事仲裁申请类文书、商事仲裁答辩类文书、商事仲裁裁决书、商事仲裁调解书的概念与写作要点进行简要阐述。

**【本章要求】**

　　了解当事人制作与使用的商事仲裁法律文书以及仲裁机构制作与使用的商事仲裁法律文书的类型，掌握商事仲裁申请书、商事仲裁答辩书、商事仲裁裁决书、商事仲裁调解书的写作要点。

## 第一节　商事仲裁申请类文书

### 一、商事仲裁申请类文书的概念

　　仲裁申请类文书，是指合法有效的仲裁协议①②中的其中一方当事人在争议产生后，向各方在仲裁协议中选定的仲裁机构提交的，具有法律意义或法律效力的文书。这类文书包括仲裁申请书、仲裁反申请书、鉴定申请书等。

### 二、商事仲裁申请类文书的写作要点

　　申请类仲裁文书通常由首部、正文、尾部三个部分组成。

---

　　① 《中华人民共和国仲裁法》第十六条："仲裁协议包括合同中订立的仲裁条款和以其他书面方式在纠纷发生前或者纠纷发生后达成的请求仲裁的协议。仲裁协议应当具有下列内容：（一）请求仲裁的意思表示；（二）仲裁事项；（三）选定的仲裁委员会。"

　　② 《中华人民共和国仲裁法》第十七条："有下列情形之一的，仲裁协议无效：（一）约定的仲裁事项超出法律规定的仲裁范围的；（二）无民事行为能力人或者限制民事行为能力人订立的仲裁协议；（三）一方采取胁迫手段，迫使对方订立仲裁协议的。"

## （一）首部

首部包括标题、当事人的基本情况。

在进行仲裁申请类文书写作时，通常首先在第一行居中写明标题，明确文书类型。标题通常会选用更为突出的字号（一般选用三号字）以及加粗字体，以与其他内容有所区别。

当事人基本情况紧接其后，在书写此部分内容时，当事人的身份在前，可表述为"申请人""被申请人"等。在写明身份之后，使用冒号隔开，写明当事人的详细信息。当事人是自然人，则须写明其姓名、性别、出生年月日、民族、住所、居民身份证号等信息，以上信息均应与居民身份证或其他户籍证明材料一致。自然人有代理人的，应在自然人信息之后另起一行写明法定代理人的信息，法定代理人的信息与当事人的信息要求一致，且需写明法定代理人与当事人的关系。

当事人是法人或其他组织时，则须写明其名称、住所、统一社会信用代码、法定代表人（负责人／代表人等）等，以上信息均应与营业执照或其他相关证明材料一致。

当事人的排列顺序应按照申请方、被申请方、第三人的信息进行排列；如某一方有数方，应进行排序写明，例如：申请人一、申请人二……

对于委托代理人的信息，不同的仲裁机构要求不一样，有的仲裁机构并未要求必须写明委托代理人的信息，但有的仲裁机构要求至少需写明己方委托代理人的基本信息。如需写明委托代理人基本信息的，则应写明其姓名及其他基本情况，例如工作单位、职务等。

## （二）正文

正文包括仲裁申请事项与事实与理由两部分。在书写此部分内容时，除了需要了解相关法律法规的规定，还应了解所选仲裁机构的仲裁规则。

### 1. 仲裁申请事项

应明确具体、言简意赅、合法合理地写出向仲裁机构请求的具体事项，这些事项应当在仲裁协议约定的处理范围之内，且属于仲裁机构有权处理的事宜。切忌遗漏申请事项，如为"仲裁申请书"或"仲裁反请求申请书"，应注意所选仲裁机构的仲裁规则中关于"费用承担"部分的规定，大多数仲裁机构会支持胜诉方主张的律师费。如所选的仲裁机构有该部分规定，那么即使原合同中没有关于律师费承担的约定，也可在"仲裁申请书"或"仲裁反申请书"中进行主张。

**【案例引入】**

2023年1月1日，A公司与B公司签订合同编号为20230101的《销售合同》，双方约定由A公司向B公司提供两台型号为××的印刷机，B公司合计向A公司支付货款500,000元。双方还在合同中对A公司的交货时间、B公司的付款时间、产品质量、违约责任等进行约定，其中，在管辖问题上，A公司与B公司约定：如发生争议，各方应友好协商，如协商不成各方均同意将争议提交C仲裁委员会，并适用该会仲裁规则进行处理。任何法律文件一经邮寄至法定地址或约定地址即视为有效送达。

在以上案例中，假设A公司已经按照合同约定向B公司履行交货义务，B公司却迟迟不向A公司结清货款，A公司可依照《销售合同》中的约定，向C仲裁机构提请仲裁。如C仲裁机构的仲裁规则中有规定："胜诉方要求败诉方承担其办理案件的律师服务费的，仲裁庭可综合考虑案件复杂程度等情况公平合理地予以确定，但最多不超过胜诉金额的百分之十"。那么 A 公司的仲裁请求至少可以有：1. 请求裁令 B 公司在裁决书生效之日起✕✕日内向 A 公司支付剩余货款✕✕✕✕元；2. 请求裁令 B 公司以未付货款✕✕✕元为本金，自✕年✕月✕日起按……（《销售合同》约定的违约金计算方式）向 A 公司支付逾期付款违约金至付清全部货款之日止；3. 请求裁令 B 公司向 A 公司补偿律师费✕✕元；4. 本案仲裁费由 B 公司承担。具体还可以根据案件的实际情况进行申请事项的增减。

如在 B 公司收到仲裁庭资料后，不认同 A 公司的主张，认为系 A 公司违约在先，提供的印刷机存在质量问题，且已经严重影响到 B 公司的正常经营，与 A 公司协商未果，才拒绝付款。并也打算提请仲裁要求 A 公司承担违约责任的，B 公司可以向仲裁庭提交"仲裁反请求申请书"主张权利。此时 B 公司的仲裁反请求申请书中的请求事项可以如下列举：1. 请求裁令解除 A 公司与 B 公司所签订的合同编号为 20230101 的《销售合同》；2. 请求裁令 A 公司返还 B 公司已支付的货款✕✕✕元；3. 请求裁令 A 公司赔偿 B 公司✕✕元维修费、✕✕元损失费等合计✕✕✕元；4. 请求裁令 A 公司向 B 公司补偿律师费✕✕元；5. 本案仲裁费由 A 公司承担。

注：以上为了方便理解使用了 A、B 公司的名称，如在实际写作中，应使用"申请人""被申请人""反请求申请人""反请求被申请人"。

### 2. 事实与理由

事实与理由部分主要是对申请事项所依据的客观事实以及法律依据、合同依据进行概括阐述，目的均为证明请求事项的合法性与合理性。这部分的书写目的是，通过文字的表述与逻辑结构的编排让仲裁庭对事件进行大致了解，并形成对己方有利的看法。

这部分的书写并无固定模式，通常采用第三人称的方式进行书写。写作时可以按照事件发展的先后顺序进行书写，如案件较为复杂可先分出大点，再分别写明该部分所包含的内容。事实与理由部分的陈述注重事实的客观性以及理由的关联性，做到详略得当，对法律规定以及证据事实合理"排兵布阵"，切忌在这一部分书写过多无关紧要的内容，进行"流水账"书写，而应该紧紧围绕申请事项的成立进行说理论证。

"案例引入"中如 A 公司依照前一部分"仲裁申请事项"中所列向 C 仲裁委员会提起"1. 请求裁令 B 公司在裁决书生效之日起✕✕日内向 A 公司支付剩余货款✕✕✕✕元……4. 本案仲裁费由 B 公司承担"四个仲裁请求，那么 A 公司在进行事实与理由部分写作时，可以先就 A 公司与 B 公司的交易过程做简要介绍，然后将与仲裁请求相关的法律规定、合同约定条款进行列举。最后进行总结，例如可写为："综上所述，B 公司的行为已违反法律规定与案涉《销售合同》的约定，A 公司为维护自身合法权益特向贵会提请仲裁，望贵会裁如所请"。

### （三）尾部

尾部需写明致送单位的名称，如是向仲裁机构提交的申请文书，名称须与仲裁协议中约定的仲裁机构一致，通常为分两行写明"此致""✕✕✕仲裁委员会"。但有的申请文书为仲裁机构转送，实际接收单位为其他机构的则需要留意，例如如需在仲裁中申请财产保全，"财产保全申请书"的实际接收单位应为人民法院，在此部分书写时要特别留意。

最后为申请人落款以及写明提交申请的日期。如申请人是自然人，需要自然人本人签字并加盖指印；如是法人，则为加盖法人公章与法定代表人签字。此部分通常分两行、右对齐进行书写。

## 三、文书样式与范例

### （一）文书样式

1. 仲裁申请书样式

## 仲裁申请书

申请人：×××有限公司，统一社会信用代码：×××××××。住所：×××××××。

法定代表人：×××。

被申请人：×××有限公司，统一社会信用代码：×××××××。住所：×××××××。

法定代表人：×××。

请求事项：

1.……

2.……

3.……

事实与理由：

……

综上，现申请人为维护自身合法权益特依照约定向贵会提请仲裁，望裁如所请。

此致

×××仲裁委员会

申请人：

法定代表人：

年　月　日

2. 仲裁反请求申请书样式

## 仲裁反请求申请书

反请求人（被申请人）：×××，男，×年×月×日出生，×族，住×××××××，居民身份证号码为×××××××。

被反请求人（申请人）：×××，女，×年×月×日出生，×族，住×××××××，居民身份证号码为×××××××。

仲裁反请求事项：

1.······

2.······

3.······

事实与理由：

······

综上，现申请人为维护自身合法权益特依照约定向贵会提请仲裁，望裁如所请。

此致

×××仲裁委员会

申请人：

年 月 日

3. 其他申请类文书样式

## ×××申请书

申请人：······

申请事项：

······

事实与理由：

······

此致

×××仲裁委员会

申请人：

年 月 日

### （二）仲裁申请书范例

## 仲裁申请书

申请人：A公司，统一社会信用代码：×××。住所：×××。

法定代表人：×××。

被申请人：B 公司，统一社会信用代码：×××。住所：×××。

法定代表人：×××。

请求事项：

1. 依法裁令被申请人立即向申请人支付货款本金计人民币300,000元；

2. 依法裁令被申请人以300,000元为基数，自2023年6月1日起按全国银行间同业拆借中心公布的一年期贷款市场报价利率（即年利率3.65%）的4倍标准支付逾期付款违约金至实际清偿之日止（暂计至2024年1月1日约为25,800元）；

3. 依法裁令被申请人向申请人补偿律师费10,000元；

4. 本案仲裁费由被申请人承担。

事实与理由：

申请人A公司与被申请人B公司于2023年1月1日签订合同编号为20230101的《销售合同》，合同约定被申请人向申请人采购两台规格型号为×××的印刷机，合同总价为500,000元；被申请人通过分期付款的方式支付货款，最晚应于设备验收合格之日起1个月内付清全部货款。申请人于2023年4月15日完成本合同全部货物的交付义务，被申请人于2023年4月30日在《交机验收合格单》上签字确认。即被申请人最晚应于2023年5月31日前付清全部货款。

此外，合同第八条约定，合同生效后，被申请人未按照约定支付全部款项的，被申请人应向申请人支付违约金，违约金计算以合同未付款项金额为基准，按合同签订时全国银行间同业拆借中心公布的一年期贷款市场报价利率的4倍标准计算；第九条约定，如因案涉合同引发纠纷，各方应友好协商，如协商不成，各方均同意将案件提交C仲裁委员会并使用该会仲裁规则仲裁。

综上所述，申请人与被申请人之间存在买卖合同关系，申请人已按照约定履行了交货的义务，被申请人却未按照约定履行付款的义务，其行为已构成违约。根据我国《中华人民共和国民法典》等相关规定，申请人有权要求被申请人付清货款本金并承担逾期付款的违约责任。为维护申请人的合法权益，特依法申请仲裁，望依法查明事实，裁如所请。

此致

C仲裁委员会

申请人：A公司

法定代表人：×××

××××年××月××日

# 第二节　商事仲裁答复类文书

## 一、商事仲裁答复类文书的概念

商事仲裁答复类文书，是指在仲裁过程中，当事人就仲裁庭提出的疑问予以回复，或被申请人针对申请人提出的申请事项进行回复时所使用的法律文书。答复人不提交文书并不会影响整个仲裁程序的进行，是答复人对自身权利的一种放弃。事实上，仲裁答复类文书是书写人向仲裁庭表达意见的一种方式，它可以维护答复人的合法权利，它能够让仲裁庭能够了解案件情况，作出公正的裁决。

## 二、商事仲裁答复类文书的写作要点

商事仲裁答复类文书也主要分为首部、正文、尾部三个部分，它的内容和写法与民事诉讼中的答辩状很近似。

### （一）首部

商事仲裁答复类文书的首部包含标题、答复人身份信息以及案由三部分。

标题的要求与仲裁申请类文书一样，而商事仲裁答复类文书通常仅需写明己方的身份与详细信息，对方的信息可以省略，实务中两种写作方式都有使用者。己方的身份信息通常在写明身份（"答辩人""答复人"）后，详细列明具体信息。详细信息的要求与申请类文书的要求一致，如为自然人，应写明姓名、性别、出生年月日、民族、住所、居民身份证号等信息；如为法人或其他组织的，则应写明其名称、住所、统一社会信用代码、法定代表人（负责人/代表人等）等。

当事人信息之后，一般对案由做简要概述已开启正本部分的书写，如是仲裁答辩书的，此部分可写为："现就答辩人与被答辩人（如在当事人信息的部分未列明被答辩人的信息，此处需要写明被答辩人的全称）之间××纠纷（案号……）一案，提出如下答辩意见"。如是普通的答复类文书可写为："现就贵会在……（写明案号）一案中提出的问题进行答复"。

### （二）正文

正文主要是答复人对其主张的表达，主要围绕答复意见及其事实进行书写，这部分的书写同样没有统一的格式。若系就事实部分进行答复，此部分除了要表达就对方当事人主张的事实是否认同，如认同应进行详细说明。同时，还需要阐述对方当事人未提及但对己方有利的事实，并提出相关证据加以证明。最终的呈现应当是有条理并完整的，若事实的表达存在前后矛盾，或逻辑不连贯的，则会影响仲裁庭对答复人主张事实的看法。答复人在对事实进行书写的同时，也要注重对大前提的运用，例如合同条款、法律规定，选择贴合己方主张的依据，如此部分运用得当，会大幅提升答复一方主张的信服力。

在正文的结尾，通常也会对己方意见进行总结，如仲裁答辩书中常会如此书写："综上所述，请求贵会驳回申请方全部仲裁请求"。

### （三）尾部

此部分与仲裁申请类文书的要求一致，在此不再赘述。

## 三、文书样式与范例

### （一）文书样式

1. 仲裁答辩书样式

## 仲裁答辩书

答辩人：×××公司，法定代表人：×××，住所地：××××××，统一社会信用代码：××××××。

被答辩人：×××公司，法定代表人：×××，住所地：××××××，统一社会信用代码：××××××。

就贵院受理的被答辩人"×××公司"（以下简称"××公司"）与答辩人"×××公司"（以下简称"××公司"）的×××纠纷一案（案号……），答辩人××公司作出如下答辩。

……

综上所述，……

此致

×××仲裁委员会

答辩人：×××有限公司

法定代表人：×××

××××年××月××日

2. 其他答复类文书样式

## ×××答复书

答复人：×××，男，×年×月×日出生，×族，住×××，居民身份证号码为×××。

就贵院受理的×××与×××的×××纠纷一案（案号……），答复人现就……（问题内容）作出如下书面答复。

……

此致

×××仲裁委员会

答复人：×××

××××年××月××日

### （二）仲裁答辩书范例

## 仲裁答辩书

答辩人：B公司，法定代表人：×××，住所地：××××××，统一社会信用代码：××××××。

被答辩人：A 公司，法定代表人：×××，住所地：××××××，统一社会信用代码：××××××。

就贵院受理的被答辩人"A 公司"（以下简称"××公司"）与答辩人"B 公司"（以下简称"××公司"）买卖合同纠纷一案（案号……），答辩人 B 公司作出如下答辩。

为进行产品加工生产，B 公司于 2023 年 1 月 1 日向 A 公司采购两台型号为×××的印刷机，A 公司于 2023 年 4 月中旬向 B 公司交付两台印刷机，在设备安装前，B 公司即发现案涉设备缺乏核心配件，并要求 A 公司作出合理解释，然而 A 公司含糊其词，搪塞敷衍了事。

自 2023 年 5 月 5 日起，设备开始出现漏水、核心配件高速运转时表面过热、运行异响、核心零部件掉落等各种问题，在此期间，A 公司也曾多次派遣维修员过来对设备进行调校维修，但问题依然频发，B 公司无法正常使用设备投入生产。B 公司认为，案涉设备之所以问题频发，系 A 公司未配备核心零件所导致，核心零件的缺失会直接影响设备的稳定性，增加其他零部件的压力，导致其他零部件频繁启动加载运行，增加电力消耗，B 公司进行实际使用后所产生的一系列问题进一步证明 A 公司交付的两台案涉设备无法实现 B 公司购买两台案涉设备进行产品加工生产的合同目的，且已严重增加 B 公司的生产成本，影响 B 公司正常的经营秩序。

本次纠纷产生的原因应是 A 公司未按照案涉合同约定提供设备，B 公司在案涉纠纷中并无过错。A 公司不仅没有在案涉设备出现问题时积极解决问题，反而提请仲裁，其明显缺乏基本的契约精神，也与诚实信用原则不符，其所提出的仲裁请求既不符合事实也没有法律依据，故 B 公司特请求仲裁庭驳回 A 公司全部仲裁请求。

此致
C 仲裁委员会

答辩人：B 公司

法定代表人：×××

××××年××月××日

# 第三节　商事仲裁裁决书

## 一、商事仲裁裁决书的概念

商事仲裁裁决书，是指体现仲裁庭依法对当事人提交仲裁的纠纷进行处理并作出最终决定，具有强制执行力的法律文书。根据《中华人民共和国仲裁法》的规定，我国实行一裁终局制①，其不像民事诉讼有一审、二审、再审等程序，裁决书一般自作出之日起即具有法律效力，但如果仲裁裁决存在该法第五十八条中的任一情形，当事人可以向仲裁委员会所在地的中级人民法院申请撤销仲裁裁决。②

## 二、商事仲裁裁决书的写作要点

商事仲裁裁决书没有统一的格式，一般包含标题、正文、落款三部分。

### （一）标题

商事仲裁裁决书的标题通常包括仲裁机构的名称，"裁决书"以及案号三部分。仲裁机构的名称与"裁决书"分为两行居中排列，案号则通常另起一行右对齐排列。每个商事仲裁机构对案号的拟定方式不一样，但通常立案年份以及收案顺序号是必备的。

### （二）正文

虽然商事仲裁裁决书没有统一的格式，但各商事仲裁机构所出具的商事仲裁裁决书之正文内容必须包含的事项是一致的。《中华人民共和国仲裁法》第五十四条③对商事仲裁裁决书应包含的事项进行了明确规定，此法条中的内容在仲裁裁决书的正文部分体现。除了该法条规定的内容外，正文部分一般还包括当事人及其代理人信息、案件来源、仲裁机构适用审理的仲裁规则以及仲裁员的选定、当事人及其代理人到庭情况等。

1. 当事人及其代理人信息

在进行此部分书写时，当事人的身份在前。当事人的身份一般写为"申请人"与"被申请人"。如存在反请求，则在本请求的身份之后写明反请求的地位，例如）"申请人（反请求被申请人）""被申请人（反请求申请人）"。

当事人的详细信息由于主体的不同有不同的要求。当事人是自然人，则须写明其姓名、性别、出生年月日，民族、住所、居民身份证号等信息，以上信息均应与居民身份证或其他户籍证明材料一致。当事人是法人或其他组织时，则须写明其名称、住所、统一社会信用代码、法定代表人（负责人/代表人等）等，以上信息均应与营业执照或其他相关证明材料一致。

如有法定代理人或委托代理人，则在各自当事人的信息之后另起一行写明代理人的信息。如系法定代理人或受托代理人为当事人近亲属的，应写明该法定代理人/近亲属的姓

---

① 《中华人民共和国仲裁法》第九条第一款："仲裁实行一裁终局的制度。裁决作出后，当事人就同一纠纷再申请仲裁或者向人民法院起诉的，仲裁委员会或者人民法院不予受理。"

② 《中华人民共和国仲裁法》第五十八条："当事人提出证据证明裁决有下列情形之一的，可以向仲裁委员会所在地的中级人民法院申请撤销裁决：（一）没有仲裁协议的；（二）裁决的事项不属于仲裁协议的范围或者仲裁委员会无权仲裁的；（三）仲裁庭的组成或者仲裁的程序违反法定程序的；（四）裁决所根据的证据是伪造的；（五）对方当事人隐瞒了足以影响公正裁决的证据的；（六）仲裁员在仲裁该案时有索贿受贿，徇私舞弊，枉法裁决行为的。人民法院经组成合议庭审查核实裁决有前款规定情形之一的，应当裁定撤销。人民法院认定该裁决违背社会公共利益的，应当裁定撤销。"

③ 《中华人民共和国仲裁法》第五十四条："裁决书应当写明仲裁请求、争议事实、裁决理由、裁决结果、仲裁费用的负担和裁决日期。当事人协议不愿写明争议事实和裁决理由的，可以不写。裁决书由仲裁员签名，加盖仲裁委员会印章。……"

名、性别、居民身份证号、与当事人之间的关系以及住所等。如系法人单位的工作人员，应写明姓名、性别以及工作人员身份等信息。如系律师，应写明该受托律师的姓名、律师事务所的名称以及执业身份。

例如仲裁委员会一般表述为：

申请人（反请求被申请人）：×××，女，×年×月×日出生，×族，住××××××，居民身份证号码为××××××。

委托代理人：×××，男，×年×月×日出生，×族，住×××，居民身份证号码为××××××，系×××（诉讼地位+当事人姓名）的配偶。

委托代理人：×××，×××律师事务所律师。

被申请人（反请求申请人）：×××有限公司，住所地为×××，统一社会信用代码为××××××。

法定代表人：×××。

委托代理人：×××，男，×年×月×日出生，×族，住×××，居民身份证号码为××××××，该公司员工。

委托代理人：×××，×××律师事务所律师。

2. 案件来源

案件来源部分应简要写明案件名称与来源，此部分包括当事人的身份与姓名（名称）、案由、案件来源等。此部分需写明当事人之间是否存在有效的仲裁协议，应明确仲裁协议系合同中的某项合同条款还是单独拟定的协议。

例如仲裁委员一般表述为：

××仲裁委员会（以下称本会）根据申请人××有限公司（以下称申请人）与被申请人××有限公司（以下称被申请人）于×年×月×日签订的《模具合同》（编号为××××××）中的仲裁条款，于×××年×月×日受理申请人关于××××纠纷的仲裁申请。

3. 仲裁规则及仲裁员的选定

仲裁庭一般会在仲裁裁决书中明确其所适用的仲裁规则，如该仲裁机构适用的仲裁规则曾进行修改，还应明确所适用的仲裁规则是哪一年的版本。明确仲裁规则后，一般需要对庭前的程序进行简要介绍，例如仲裁文书的送达情况等。

其后便是与仲裁庭开庭审理有关的信息，例如该案所用的程序，仲裁员的选定情况，是否公开审理，是否开庭审理，当事人及其代理人的出庭情况等。

关于所适用的程序：如当事人在仲裁协议中明确约定了所适用的程序，则依照当事人的约定进行，如当事人并无约定，则依据所选定的仲裁机构的《仲裁规则》进行。关于仲裁员的选定：如当事人未在期限内选定仲裁员，或双方当事人未能共同选出独任仲裁员或首席仲裁员的，则一般由仲裁机构进行指定。关于是否公开审理：仲裁案件一般不公开审理，但各方协议公开审理的，可以公开进行。① 关于开庭审理：仲裁庭一般开庭审理，

---

① 《中华人民共和国仲裁法》第四十条："仲裁不公开进行。当事人协议公开的，可以公开进行，但涉及国家秘密的除外。"

但当事人协议不开庭的，仲裁庭可以进行书面审理。①

例如，仲裁委员会一般表述为：

本案仲裁程序适用自×年×月起施行的《××仲裁委员会仲裁规则》（以下简称《仲裁规则》）。

在规定期限内，本会向申请人送达受理通知、《仲裁规则》、仲裁员名册等材料，向被申请人送达仲裁通知、仲裁申请书及证据材料、《仲裁规则》、仲裁员名册等材料。

双方当事人未另约定，根据《仲裁规则》，本案适用简易程序。在本会《仲裁规则》规定期限内，双方未共同选定独任仲裁员。根据《中华人民共和国仲裁法》（以下称《仲裁法》）第三十二条、《仲裁规则》第××条的规定，本会主任指定独任仲裁员×××于×年×月×日组成本案仲裁庭。本会按照《仲裁规则》的规定向双方当事人送达仲裁庭组成及开庭通知书。

仲裁庭于×年×月×日依法不公开开庭审理本案，申请人的委托代理人×××到庭参加仲裁。被申请人经本会依法通知，无正当理由不到庭，仲裁庭根据《仲裁法》第四十二条第二款的规定，对本案进行缺席审理。

本案已审理终结，现予以裁决。

4. 仲裁请求、答辩意见与举证质证

商事仲裁裁决书一般将申请人提交的《仲裁申请书》、被申请人提交的《仲裁答辩书》写入本部分，如申请人在仲裁庭开庭时变更仲裁请求，被申请人未提交《仲裁答辩书》但在仲裁庭开庭时口头答辩的，也会写入此部分。此部分的内容以体现当事人的原意为主。

在列明各方当事人的主张及其事实与理由后，一般系对当事人举证质证情况进行书写，此部分一般会先写明"各方围绕其主张提供的证据有哪些"，紧接各方提交的证据名称及其证明内容。

5. 事实认定与仲裁意见

事实认定部分一般分点写明仲裁庭所查明的与案涉争议有关的事实。在对事实进行认定后，即写明仲裁庭对案涉争议的法律适用、案涉争议的性质、申请人的各项仲裁请求能否成立等。此部分一般也是分点书写，此种写法清晰明了，避免遗漏关键信息，让申请人和被申请人都能够清楚知悉仲裁庭对案件争议的认定。仲裁庭一般会着重此部分的书写，力求做到合理，让裁决既符合法律规定也符合事理情理。

6. 裁决主文

裁决主文是对仲裁庭审理终结的案件处理决定的体现。此部分应对仲裁庭所支持的当事人的申请事项进行详细列明，明确各方当事人的权利与义务，履行义务一方的履行期限与履行方式等，避免超裁与漏裁，以此防范被撤裁的风险。如有仲裁庭不予支持的仲裁请求，一般在此部分之后写明："驳回申请人/反请求申请人其他仲裁请求"。此外，还应明确写明仲裁费用系由哪一方当事人负担，是均需要负担还是仅由一方负担。仲裁费不似诉

---

① 《中华人民共和国仲裁法》第三十九条："仲裁应当开庭进行。当事人协议不开庭的，仲裁庭可以根据仲裁申请书、答辩书以及其他材料作出裁决。"

讼费可以申请退回，如仲裁费由被申请一方承担，则一般会写明由被申请一方迳付申请一方，仲裁委员会不予退回。例如"本案受理费××元、处理费××元。仲裁费共××元，由被申请人承担（该费用已由申请人预缴，本会不作退回，由被申请人迳付申请人）"。

7. 尾部

在裁决主文之后，商事仲裁裁决书还须写明发生法律效力的时间，以及明确该裁决为终局裁决，一般表述为："本裁决为终局裁决，自做出之日起发生法律效力"。

此外，大多商事仲裁都涉及金钱给付义务，故一般会写明履行金钱给付义务的一方如未按照裁决书履行金钱给付义务的，须按照《中华人民共和国民事诉讼法》的规定支付迟延履行金。

### （三）落款

商事仲裁裁决书的落款由仲裁员签字、办案秘书署名、仲裁机构印章、日期四部分组成。各仲裁机构在此部分的内容基本一致，仅在仲裁机构印章加盖的位置有所不同。关于仲裁员签字，我国法律规定如为合议仲裁庭，有仲裁员不认同仲裁结果的，可不在仲裁裁决书上签字。①

## 三、文书样式与范例

### （一）文书样式

××仲裁委员会

## 裁　决　书

（××××）××仲××号

申请人：……

居民身份号码：……

住址：……

代理人：……


被申请人：……

统一社会信用代码：……

法定代表人：……

住所：……


　　×××仲裁委员会根据申请人与被申请人于×年×月×日签订的编号为××××××的《×××合同》（以下称《××合同》）中的仲裁条款以及申请人于×年×月×日向

---

① 《中华人民共和国仲裁法》第五十四条："……对裁决持不同意见的仲裁员，可以签名，也可以不签名。"

仲裁院提交的书面仲裁申请，受理了本案。本案受案号为（××××）×××仲裁××
×号。

本案仲裁程序适用自×年×月×日起施行的《×××仲裁委员会仲裁规则》（下称
《仲裁规则》）。根据《仲裁规则》第×章第×条之规定，本案适用××程序。

×年×月×日，仲裁委员会向被申请人发出《仲裁通知》《仲裁规则》《×××仲裁
委员会仲裁员名册》以及申请人提交的仲裁申请书及所附证据材料。相关文件也一并向
申请人发送。

因双方未在规定的期限内共同选定或者共同委托仲裁委员会主任指定独任仲裁员，仲
裁委员会主任指定×××作为本案独任仲裁员，该仲裁员于×年×月×日成立仲裁庭审理
本案。

×年×月×日，仲裁庭对本案进行了开庭审理。申请人代理人与被申请人法定代表人
出席了庭审。庭审中，申请人与被申请人分别陈述了仲裁请求及答辩意见，对对方出示的
证据进行了质证，回答了仲裁庭的调查提问，并做了最后陈述。双方当事人发表了意见，
同意对庭后材料进行书面质证，并于庭审结束时表示对仲裁院管辖权、仲裁庭组成及已进
行的全部仲裁程序没有异议。

本案所有仲裁文书，包括但不限于仲裁委员会发出的《仲裁通知》《仲裁庭组成通
知》《开庭通知》以及转递的当事人提交的仲裁文书及证明材料，均已依照《仲裁规则》
第×条之规定送达。

本案已审理终结，仲裁庭根据庭审情况以及现有书面材料，依法作出本裁决。现将本
案案情、仲裁庭意见以及裁决内容分述如下（如无特别说明，本裁决书所涉币种均为人
民币）。

一、案　　情

（一）申请人的仲裁请求、事实及理由

申请人称：

对此，为维护申请人的合法权益，申请人提出如下仲裁请求：

1. ……

2. ……

3. ……

4. ……

（二）被申请人的主要答辩意见

……

二、仲裁庭意见

仲裁庭认为，在仲裁程序中，各方均应提交并如实、充分提交证据，如实进行陈述，
诚信参与仲裁程序，否则应当承担相应的法律后果。依据现有证据以及仲裁庭的庭审调
查，仲裁庭查明本案有关事实，并作出以下分析和认定。

仲裁庭充分考虑了各方在程序过程中提出的意见、审查了各方提交的证据，对于仲裁
庭经过审理认为不影响仲裁结论的主张或证据，仲裁庭在下文中将不加以详述或分析。

（一）仲裁庭查明及认定的事实

……

（二）关于本案案涉合同的效力

……

（三）关于本案的争议焦点

……

（四）关于申请人的仲裁请求

……

### 三、裁　决

综上，仲裁庭对本案作出裁决如下：

……

以上确定的各项应付款项，被申请人应在本裁决作出之日起✕日内支付完毕。

本裁决为终局裁决，自作出之日起发生法律效力。

（以下无正文）

独任仲裁员：

年　月　日

办案秘书：

## （二）仲裁裁决书范例

C仲裁委员会

# 裁　决　书

（✕✕✕✕）✕✕仲✕✕号

申请人：A公司

统一社会信用代码：……

法定代表人：✕✕✕，职位：……

代理人：✕✕✕，✕✕✕✕✕律师事务所律师。

被申请人：B公司

统一社会信用代码：……

法定代表人：✕✕✕，职位：……

住所：……

C仲裁委员会（以下称本会）根据申请人A有限公司（以下称申请人）与被申请人B有限公司（以下称被申请人）于2023年1月1日签订的《销售合同》（编号为20230101）中的仲裁条款，于2024年1月2日受理申请人关于买卖合同纠纷的仲裁申请。

本案适用《C仲裁委员会仲裁规则》（以下称《仲裁规则》），根据《仲裁规则》第×××条的规定，本会向被申请人送达仲裁通知书、仲裁申请书副本、《仲裁规则》、仲裁员名册等材料。在《仲裁规则》规定的期限内，被申请人未提交书面答辩。

依照《仲裁规则》第××条，本案适用简易程序。在本会《仲裁规则》规定期限内，双方未共同选定独任仲裁员。根据《中华人民共和国仲裁法》（以下称《仲裁法》）第三十二条、《仲裁规则》第××条的规定，本会主任指定独任仲裁员林某某于2024年1月18日组成本案仲裁庭。本会按照《仲裁规则》的规定向双方当事人送达仲裁庭组成及开庭通知书。

仲裁庭于2024年2月1日依法不公开开庭审理本案，申请人的委托代理人×××到庭参加仲裁。被申请人经本会依法通知，无正当理由不到庭，仲裁庭根据《仲裁法》第四十二条第二款的规定，对本案进行缺席审理。

本案已审理终结，现予以裁决。

## 一、仲裁请求与答辩

申请人申请仲裁称：申请人A公司与被申请人B公司于2023年1月1日签订合同编号为20230101的《销售合同》，合同约定被申请人向申请人采购两台规格型号为×××的印刷机，合同总价为500,000元；被申请人通过分期付款的方式支付货款，最晚应于设备验收合格之日起1个月内付清全部货款。申请人于2023年4月15日完成本合同全部货物的交付义务，被申请人于2023年4月30日在《交机验收合格单》上签字确认。即被申请人最晚应于2023年5月31日前付清全部货款。

此外，合同第八条约定，合同生效后，被申请人未按照约定支付全部款项的，被申请人应向申请人支付违约金，违约金计算以合同未付款项金额为基准，按合同签订时全国银行间同业拆借中心公布的一年期贷款市场报价利率的4倍标准计算；第九条约定，如因案涉合同引发纠纷，各方应友好协商，如协商不成，各方均同意将案件提交C仲裁委员会并使用该会仲裁规则仲裁。

综上所述，申请人与被申请人之间存在买卖合同关系，申请人已按照约定履行了交货的义务，被申请人却未按照约定履行付款的义务，其行为已构成违约。根据我国《中华人民共和国民法典》等相关规定，申请人有权要求被申请人付清货款本金并承担逾期付款的违约责任。

申请人明确仲裁请求为：（一）依法裁令被申请人立即向申请人支付货款本金计人民币300,000元；（二）依法裁令被申请人以300,000元为基数，自2023年6月1日起按全国银行间同业拆借中心公布的一年期贷款市场报价利率（即年利率3.65%）的4倍标准支付逾期付款利息至实际清偿之日止（暂计至2024年1月1日约为25,800元）；（三）依法裁令被申请人向申请人补偿律师费10,000元；（四）本案仲裁费由被申请人承担。

被申请人未到庭答辩，亦未提交书面答辩意见。

## 二、举证与质证

申请人围绕其主张提供的证据有：

证据1：20230101号《销售合同》及其《送货单》《交机验收合格单》。证明：1.2023年1月1日，申请人与被申请人签订20230101号《销售合同》，约定被申请人向申请人采购两台规格型号为×××的印刷机，合同总价为500,000元；被申请人通过分期付款的方式支付货款，最晚应于设备验收合格之日起1个月内付清全部货款。2. 申请人已于2023年4月15日向被申请人交付约定设备，被申请人在《送货单》《交机验收合格单》上签字盖章确认。

证据2：《民事委托代理合同》《广东增值税专用发票》。证明：申请人为实现债权支出10,000元律师费。

经审查，以上均为原件。仲裁庭认为，上述证据形成完整证据链，能证明申请人主张的事实，仲裁庭予以采信。

被申请人未提交证据，亦未对申请人提交的证据进行质证，视为其放弃举证、质证的权利。

### 三、事实认定

本案经开庭审理，根据当事人的陈述、举证以及庭审调查情况，仲裁庭查明以下事实：

2023年1月1日，申请人与被申请人签订20230101号《销售合同》，约定由申请人向被申请人提供两台型号为×××的印刷机，配置为×××××；总价款500,000元，被申请人通过分期付款的方式支付货款，最晚应于设备验收合格之日起1个月内付清货款至申请人指定账户；合同生效后，被申请人不按约定向申请人按时足额支付货款的，申请人有权要求收取被申请人逾期付款违约金，违约金以合同逾期未付款为基准，按合同签订时全国银行间同业拆借中心公布的一年期贷款市场报价利率的4倍标准计算收取。

申请人已于2023年4月15日前向被申请人交付约定设备，《送货单》（单号：××××××）显示被申请人于"收货单位"处盖章确认，其经办人也于《送货单》上签字确认。《交机验收合格单》显示被申请人于"客户盖章"处盖章确认。

2023年12月15日，申请人因主张本案权利委托×××律师事务所代理并签订《民事委托代理合同》，并实际支付律师费10,000元。

截至庭审之日，被申请人未向申请人支付剩余货款。

### 四、仲裁意见

根据查明的事实，仲裁庭认为：

（一）关于《销售合同》的效力

申请人与被申请人签订的《销售合同》，系双方真实意思表示，内容没有违反法律、行政法规的强制性规定，合法有效，对双方当事人均具有法律约束力。

（二）关于要求支付货款300,000元的请求

根据查明的事实，被申请人签订《销售合同》后，未按期偿还相应款项，尚欠申请人货款300,000元未偿还。被申请人经本院依法通知，无正当理由未到庭，未提出抗辩意见，也未举证和质证，视为放弃自己的抗辩权利，故仲裁庭对申请人主张的被申请人尚欠申请人货款300,000元未偿还的事实予以确认。

根据《中华人民共和国民法典》第五百零九条"当事人应当按照约定全面履行自己的义务"的规定，以及依据《销售合同》关于"合同签订时被申请人支付定金10,000元，设备签收之日起一个月内付清全部货款"的约定，现合同约定的还款期限已届满，申请

人请求被申请人偿还剩余货款300,000元，符合合同约定和法律规定，仲裁庭予以支持。

（三）关于要求支付逾期付款违约金的请求

如上所述，被申请人到期未依约偿还相应货款，已构成违约，依据《中华人民共和国民法典》第五百八十五条的规定，被申请人应向申请人支付逾期付款违约金。依据《销售合同》中关于"合同生效后，被申请人不按约定向申请人按时足额支付货款，申请人有权要求收取被申请人逾期付款违约金，违约金以合同逾期未付款为基准，按合同签订时全国银行间同业拆借中心公布的一年期贷款市场报价利率的4倍标准计算收取。"的约定，并结合双方对于货款支付方式的约定，被申请人应于2023年5月31日前支付全部货款，但被申请人并未按约定支付货款，故被申请人应向申请人支付相应的逾期付款违约金。现申请人主张被申请人以未付货款300,000元为本金，按全国银行间同业拆借中心公布的一年期市场贷款利率四倍标准，自2023年6月1日起核算逾期付款违约金，不违反法律规定，仲裁庭予以支持。综上，被申请人应向申请人支付的逾期违约金计算如下：以300,000元为基数，按全国银行间同业拆借中心公布的一年期贷款市场报价利率的四倍标准，自2023年6月1日起计至实际清偿之日止。

（四）关于要求补偿律师费的请求

根据《仲裁规则》第××条的规定，仲裁庭有权根据当事人的请求在裁决书中裁定败诉方补偿胜诉方因办理案件支付的合理费用（包括律师费、保全费、公证费等）其中律师费不超过胜诉方胜诉金额的百分之十。经查明，申请人为实现债权支付律师费10,000元，该费用符合《仲裁规则》规定，故仲裁庭对申请人该项仲裁请求予以支持。

（五）关于仲裁费的承担

根据《仲裁规则》第××条的规定，仲裁庭可以在裁决书中确定双方当事人应当承担的仲裁费用，仲裁费用原则上由败诉方承担。本案纠纷因被申请人的违约行为所致，且申请人的仲裁请求基本得到仲裁庭支持，故仲裁费应由被申请人承担。

五、裁　　决

综上所述，根据《中华人民共和国民法典》第五百零九条、第五百八十五条规定，仲裁庭裁决如下：

（一）被申请人B公司向申请人A公司支付货款300,000元；

（二）被申请人B公司向申请人A公司支付逾期付款违约金（以300,000元为基数，按中国人民银行授权全国银行间同业拆借中心发布的一年期贷款市场报价利率的四倍为标准，自2023年6月1日起计至实际清偿之日止）；

（三）被申请人B公司向申请人A公司补偿律师费10,000元；

（四）本案仲裁费×××元，由被申请人B公司承担（该费用已由申请人A公司预缴，本院不作退回，由被申请人B公司迳付申请人A公司）。

以上裁决被申请人B公司应支付给申请人A公司的款项，自本裁决书送达之日起十日内一次付清。如义务人未能按本裁决指定的期间履行给付金钱的义务，应当依照《中华人民共和国民事诉讼法》第二百六十条之规定加倍支付迟延履行期间的债务利息。权利人可在本裁决规定的履行期限最后一日起两年内，向有管辖权的人民法院申请强制执行。

本裁决自作出之日起发生法律效力。

独任仲裁员：林某某

××××年××月××日

办案秘书：陈某某

## 第四节 商事仲裁调解书

### 一、商事仲裁调解书的概念

商事仲裁调解书，是指仲裁庭在各方当事人自愿达成调解的基础上，根据当事人之间真实、合法意思表示所制作的具有强制执行力的法律文书。[①] 商事仲裁调解书是记载仲裁庭确认各方当事人达成的调解结果的文书。调解并非仲裁的必经程序，其是双方当事人对提交仲裁庭审理的争议事项所达成一致意见的一种处理结果。商事仲裁调解书也是申请强制执行的依据之一，如有一方当事人未依照生效的商事仲裁调解书履行义务的，相对方有权向人民法院申请强制执行。

### 二、商事仲裁调解书的写作要点

商事仲裁调解书的写作要点与商事裁决书基本一致，它也由标题、正文、落款三部分组成。商事仲裁调解书的正文较为简单，一般由当事人及其代理人信息、案件来源、仲裁机构适用审理的仲裁规则以及仲裁员的选定、申请人的仲裁请求（如被申请人有反请求的一般也予以写明）、仲裁庭对调解结果的确认这几个部分构成，一般不再介绍当事人举证质证等情况。其中，标题、当事人及其代理人信息、案件来源、仲裁机构适用审理的仲裁规则以及仲裁员的选定、申请人的仲裁请求的要求与商事裁决书一致，在此不再赘述。以下主要就仲裁庭对调解结果的确认这一部分进行阐述。

关于调解，各方当事人可以私下进行协商，达成一致意见并签订调解协议交由仲裁庭确认，也可以在仲裁庭的组织下，直接在仲裁庭调解笔录（或开庭笔录）中对调解方案进行明确。仲裁庭在审核当事人提交的调解协议（或提供的调解方案）时，应首先核实调解结果是否为各方当事人自愿、合法、真实、有效的意思表示。其次，还应审查当事人之间的纠纷是否事实清楚，是否属于仲裁庭的管辖范围，非不可进行仲裁的事项，不违反法律法规等，明确表达仲裁庭对各方调解结果的态度。这部分的表述一般为："在开庭审理过程中，申请人和被申请人提出调解请求。经仲裁庭主持调解，双方达成《调解协议》，协议内容如下：……以上为《调解协议》的内容。双方请求×××仲裁委员会根据

---

① 《中华人民共和国仲裁法》第五十一条："仲裁庭在作出裁决前，可以先行调解。当事人自愿调解的，仲裁庭应当调解。调解不成的，应当及时作出裁决。调解达成协议的，仲裁庭应当制作调解书或者根据协议的结果制作裁决书。调解书与裁决书具有同等法律效力。"

本协议制作调解书。仲裁庭认为，以上协议是申请人与被申请人的真实意思表示，内容未违反法律、行政法规的强制性规定。故仲裁庭予以确认"。

在仲裁庭对调解结果确认后，一般还会写明调解书的生效时间，例如："本调解书自申请人与被申请人签收之日起生效"。

## 三、商事仲裁调解书文书样式

### （一）文书样式

××仲裁委员会

# 调 解 书

（××××）……×××号

申请人：……
住所：……
法定代表人：……
委托代理人：……

被申请人：……
住所：……

××仲裁委员会（以下称本会）根据申请人×××（以下称申请人）与被申请人×××（以下称被申请人）于×年×月×日签订的《××合同》（编号×××××）中的仲裁条款，于×年×月×日受理申请人关于×××纠纷的仲裁申请。

本案适用《×××仲裁委员会仲裁规则》（以下称《仲裁规则》），根据《仲裁规则》第××条、第××条的规定，本会向被申请人送达仲裁通知书、仲裁申请书副本、《仲裁规则》、仲裁员名册等材料。被申请人于×年×月×日提交相关材料，并于×年×月×日向本会提交《仲裁答辩书》。（如被申请人未提交书面答辩则如此书写：在《仲裁规则》规定的期限内，被申请人未提交书面答辩。）根据《仲裁规则》第××条，本案适用××程序。

在本会《仲裁规则》规定期限内，双方未共同选定独任仲裁员（如有选定应写明选定情况，例如申请人与被申请人共同选定×××作为本案仲裁员。如为合议庭还需写明具体选择情况）。根据《中华人民共和国仲裁法》（以下称《仲裁法》）第××条、《仲裁规则》第××条的规定，本会主任指定独任仲裁员（如为合议庭，则需分别写明首席仲裁员与两名非首席仲裁员）×××于×年×月×日组成本案仲裁庭。本会按照《仲裁规则》的规定向双方当事人送达仲裁庭组成及开庭通知书。

仲裁庭于×年×月×日依法不公开开庭审理本案，×××到庭参加仲裁。（写明当事人及其代理人到庭情况）

本案经过开庭审理，在仲裁庭主持下，双方达成一致调解协议，现已审理终结。

申请人的仲裁请求为：1.…… 2.…… 3.……

被申请人的答辩意见为：……

在开庭过程中，申请人与被申请人提出调解请求。经仲裁庭主持调解，双方达成《调解协议》，协议内容如下：

一、……

二、……

三、……

以上为《调解协议》的内容。双方请求××仲裁委员会根据本协议制作调解书。仲裁庭认为，以上协议是申请人与被申请人的真实意思表示，内容未违反法律、行政法规的强制性规定。故仲裁庭予以确认。

本调解书自申请人与被申请人签收之日起生效。

（以下无正文）

仲裁员：×××

××××年××月××日

办案秘书：×××

**【本章思考题】**

1. 仲裁申请书与民事起诉状的书写区别是什么？

2. 商事仲裁裁决书与民事判决书的书写区别是什么？

3. 如果商事仲裁裁决书出现笔误应该怎么处理？

# 第八章　公证法律文书

【导语】

　　公证法律文书是公证机构根据法律规定和当事人申请，依照一定的法律程序出具的，记载证明法律行为、有法律意义的事实和文书真实性、合法性的各类法律文书。公证法律文书有很多种类，本章主要介绍一些常见公证事项的公证书，如保全证据公证书、赋予债权文书强制执行效力公证书、遗嘱公证书、涉外公证中的亲属关系公证书、查无档案记载公证书、无犯罪记录公证书等。

【本章要求】

　　了解公证法律文书的概念、种类，掌握保全证据公证书、赋予债权文书强制执行效力公证书、遗嘱公证书、涉外公证书的写作要点。

## 第一节　公证法律文书的概述

### 一、公证法律文书的概念及特征

#### （一）公证法律文书的概念

　　公证法律文书是公证机构根据法律规定和当事人申请，依照一定的法律程序出具的，记载证明法律行为、有法律意义的事实和文书真实性、合法性的各类法律文书，其目的是保护公民身份、财产等的合法权益。

#### （二）公证文书的特征

　　1. 制作主体的专门性

　　公证文书只能由公证机构出具。公证员代表公证机构从事公证证明活动，出具公证文书，其他机构和人员既不能进行公证证明活动，也不能出具公证文书。

　　2. 具有国家公信力

　　公证是由专门机构和专业人员所进行的一种特殊的证明活动。公证机构是我国司法制度的组成部分，是行使国家证明权的机构，享有独立行使其证明权、不受非法干涉的权力。且公证文书的证明力极强，根据《民事诉讼法》第七十二条规定，除有相反证据可以推翻公证证据外，人民法院应当将其作为认定事实的根据。

　　3. 文书内容真实、合法

　　公证文书证明的内容要按照"真实、合法"的原则。公证活动的文书不同于一般的法律文书，其使用范围不受地域限制，公证文书证明的事项，例如学历证明、身份证明的公证文书，可以在国际使用，因此必须遵守真实、合法的原则从事公证活动。

## 二、公证文书的种类

### （一）程序性公证文书

在办理公证文书过程中会存在程序性文书，其主要是指公证机构根据事实和法律，为解决某些公证程序事项而作出的书面处理意见，其目标是规范公证活动的公正性。包括申请人填写公证申请表、权利义务告知书、各类回执，以及不予办理公证决定等文书，以及公证机构出具的受理决定、不予受理决定、回避决定、终止公证决定、拒绝公证决定、撤销公证书决定等。

### （二）事务性法律文书

事务性工作的文书，是指在处理公证事务工作中所涉及的法律文书，如办理提存证书、遗嘱保管证书、各类法律咨询类的公证文书，也就是办理各类公证事项的公证书。事务性文书的效力范围不仅仅是对公证机构和申请人具有法律效力，同时对第三人以及相应的文书接收人具有法律效力。

### （三）公证书

公证书是公证机构根据当事人的申请，依据相应的事实和法律，按照法定程序和规定制作的具有特殊法律效力的证明文书，也是本章的重要内容，详见本章第二节。公证书是依照当事人申请出具的文书，程序性公证文书和事务性公证文书都是公证程序受理过程中由公证机构依照职权出具的文书。

# 第二节 公 证 书

## 一、公证书的概念及种类

### （一）公证书的概念

公证书是公证机构根据当事人的申请，依据相应的事实和法律，按照法定程序和规定制作的具有特殊法律效力的证明文书。公证书是公证机构呈现工作结果的具体表现，公证书具有证据效力、强制执行效力。

### （二）公证书的种类

1. 根据公证书格式是否固定，可分为定式公证书和要素式公证书

定式公证书按照固定的格式语言进行填充，可以让公证员发挥主观能动性的空间不多，适合批量化的公证事务使用。要素式公证书的内容由一定的要素构成，但需要公证员对部分内容自行撰写，自行考量文字表述等，通常在保全证据、强制执行类、现场监督等公证事项上使用这类文书。

2. 按照是否涉外，公证书分为国内公证和涉外公证

国内公证，主要是针对我国公民、法人或是其他组织申请办理的公证，无论公证的事项还是有关内容，都没有涉外的因素，其使用的范围也是在国内。涉外公证，是指我国公证机构办理的公证事项含有涉外因素，其涉外因素包括但不限于主体、标的等，其使用的目的也多为处理涉外事项。在国际贸易日益发达和国际交流频繁的情况下，公证事务的涉

外因素日益增多。

## 二、公证书的写作注意事项

### （一）程序合法

公证书的写作必须合乎法定程序。公证书是具有国家公信力的法律文书，因此制定公证书必须符合《公证程序规则》的要求，做到程序合法。① 例如公证书制作完成后不得涂改，如果制定完成后发现需要修改的，要加盖公证处的校对章。

### （二）内容合法

公证书的内容要合法，应根据当事人的申请的事项或是法律事务进行公证，适用的法律应正确。

### （三）写作规范化

公证书的写作要规范化，符合《公证书制作规范》（SF/T 0038—2021）行业标准要求。写作公证书应使用全国通用的规范汉字，如在民族自治地方，可以根据当事人的要求，同时制作当地通用的民族文字文本。使用少数民族文字印制的公证书，其用纸、幅面尺寸及版面、印制等要求按照上述文件执行。如果公证书需要译文，可以根据需要或当事人要求，附外文译文；对于证明有法律意义的公证文书，应包括所证明的文件，例如，声明书、委托书中文本或复印件、证词、所证明文件的译文、公证证词译文，对于译文要注明译文与原文相符的证词，以及证明译文与原文相符的证词译文。

## 三、公证书的基本结构

### （一）首部

首部由"公证书"字样、公证书编号以及当事人基本情况组成。"公证书"字样应居中排布。公证书编号应符合司法部发布的《公证书格式》的规定。应编排在"公证书"字样下空二行。居右分布，年份和数字编号用阿拉伯数字标注。例如（2024）××字第01号。

自然人要写明姓名、性别、出生日期、居民身份证号码等基本情况，法人或是非法人组织，则应写明单位全称、住所地、法定代表人、统一社会信用代码。代理人代为办理，则要写明代理关系及代理人的身份信息。

### （二）公证事项

根据公证证明对象的名称或类别，选择对应的"公证事项"，公证事项可以是继承、亲属关系、委托、声明、赠与、受赠、遗嘱、保证、认领亲子等。公证事项根据申请人申请公证的目的而进行选择。公证事项确定之后，证词的公证的内容应当与公证事项保持一致。要素式公证书因案例具有特殊性，应根据实际情况进行选择性叙述，通常不能直接套用模板，否则容易出现张冠李戴的情形。

---

① 《中华人民共和国公证法》第三十二条："公证书应当按照国务院司法行政部门规定的格式制作，由公证员签名或者加盖签名章并加盖公证机构印章。公证书自出具之日起生效。"

### （三）证词

证词是公证书的主要部分，除了定式公证书证词只需填空式地填写，其他公证书需要公证员对证词进行逻辑严谨地书写，严格依照法律和事实对公证的事项进行全面、准确、真实的披露。

### （四）尾部

根据《公证书制作规范》（SF/T 0038—2021）的要求，落款应注明公证机构全称，并加上"中华人民共和国"。公证员签名章应使用蓝色印泥，公证机构的印章应使用红色印泥。如果是电子印章，应当与实物印章的印模完全一致。公证机构的钢印应为圆形，直径 4cm，文字及文字排列应与公证机构印章相同。

## 第三节　几种常用的公证书

### 一、保全证据公证书

#### （一）保全证据公证书的概念

保全证据公证书是公证机构根据自然人、法人或其他组织的申请，依法对与申请人权益有关的、有法律意义的证据、取证的行为的过程加以提取、收存、固定而制作的法律文书。

在诉讼过程中，为防止证据灭失，当事人都会采取证据保全措施。保全证据的公证事项分为保全物证（书证）、保全证人证言（当事人陈述）、保全行为三类。近年来，保全证据最常见的就是知识产权维权方面的证据保全，因为知识产权侵权证据不易固定、留存，特别是网络侵权痕迹极易被删除、篡改，导致知识产权保护存在成本高、举证不易等困难。保全证据公证能固定权利、预防纠纷、解决纠纷，是破解证据丢失或日后难以取得困境的一项利器，也是公证制度为企业和个人维护知识产权提供的有力支撑。在典型的"乔丹"商标争议公证保全证据案中，便是乔丹的代理人通过公证，进行现场监督调查问卷，取得证据，详见本节内容范例。

#### （二）保全证据公证书写作要点

1. 首部

首部包括公证书标题、编号、申请人及代理人的基本情况，以及公证事项都要写明。公证事项一般表述为："保全证据"。

2. 正文

（1）保全标的的基本状况。包括：物证的名称、数量、表状特征等。书证的数量、名称、页数、标题、形成时间等。

（2）保全物证或书证的时间、地点。

（3）保全的方式方法。包括：申请人提交、公证人员提取、公证人员记录、现场勘验、照相录像、技术鉴定等。

（4）文书中应记载保全证据的关键过程：①参与保全的人员，包括承办公证人员及在场的相关人员的人数、姓名；②公证人员保全过程中所做的主要工作，如对重要事实进行了现场勘验、询问，对取得的证据履行了提示义务等；③物证（书证）取得的时间、方式，或物证的存在方式、地点、现状等；④取得的证据数量、种类、形式、存放处所等，当事人对取得的证据予以确认的方式和过程。

（5）公证结论保全证据的方式、方法、程序是否真实、合法，用于作证的书面文件（如发票、产地证明等）要同时证明这些书证的真实性。取得证据的数量、种类、日期，取得证据的存放方式及存放地点。

3. 尾部

尾部主要包括承办公证机构的名称、公证员的签名或者签名章、公证书出具的日期、公证机构印鉴，在公证书的右下角。

**（三）保全证据公证书范例①**

# 公 证 书

（20××）沪东证经字第×××号

申请人：北京市某律师事务所。

住所：北京市东城区建国门北大街××号××大厦××层。

委托代理人：高某某。

公证事项：保全证据。

申请人北京市某律师事务所于二○××年×月×日向我处申请对北京×公司在上海市进行问卷调查的过程办理保全证据公证。

根据《中华人民共和国公证法》的规定，本处受理了上述公证申请。本处公证员黄某、公证人员虞某某、陆某某和北京某某公司指派的督导员巫某某以及访问员于二○一二年三月十七日一同到达上海市徐家汇的美罗城广场，在本处公证员和公证人员虞某某、陆某某的监督下，访问员现场拦截被访者并进行访问，现场共回收七十四份《商标认知调查项目定量问卷》。本处公证员黄某、公证人员虞某某、陆某某和北京某公司指派的督导员巫某某、单某某以及访问员于二○一二年三月十八日一同到达上海市武宁路的沪西工人文化宫，在本处公证员和公证人员虞某某、陆某某的监督下，访问员现场拦截被访者并进行访问，现场共回收九十一份《商标认知调查项目定量问卷》。本处公证员黄某、公证人员虞某某、陆某某和北京某公司指派的督导员巫某某以及访问员于二○一二年三月十九日一同到达上海市中山公园，在本处公证员和公证人员虞某某、陆某某的监督下，访问员现场拦截被访者并进行访问，现场共回收五十五份《商标认知调查项目定量问卷》。

兹证明，上述问卷调查过程系在公证员黄某、公证人员虞某某、陆某某的监督下进行。本公证书后附的二百二十份《商标认知调查项目定量问卷》的复印件与当时现场回收的原件相符；《商标认知调查项目定量问卷》原件及访问员调查过程中出示的卡片经加

---

① 《"乔丹"商标争议公证保全证据案》，载中国法律服务网：http：//alk.12348.gov.cn/Detail?dbID＝44&dbName＝GGGY&sysID＝3，最后访问日期：2024年1月6日。

贴本处封签后将连同本公证书交申请人收执。

中华人民共和国上海市东方公证处

公证员（签名章或签名）

二〇××年××月××日

## 二、赋予债权文书强制执行效力公证书

### （一）赋予债权文书强制执行效力公证书的概念

赋予债权文书强制执行效力公证，又称赋强公证。赋予债权文书强制执行效力公证书是指公证机构根据自然人、法人或其他组织的申请，对追偿债款、物品等债权文书，经审查认为无疑义的，依法赋予其强制执行效力而制作的法律文书。当债务人不履行义务时，债权人可不经诉讼程序，依照赋予债权文书强制执行效力公证书直接向有管辖权的人民法院申请强制执行。

### （二）赋予债权文书强制执行效力公证的效力

根据我国的《中华人民共和国公证法》第三十七条之规定，对经公证的以给付为内容并载明债务人愿意接受强制执行承诺的债权文书，债务人不履行或者履行不适当的，债权人可以依法向有管辖权的人民法院申请执行；前款规定的债权文书确有错误的，人民法院裁定不予执行，并将裁定书送达双方当事人和公证机构。另根据《中华人民共和国民事诉讼法》第二百三十八条之规定，对公证机关依法赋予强制执行效力的债权文书，一方当事人不履行的，对方当事人可以向有管辖权的人民法院申请执行，受申请的人民法院应当执行。

根据以上规定，赋予债权文书强制执行效力公证文书可在源头上减少案件争议，迎合了我国倡导的多元解决纠纷机制的趋势，也避免债权人陷入诉累，是保护债权的有效途径。

### （三）可以赋予债权文书强制执行效力公证的文书条件

根据《公证程序规则》第三十九条的规定，出具具有强制执行效力的债权文书的公证，应当符合下列条件：（1）债权文书以给付为内容；（2）债权债务关系明确，债权人和债务人对债权文书有关给付内容无疑义；（3）债务履行方式、内容、时限明确；（4）债权文书中载明当债务人不履行或者不适当履行义务时，债务人愿意接受强制执行的承诺；（5）债权人和债务人愿意接受公证机构对债务履行情况进行核实。最高人民法院、司法部、中国银监会《关于充分发挥公证书的强制执行效力服务银行金融债权风险防控的通知》（司发通〔2017〕76号）规定：公证机构可以对银行业金融机构运营中所签署各类融资合同、债务重组合同、还款合同、还款承诺、各类担保合同、保函提供赋予债权文书强制执行效力公证服务。

根据以上规定，赋强公证对一些权利义务清晰明了，金钱给付类的合同赋予强制执行效力。

## （四）赋予强制执行效力的债权文书的公证书写作要点

### 1. 首部

包括公证书标题、编号、申请人及代理人的基本情况，以及公证事项都要写明。申请人的身份要查明，如果有担保人，担保人和申请人的民事权利能力和民事行为能力应查明。

### 2. 证词必备要素

（1）证词的债权文书所附担保合同标的物的权属情况及相关权利人的意思表示。

（2）债权文书主要条款是否完备，内容是否明确、具体。

（3）当事人签订债权文书的意思表示是否真实、是否对所有条款达成了一致意见。

（4）当事人是否了解、确认了债权文书的全部内容。

（5）是否履行了法律规定的批准、许可或登记手续。

（6）公证机构对强制执行公证的法律意义和可能产生的法律后果的告知；这里需要告知的内容比较多，例如要告知当事人强制执行公证的法律意义和产生的法律后果，应包括"债务人/抵押人/质押人/保证人违反合同约定，不履行或不完全履行本合同项下偿还贷款/担保义务时，无须经过诉讼程序，债权人可以凭公证债权文书和执行证书直接向有管辖权的人民法院申请强制执行，债务人/抵押人/质押人/保证人承诺自愿接受有管辖权的人民法院的强制执行措施并自愿放弃抗辩权"等内容。以及须告知执行期限的规定，债权人未来申请《执行证书》时需要给予公证机构核查债权债务所需的合理时间。还应当告知当事人公证债权文书的范围、执行管辖法院、申请执行所需材料、公证债权文书应包含的内容以及人民法院裁定不予受理、驳回执行申请、裁定不予执行的情形等内容。这些告知内容可以通过询问笔录进行记载或是出示专门的告知书，提请当事人确认。

（7）债权文书当事人对强制执行的约定及债务人/担保人自愿直接接受强制执行的意思表示。

（8）债权文书当事人就《执行证书》出具前公证机构核查内容、方式达成的在先约定，或者债务人、担保人的单方承诺。

### 3. 公证结论

应具有的内容：

（1）当事人签订债权文书的日期、地点等；

（2）当事人签订债权文书行为的合法性；

（3）债权文书内容的合法性；

（4）当事人在债权文书上签字、盖章行为的真实性；

（5）债权文书的权利义务主体、给付内容的确认；

（6）赋予该债权文书强制执行效力；

（7）债权文书生效日期、条件等。

### 4. 其他

（1）双方当事人向公证机构提交的证据材料；

（2）当事人对债权文书的重要解释或说明；

（3）公证员认为需要告知的相关法律规定、需要说明的其他情况。

5. 尾部

尾部主要是承办公证机构的名称、公证员的签名或者签名章、公证书出具的日期,公证机构印鉴。在公证书的右下角。

### (五) 赋予债权文书强制执行效力公证书的范例①

# 公 证 书

（××××）深前证字第××号

申请人:(甲方) 额度授予人,深圳××银行股份有限公司。

法定代表人:××。

(乙方) 额度申请人:××,居民身份证号码:××××。

公证事项:《借款额度合同》公证并赋予强制执行效力。

上述双方申请人于二〇二〇年十二月一日向本处线上平台申请办理前面的《借款额度合同》公证并依法赋予强制执行效力。本公证员通过远程视频方式依法向当事人告知了该合同公证并赋予强制执行效力的法律意义和可能产生的法律后果。

经审查,双方经协商一致订立了前面的《借款额度合同》,合同约定,甲方同意授予乙方借款额度人民币 (大写) 捌佰肆拾万元。额度项下具体借款金额、利率、费率及期限,以单笔借款合同 (如有)、借款借据或其他授信凭证为准。

双方合同约定,本合同经双方办理赋予强制执行效力的公证后,乙方不履行或不完全履行合同约定的义务,甲方有权向原公证机关申请执行证书,并凭原公证书及执行证书向有管辖权的人民法院申请执行。

依据上述事实并经申请人双方确认,兹证明深圳××银行股份有限公司与额度申请人××于二〇二〇年十二月一日在深圳市签署了前面的《借款额度合同》,双方当事人的公证申请行为、签约行为和合同内容符合《中华人民共和国民法总则》《中华人民共和国合同法》《中华人民共和国电子签名法》的有关规定,合同上双方当事人的签字、印章均属实。

根据《中华人民共和国民事诉讼法》《中华人民共和国公证法》《公证程序规则》的规定及双方在该合同中的约定,自《借款额度合同》生效及债权债务形成之日起,本公证书具有强制执行效力。在合同约定的违约条件出现的情况下,甲方可以持本公证书及相关证据材料在法律规定的执行期限内向本公证处申请出具执行证书,向有管辖权的人民法院申请强制执行。

中华人民共和国广东省深圳市前海公证处

公证员 (签名章或签名)

××××年××月××日

---

① 《深圳××银行债权文书在线赋强公证案》,载中国法律服务网:http://alk.12348.gov.cn/Detail? dbID=44&dbName=GGGY&sysID=12876,最后访问日期:2024 年 1 月 6 日。

### 三、遗嘱公证书

#### （一）遗嘱公证的概述

**1. 遗嘱公证的概念**

遗嘱公证，是指公民在其生前通过遗嘱的形式对自己的财产作出安排，并经国家公证机关公证，在立遗嘱人死亡时即发生法律效力的法律行为。

**2. 遗嘱公证的条件**

（1）遗嘱是遗嘱人的单方意思表示。

遗嘱公证，必须由遗嘱人亲自到公证处申办，不能委托他人代理；遗嘱人到公证处申请确有困难的，公证处可以派公证员到遗嘱人的住所或临时居住的地方办理。进行遗嘱公证时，立遗嘱人应神志清晰，能够真实地表达意思，具备完全民事行为能力。

（2）遗嘱处置的应是遗嘱人的个人财产。

遗嘱人依法处理的财产应当是立遗嘱人的个人财产份额，公证人员应仔细核查立遗嘱人所立遗嘱的财产归属。立遗嘱人已在公证处办理过遗嘱公证，如要变更或撤销原遗嘱公证的，应当到原公证处提交原来的公证书并办理最新的公证遗嘱。

#### （二）遗嘱公证的写作要点

**1. 首部**

标题写公证书，编号（××××）××证字第××号。

**2. 正文**

包括申请人基本情况、公证事项、对遗嘱行为事实过程的表述，以及对单方法律行为合法性的表述。如果申请人是设立共同遗嘱的，立遗嘱人均应列为申请人。公证事项，即遗嘱。设立遗嘱公证时，如果有公证机构的其他工作人员，应写明该人员的身份，如实习公证人员。遗嘱的签署方式，仅有签名的，表述为"签名"；如签名、印鉴、指纹等几种形式同时存在的，应一并予以表述。

**3. 尾部**

包括公证机构及公证员的印章、公证日期。

**4. 公证遗嘱的格式**

公 证 书

（××××）××字第××号

申请人：×××（写明基本情况）

公证事项：遗嘱

兹证明×××(申请人)于××××年×月×日来到我处，在本公证员和本处公证员×××的面前，在前面的遗嘱上签名，并表示知悉遗嘱的法律意义和法律后果。

×××(申请人)的遗嘱行为符合《中华人民共和国民法典》第一百四十三条和《中

华人民共和国民法典》第一千一百三十九条的规定。

中华人民共和国××省××市（县）××公证处<br>公证员 （签名或签名章）<br>××××年×月×日

**（三）遗嘱公证的范例**

# 公 证 书

（××××）××证字第××号

申请人：杨某某，男，××××年××月××日出生，居民身份证号码：××××，住址：福建省××市某路某号。

公证事项：遗嘱

兹证明杨某某于××××年××月××日来到我处，在本公证员和本处实习公证员某某的面前，在前面的《遗嘱》上签名、捺指印，并表示知悉遗嘱的法律意义和法律后果。

杨某某的遗嘱行为符合《中华人民共和国民法典》第一百四十三条和《中华人民共和国民法典》继承编第一千一百三十九条的规定。

中华人民共和国福建省××市公证处<br>公证员 （签名章或签名）<br>××××年××月××日

## 四、涉外公证书

### （一）涉外公证的概念

涉外公证，是指公证机关根据国内或国外当事人的申请，按照法定程序，对申请人需要在国外实施的法律行为、文件和事实的真实性、合理性给予证明的一项公证行为。涉外公证的涉外因素有公证的当事人、被证明对象或者公证书使用的地点等，即至少存在一种或多种因素涉外。例如继承人均为日本人，但是被继承的不动产在我国境内，那么这个继承就是涉外的继承。常见的涉外民事公证主要包括：公民的国籍、出生婚姻状况、亲属关系、学历、遗嘱、死亡、继承权、公民个人的各类资格证书、声明书、委托书以及是否受过刑事处分等公证。涉外经济类公证多适用于境外投资洽谈、对外贸易、技术进出口等。

《取消外国公文书认证要求的公约》（以下简称《公约》）是海牙国际私法会议框架下适用范围最广、缔约国最多的重要国际条约，目前有 125 个成员。2023 年 11 月 7 日，《公约》在中国生效实施，在《公约》框架下启用基于附加证明书的"一步式"证明新模式。即公证机构出具涉外公证书后，当事人持身份证件、涉外公证书以及公证机构出具的介绍信、公函，根据预约前往外交部授权的公证机构所在地省市外事部门，申请办理涉外公证书附加证明书。受理申请的外事部门在审验涉外公证书最后一个签名、印鉴属实后，即在涉外公证书上加签附加证明书。附加证明书上的签署人的身份一般是公证员，印鉴名称为某某公证处的名称。当事人持附加证明书的涉外公证书即可在缔约国跨境使用。

**（二）涉外公证书的写作要点**

涉外文书的公证的事项较多，但整体上而言，就某个公证事项所作的公证书，其写作要点也仍须具备首部、正文和尾部三个基础部分，只不过稍显简洁。现就此几类较为常见的文书，说明其文书样式。

**（三）部分涉外公证书的样式**

1. 亲属关系公证书样式

# 公　证　书

（　　）××字第××号

×××（基本情况）

关系人：×××（基本情况）

公证事项：亲属关系

兹证明×××（关系人）的××亲属共有以下×人：

配偶×××，……（基本情况）

父亲：×××，……（基本情况）

母亲：×××，……（基本情况）

儿子：×××，……（基本情况）

女儿：×××，……（基本情况）

中华人民共和国××省××市（县）××公证处

公证员　（签名或签名章）

××××年×月×日

注：

（1）本格式适用于办理涉外、涉港澳台继承事务所需的亲属关系公证。

（2）申请人应为证词所列的关系人的亲属之一。

（3）关系人应为被继承人，其基本情况应有死亡的时间、地点等。关系人应仅列一人，有多名被继承人的（如父母双亡），应分别出具公证书。

（4）此亲属仅限于本继承关系所适用的继承法所规定的继承人的范围，并应将属于此范围的亲属全部列入证词书中；排列顺序按继承顺序。涉及港澳台地区的，可以根据其相关继承规定列为近亲属。

（5）所列亲属中有死亡的，死亡时间应在其基本情况中注明。

**2. 查无档案记载公证书样式**

# 公 证 书

（ ）××字第××号

申请人：×××（基本情况）

公证事项：查无档案记载

兹证明在中华人民共和国××省××市（县）地方档案馆××××年×月×日至××××年×月×日的档案中，无×××（申请人）的××的档案记载。

中华人民共和国××省××市（县）××公证处

公证员 （签名或签名章）

××××年×月×日

注：

（1）本格式适用于申请赴美国定居使用（作为次要证明）。必要时按要求还可以同时出具由两个证明人签署的声明书公证。

（2）"地方档案馆"可以改为具体保管档案的单位。

（3）具体事项，如出生、结婚、犯罪等。

**3. 无犯罪记录公证书样式**

# 公 证 书

（ ）××字第××号

申请人：×××（基本情况）

公证事项：无犯罪记录

兹证明×××（申请人）从××××年×月×日至××××年×月×日在中华人民共和国居住期间无犯罪记录。

中华人民共和国××省××市（县）××公证处

公证员 （签名或签名章）

××××年×月×日

注：

（1）申请人未达法定刑事责任年龄的，可以增加"未达到《中华人民共和国刑法》规定的刑事责任年龄"的表述。

（2）申请人离境之前一直在中国居住，可以不写起始日。

（3）申请人已离境，此日期可为离境之日。

（4）申请人是我国港澳台地区居民，此处可以表述为"在中国大陆（内地）居住期间"；申请人是外国驻华使领馆工作人员又无外交豁免权的，此处可以表述为"在××国驻中华人民共和国大使馆（或××领事馆）工作期间"。

### （四）涉外继承公证范例①

## 公　证　书

（2021）××证字第×××号

申请人：×××，男，1975年9月19日出生，日本护照号码：TS×××，现住日本。

委托代理人：×××，男，1991年2月1日出生，居民身份证号码：×××。

被继承人：A，男，1941年8月30日出生，生前住日本。

公证事项：继承

申请人因继承被继承人A的遗产，委托××××于2021年4月7日向本处申请办理继承公证，并提供了以下证明材料：

一、有关当事人的身份证明；

二、被继承人A的死亡证明；

三、亲属关系证明；

四、财产凭证；

五、申请人提交的其他证明材料。

本处向申请人的委托代理人×××告知了继承公证的法律意义、法定继承人的范围和继承人申办公证的权利义务。申请人的委托代理人×××承诺所提供的上述材料真实无误，并承诺提供的上述材料如有虚假或有重大遗漏，对他人造成损失的，依法返还继承的财产，愿承担法律责任。

根据《中华人民共和国公证法》的规定，本处对申请人的委托代理人×××提交的权利证明及相关证据材料进行了审查核实，并对申请人的委托代理人×××进行了询问。现查明如下事实：

一、被继承人A于2006年6月4日在日本死亡。

二、被继承人A与B于2002年8月20日离婚，A离婚后生前未再婚。被继承人A有四个子女：C、D、E、F；被继承人A的父母亲均先于其本人死亡。

三、申请人向本处申请继承下列财产中属于被继承人A的遗产：登记在被继承人A名下的坐落于苏州市丰盛花园×幢×室（房屋所有权证号：苏房权证新区字第××××

---

① 《江苏省苏州市涉外不动产法定继承公证案》，载中国法律服务网：http://alk.12348.gov.cn/Detail? dbID＝44&dbName＝GGGY&sysID＝10646，最后访问日期：2024年1月11日。

×号，建筑面积：74.37平方米）的房屋。

据上述法定继承人一致确认，上述房屋系被继承人A和B婚姻关系存续期间取得，登记在被继承人A一人名下。被继承人A和B生前未签订关于上述房屋的任何财产约定或分割协议。被继承人A生前经常居所地为江苏苏州，B生前经常居所地为日本。根据《中华人民共和国涉外法律关系适用法》第二十四条及被继承人A和B的共同国籍国法律即日本法律的相关规定，上述房屋是被继承人A的个人单独所有财产，是A的遗产。

四、据上述法定继承人称，被继承人A生前无处分上述遗产的遗嘱，亦未与他人签订处分上述遗产的遗赠扶养协议，经查询中国公证协会综合信息平台与中国公证行政管理和行业管理系统，A生前无处分上述遗产的公证遗嘱。继承人对A生前无处分上述遗产的遗嘱及遗赠扶养协议无争议，截至本公证书出具之日亦未有他人向本处提出异议。

五、现F表示要求继承被继承人A的上述遗产。继承人C、D、E均以书面形式表示自愿放弃继承被继承人A的上述遗产并承诺绝不反悔。

根据上述事实并根据《中华人民共和国涉外民事关系法律适用法》第三十一条和《中华人民共和国继承法》第二条、第三条、第五条、第十条、第二十五条的规定，上述房屋是被继承人A的遗产，被继承人A的上述遗产应由其配偶、子女、父母共同继承。现因被继承人A的父母亲均先于A死亡，A离婚后生前未再婚，被继承人A的子女C、D、E均放弃继承被继承人A的遗产，故兹证明被继承人A的上述遗产由F一人继承。

中华人民共和国××省××市（县）××公证处

公证员　　（签名或签名章）

××××年×月×日

**【本章思考】**

　　1. 公证文书的主要应用范围是什么？

　　2. 如果已经制作完毕的遗嘱公证需要变更，该怎么做？

　　3. 赋强公证的主要写作要点是什么？

　　4. 常用的涉外公证文书还有哪些？

# 第九章 律师实务文书

**【导语】**

本章将会介绍律师在实务工作中所涉及的几类常见的法律文书。这些文书主要包括诉讼类文书与非诉讼类文书，涵盖了从刑事、民事到行政诉讼的广泛领域，还包括一些非诉讼类法律文书。本章内容不仅为律师提供了实务操作指南，也为法科生理解和应用各类律师实务文书提供了样式与范例。

**【本章要求】**

了解律师在实务中所需撰写的各类法律文书，掌握民事诉讼类文书、刑事诉讼类文书、行政诉讼类文书的写作要点，掌握尽职报告、合同起草与审查等非诉讼类文书的结构与内容，确保文书写作符合法律规范。

## 第一节 律师诉讼类文书

### 一、律师诉讼类文书的概念

诉状类文书是公民、法人和其他组织在刑事、民事及行政诉讼中用以维护自身合法权益、行使诉讼权利的书面材料。它们是民用法律文书，与司法文书不同，不具备法定的约束力或强制效果。然而，在确保法律正确实施方面，诉状类文书具有重要的法律意义。

律师诉讼类文书是指律师接受当事人的委托，在代理刑事诉讼、民事诉讼及行政诉讼活动过程中撰写的各类文书，例如民事起诉状、民事答辩状、民事上诉状、刑事自诉状、刑事上诉状、行政起诉状、行政上诉状等诉讼文书。

### 二、民事诉讼类文书

#### （一）民事起诉状

1. 民事起诉状的概念

民事起诉状[①]是公民、法人或其他组织在民事权益受到侵害时，为解决民事权利和义务的争议，向人民法院提出的法律文书，从而请求法院追究被告的民事责任，以保护起诉方的合法权益。

---

① 《中华人民共和国民事诉讼法》第一百二十三条："起诉应当向人民法院递交起诉状，并按照被告人数提出副本。书写起诉状确有困难的，可以口头起诉，由人民法院记入笔录，并告知对方当事人。"

2. 民事起诉状的写作要点

民事起诉状由首部、正文和尾部三部分组成。

（1）首部。①标题：文书顶端正中处写"民事起诉状"。②当事人基本情况：原告是公民的，写明其姓名、性别、年龄、民族、籍贯、工作单位和住址。如果当事人不具有民事诉讼行为能力，应写明法定代理人的基本情况及其与当事人的关系；当事人是法人或其他组织的，应写明其全称、地址、法定代表人姓名、统一社会信用代码等项内容。当事人应分原告、被告、第三人依次写明，如果有数个原告、被告、第三人，则依据他们在案件中的地位和作用，分别依次排列。当事人委托了诉讼代理人的，应在各自委托人后写明其姓名及其工作单位与执业身份。

（2）正文。①诉讼请求：诉讼请求是民事纠纷当事人通过人民法院向对方当事人主张的具体权利。在起诉状中，它表现为原告请求法院审理并判定被告应承担的具体民事责任。请求事项必须写得明确、具体，不能写得含糊其词、抽象笼统。②事实与理由：事实和理由部分是民事起诉状的核心，其主要作用是为人民法院裁判权益纠纷和争议提供重要依据。首先，需要全面、客观、详细地描述双方争议的事实或侵权行为，包括法律关系、纠纷的发生发展、争执焦点和权益争议的具体内容。其次，基于这些事实，分析纠纷性质和被告责任，依据相关法律规定明确理由，以支持诉讼请求的合理性和合法性。

需要注意的是，在阐述事实与理由时，需要写明能证明起诉事实和主张成立的证据，包括物证、书证、证人证言、视听材料等。

（3）尾部。①致送机关：即致送的人民法院的名称；此处分两行书写"此致""××××人民法院"。②附项：主要写明本起诉状副本的份数、所附证据材料的名称及份数。③落款：即由起诉人签名或盖章，并注明递交起诉状的日期。起诉人为自然人的，需签字并捺指印，起诉人为法人或非法人组织的，应写明单位名称，并加盖单位公章。

3. 民事起诉状的样式与范例

（1）民事起诉状的样式：

## 民事起诉状

原告：××××

被告：××××

诉讼请求：

……

事实和理由：

……

……（分点论述）

此致

××××人民法院

起诉人：×××

××××年××月××日

附：

1. 本诉状副本✕份；
2. 其他证明文件✕份。

（2）民事起诉状的范例：

# 民事起诉状

原告：李某

被告：五星电器有限公司

法定代表人：潘三，该公司总经理

诉讼请求：

1. 被告五星电器为原告李某将 2016 年 7 月生产的 ASPA50LXCA 型号空调更换为新机；2. 被告五星电器向原告李某支付维权的合理费用 5000 元，并承担更换新机发生的拆机、装机费用。

事实和理由：

原告李某于被告五星电器公司订购富士通将军品牌空调四台，四台空调原总价32,460元，共折扣12,160元，原告实际支付共20,300元。在安装时原告发现，其中一台空调的制造日期为 2016 年 7 月，是三年前的库存机。其后，原告多次至五星电器公司店面交涉，要求更换，但被告一直推诿，对原告主张不予理会。

消费者享有知悉其购买、使用的商品或者接受的服务的真实情况的权利。对于空调这类更新迭代飞快的家用电器类产品，其生产日期是消费者在选购商品时重点关注和购买的依据。本案中，被告在向原告销售空调时并未告知其送货安装的是库存机，原告基于对被告五星电器卖场品牌信赖而直接订购，其后被告却将库存机进行送货、安装，严重侵犯了原告作为消费者的合法权益。

此致
光明区人民法院

起诉人：李某<br>✕✕✕✕年✕✕月✕✕日

附：

1. 本诉状副本 2 份；
2. 其他证明文件 5 份。

## （二）民事答辩状

1. 民事答辩状的概念

　　民事答辩状①是民事案件中被告或被上诉人针对原告或上诉人在起诉状或上诉状中所提出的诉讼请求、事实陈述、证据材料和法律依据表达己方意见所制作的法律文书。文书的写作目的是答复和辩驳原告或上诉人的主张。

　　2. 民事答辩状的写作要点

　　民事答辩状由首部、正文和尾部三部分组成。

　　(1) 首部。①标题：文书顶端正中处写"民事答辩状"。②答辩人基本情况：在撰写民事答辩状时，若答辩人为自然人，应明确其姓名、性别、年龄、民族、职业、工作单位和住址。若答辩人为法人或其他组织，则需列明该法人或组织的名称、地址、法定代表人或主要负责人的姓名及职务。如果已委托诉讼代理人，还应注明代理律师的姓名及其工作单位与执业身份。

　　(2) 正文。①答辩案由：写明答辩人因什么案件进行答辩。②答辩理由：在民事答辩状中，答辩人需针对原告或上诉人的诉讼请求及其依据的事实和理由进行反驳和辩解。答辩人或上诉人可依据客观事实，对原告的诉讼请求及其事实理由进行全部或部分的否定，而第一审被告还可以从程序方面进行答辩，如质疑原告资格或案件管辖等。无论是第一审被告还是第二审被上诉人，提出的答辩理由都应基于事实且有充分证据支持。

　　3. 答辩请求

　　答辩请求是答辩人基于答辩理由，针对原告诉讼请求向法院提出的保护合法权益的要求。在一审民事答辩状中，主要答辩请求包括：第一，要求法院驳回原告起诉或不予受理；第二，否定原告的全部或部分请求事项；第三，提出反诉请求。若答辩状包含多项请求，应逐项明确。对于上诉状，答辩请求通常是支持原判决或裁定，反驳上诉人的要求。

　　在阐述事实与理由时，需要明确答辩人所依赖的证据及其来源。此外，若涉及证人，应指明证人的姓名和住址。对于答辩人须自行举证的事项，应详细说明证据的名称、数量、来源和相关证据线索。这些信息对于支持答辩人的主张和辩护至关重要。

　　(3) 尾部。①致送机关：在正文左下角分两行书写"此致""××××人民法院"。②附项：注明本答辩状副本的份数。③落款：注明答辩人的姓名及答辩日期。答辩人为自然人的，需签字并捺指印，答辩人为法人或非法人组织的，应写明单位名称，并加盖单位公章。

　　3. 民事答辩状的样式

## 民事答辩状

答辩人：

　　对×××人民法院（××××）×民初×号×××诉我×××一案，答辩如下：

---

　　① 《中华人民共和国民事诉讼法》第一百二十八条："人民法院应当在立案之日起五日内将起诉状副本发送被告，被告应当在收到之日起十五日内提出答辩状。答辩状应当记明被告的姓名、性别、年龄、民族、职业、工作单位、住所、联系方式；法人或者其他组织的名称、住所和法定代表人或者主要负责人的姓名、职务、联系方式。人民法院应当在收到答辩状之日起五日内将答辩状副本发送原告。被告不提出答辩状的，不影响人民法院审理。"

首先，……

其次，……

最后，……

证据及来源，证人姓名和住所：……

此致

×××人民法院

答辩人：×××

××××年××月××日

附：

1. 答辩状副本×份；

2. 其他证明文件×份。

### （三）民事上诉状

1. 民事上诉状的概念

民事上诉状①是民事诉讼当事人不认同第一审人民法院作出的判决或裁定，在法定期限内向上级法院提起的上诉请求。这是一项重要的诉讼权利，用于维护受不公正判决影响的当事人合法权益，同时也是法院启动第二审程序、确保司法公正的关键手段。需要注意的是，最高人民法院的第一审判决或裁定，以及各级人民法院的第二审判决或裁定，一旦作出即具有法律效力，不能再次上诉。

2. 民事上诉状的写作要点

民事上诉状由首部、正文和尾部三部分组成。

（1）首部。①标题：在文书顶端正中处写"民事上诉状"。②当事人基本情况：在撰写民事上诉状时，首先要列明上诉人和被上诉人的基本信息，并用括号在后面分别注明各自在原审中的诉讼地位。如"上诉人（原审原告）""被上诉人（原审被告）""上诉人（原审第三人）"；共同诉讼的案件，没有提出上诉且他人上诉的内容与其无关时，仍列原审中的诉讼称谓，而不列为被上诉人。对于自然人，包括姓名、性别、年龄、民族、职业、工作单位和住所；对于法人或其他组织，应写明名称、住所及法定代表人或主要负责人的姓名和职务。如果上诉人有法定代理人或委托代理人，也需详细列明其信息。当代理人是律师时，可以仅列出姓名和职务。

（2）正文。①上诉请求：在民事上诉状中，上诉人需明确其具体请求，包括是否要求撤销原审裁判、改变原审的全部处理决定，或对原审裁判作部分变更。这一请求目的应当明确、具体并详细阐述。②事实和理由：在撰写民事上诉状时，首先要找出原判决中可能影响裁决结果的错误，并提炼上诉理由。然后，结合确凿证据，利用适当的法律条款进行分析论证，提出原判决的错误。具体情形包括：第一，法律适用错误则改判；第二，事

---

① 《中华人民共和国民事诉讼法》第一百七十一条："当事人不服地方人民法院第一审判决的，有权在判决书送达之日起十五日内向上一级人民法院提起上诉。当事人不服地方人民法院第一审裁定的，有权在裁定书送达之日起十日内向上一级人民法院提起上诉。"

实认定错误或不清、证据不足则发回重审或改判；第三，程序违法影响判决正确性则发回重审。对多个错误，应分条列明反驳。

最后表达上诉请求，如撤销原判决并改判或重审。通常的写法是："综上所述，说明×××人民法院（或原审）所作的判决（或裁定）不当，特向贵院上诉，请求撤销原判（或裁定），给予依法改判（或重新处理）。"

（3）尾部。①致送机关：在正文左下角分两行书写"此致""××××人民法院"。②附项：写明本上诉状副本的份数。③落款：由上诉人签名或盖章，并注明上诉日期。上诉人为自然人的，需签字并捺指印，上诉人为法人或非法人组织的，应写明单位名称，并加盖单位公章。

3. 民事上诉状的样式

## 民事上诉状

上诉人（一审原/被告）：××××

被上诉人（一审原/被告）：××××

上诉人因××××一案，不服×××人民法院××××年××月××日作出的（×××）×民初×号判决（或裁定），现提出上诉。

上诉请求：……

上诉理由：

……

……（分点论述）

此致

×××人民法院

上诉人：××××

××××年××月××日

附：

1. 本上诉状副本×份；

2. 相关证据目录。

### （四）民事诉讼代理词

1. 民事诉讼代理词的概念

民事诉讼代理词①是诉讼代理人在法庭辩论阶段为维护委托人合法权益而提出的诉讼

---

① 《中华人民共和国民事诉讼法》第六十一条："当事人、法定代理人可以委托一至二人作为诉讼代理人。下列人员可以被委托为诉讼代理人：（一）律师、基层法律服务工作者；（二）当事人的近亲属或者工作人员；（三）当事人所在社区、单位以及有关社会团体推荐的公民。"

文书。是基于事实和法律，表达代理人对案件处理的意见。

2. 民事诉讼代理词的写作要点

代理词一般由首部、正文和尾部三部分组成。

（1）首部。①标题：在文书顶端正中处写"代理词"。②称谓：习惯称呼语是："尊敬的审判长、审判员"。

（2）正文。正文是民事诉讼代理词的核心部分，内容需根据案件具体情况、被代理人的诉讼地位、诉讼目的和请求以及双方当事人的关系来确定。代理人应在代理权限内，基于事实和法律，陈述并论证被代理人提出的事实和理由的合理性，支持其主张和请求，同时反驳对方的观点。若为二审代理词，还需对一审判决进行分析评价，提出相应的要求和意见。

代理词的结束语部分主要用于总结和归纳代理意见，提出代理观点或主张。在这一部分，代理人向法庭提出希望采纳其观点的主张，并明确表达对案件的处理意见、建议和具体要求。

（3）尾部。尾部就是落款，在代理词正文的右下角签署制作代理词的律师姓名及其所在的律师事务所名称，并注明制作代理词的日期。

3. 民事诉讼代理词的样式与范例

（1）民事诉讼代理词的样式：

## 代 理 词

尊敬的审判长、审判员：

××律师事务所依照《民事诉讼法》第五十八条的规定，受×××的委托，指派我担任×××的诉讼代理人，参与本案××××（一审/二审）活动。开庭前，我听取了被代理人的陈述，查阅了本案案卷材料，进行了必要的调查。现发表如下代理意见：

一、……

二、……

综上所述，……

诉讼代理人：×××

××律师事务所

××××年××月××日

（2）民事诉讼代理词的范例：

## 代 理 词

尊敬的审判长、审判员：

××××律师事务所依照《民事诉讼法》第五十八条的规定，受张某花的委托，指派我担任其在本案的诉讼代理人，参与本案张某花与王某名誉权纠纷一审活动。开庭前，代理人听取了被代理人的陈述，查阅了本案案卷材料，进行了必要的调查。现发表如下代理意见：

一、关于差评的性质。王某给出的差评虽表达了个人观点，但需考虑其对张某花店铺的实际影响。张某花店铺的其他差评并不排除王某差评带来的特定损害后果。

二、关于商业信誉损失的证明。张某花提供的退货记录可作为间接证据，显示其业务因差评受到影响。

综上所述，请求法院考虑上述因素，作出公正判决。

诉讼代理人：李某

××××律师事务所

××××年××月××日

## 三、刑事诉讼类文书

### （一）刑事自诉状

1. 刑事自诉状的概念

刑事自诉状①是刑事自诉案件中被害人或其法定代理人用以追究被告人刑事责任的法律文书，直接向人民法院提起诉讼。根据《刑事诉讼法》第十九条第三款，自诉案件由人民法院直接受理。

刑事自诉状的适用范围限于自诉案件，这包括：（1）告诉才处理的案件，如侮辱、诽谤、暴力干涉婚姻自由、虐待、侵占；（2）被害人有证据证明的轻微刑事案件，如故意伤害、非法侵入住宅、侵犯通信自由、重婚、遗弃、生产销售伪劣商品等；（3）被害人有证据证明对被告人侵犯自己人身、财产权利的行为应追究刑事责任，但公安或检察院不追究刑事责任的案件。

2. 刑事自诉状的写作要点

刑事起诉状由首部、正文和尾部三部分组成。

（1）首部。①标题：在文书顶端正中处写"刑事自诉状"。②当事人基本情况：需要详细描述自诉人（或代为告诉人）和被告人的基本信息。如果当事人是公民，应包括姓名、性别、年龄、民族、出生地、教育程度、职业、工作单位、住址、联系方式等。若当事人是法人或其他组织，需要提供组织的名称、地址、法定代表人（或代表人）的姓名、职务以及联系电话。

---

① 《中华人民共和国刑事诉讼法》第十九条："刑事案件的侦查由公安机关进行，法律另有规定的除外。人民检察院在对诉讼活动实行法律监督中发现的司法工作人员利用职权实施的非法拘禁、刑讯逼供、非法搜查等侵犯公民权利、损害司法公正的犯罪，可以由人民检察院立案侦查。对于公安机关管辖的国家机关工作人员利用职权实施的重大犯罪案件，需要由人民检察院直接受理的时候，经省级以上人民检察院决定，可以由人民检察院立案侦查。自诉案件，由人民法院直接受理。"

（2）正文。①案由和诉讼请求：案由和诉讼请求部分必须清晰具体，分别陈述被告人的罪名和不同的诉讼请求。②事实与理由：详述犯罪的时间、地点、对象、动机、目的、情节、手段及后果，并明确犯罪的法律依据。如有附带民事诉讼，需在犯罪事实后明确。

在阐述事实与理由时，需要列出证据、证据来源、证人姓名和住址。

（3）尾部。①致送机关：人民法院的名称，分两行书写"此致""××××人民法院"。②附项：即写明本自诉状副本的份数。③落款：即自诉人或者代为告诉的人签名或者盖章，提起自诉的具体日期。

3. 刑事自诉状的样式与范例

（1）刑事自诉状的样式：

## 刑事自诉状

自诉人：×××

被告人：×××

案由：……

诉讼请求：

……

事实与理由：

1. ……

2. ……（分点论述）

证据及其来源，证人姓名和住址：……

此致

×××人民法院

具状人：×××

××××年××月××日

附：相关证据材料

（2）刑事自诉状的范例：

## 刑事自诉状

自诉人：洪某

被告人1：李某

被告人2：谭某

案由：重婚罪

诉讼请求：

1. 请求法院判定李某与谭某的行为构成重婚罪。

2. 请求法院依法追究李某与谭某的刑事责任。

事实与理由：

李某与洪某于 2006 年合法登记结婚，后生育一子。2017 年，李某离家务工，应聘至光明公司。2018 年，为申请单位夫妻宿舍，谭某在明知李某有妻儿的情况下，与李某二人伪造婚姻登记证，以夫妻名义向所在单位申请夫妻宿舍，并在该宿舍内共同生活。本案中，李某和谭某明知故犯，以夫妻名义共同生活于单位提供的宿舍内，二人的行为已构成我国《刑法》第 258 条之规定的重婚罪。

证据及其来源，证人姓名和住址：

1. 洪某与李某的婚姻登记证明。

2. 伪造的婚姻登记证及单位提供的夫妻宿舍记录。

3. 证人证言：邻居及单位同事，证实李某与谭某共同生活的情况。

此致

光明区人民法院

具状人：洪某

××××年××月××日

附：相关证据材料

### （二）刑事上诉状①

1. 刑事上诉状的概念

刑事上诉状，是刑事公诉案件中的被告人和刑事自诉案件中的自诉人、被告人，对一审法院裁决不服时，在法定上诉期内向原审法院的上级法院提交的法律文书，旨在请求重审案件。

刑事上诉状仅针对地方各级人民法院作出的第一审刑事判决或裁定。这意味着，最高人民法院的判决或裁定一旦作出，即具有法律效力，不能对其提出上诉。同样，第二审判决作为终审判决，也不允许提起上诉。

2. 刑事上诉状的写作要点

刑事上诉状由首部、正文和尾部三部分组成。

（1）首部。①标题：在文书顶端正中处写"刑事上诉状"。②当事人的基本情况：在刑事上诉状中，如果上诉人是公民，应包括其姓名、性别、出生日期、民族、籍贯、职业或工作单位和职务、住址。对于法人或其他组织的上诉人，应列明名称、地址、法定代表人（或代表人）的姓名、职务和联系电话。如果上诉人有法定或委托代理人，应写明代

---

① 《中华人民共和国刑事诉讼法》第二百二十七条："被告人、自诉人和他们的法定代理人，不服地方各级人民法院第一审的判决、裁定，有权用书状或者口头向上一级人民法院上诉。被告人的辩护人和近亲属，经被告人同意，可以提出上诉。附带民事诉讼的当事人和他们的法定代理人，可以对地方各级人民法院第一审的判决、裁定中的附带民事诉讼部分，提出上诉。对被告人的上诉权，不得以任何借口加以剥夺。"

理人的姓名、性别、年龄、民族、职业或职务、工作单位或住址、与上诉人的关系。若代理人为律师，则只需列明姓名和职务。

在自诉案件中，提起上诉的当事人称为上诉人，对方当事人称为被上诉人。在公诉案件中，第一审被告人提出上诉的，称为上诉人，没有被上诉人。切记，不能把人民检察院列为被上诉人。

（2）正文。①上诉请求：上诉请求是上诉人对不服的第一审人民法院裁判提出的具体要求。上诉人需明确指出是对原审判决结果全部不服，还是部分不服，并明确要求第二审人民法院是撤销原判、全部改判，还是部分改判。②上诉理由：上诉理由应围绕上诉请求进行详细分析。这包括对第一审判决的事实认定、法律适用、量刑合理性以及诉讼程序的合法性进行全面审查，以论证上诉请求的事实和法律依据。

阐述完上诉理由后，一般会对上诉请求予以总结，强调上诉人的主张。具体可表述为："综上所述，……（概括原判决的错误、不当之处）充分说明原判决是错误的。为此，特向你院上诉，请求……（叙述要求撤销原判，改判无罪或者从轻、减轻、免除处罚）"

（3）尾部。①致送机关：在正文左下角分两行书写"此致""××××人民法院"。②附项：写明本上诉状副本的份数，以及所附证据材料的情况。③落款：由上诉人签名或者盖章，并注明上诉日期。上诉人为自然人的，需签字并捺指印，上诉人为法人或非法人组织的，应写明单位名称，并加盖单位公章。

3. 刑事上诉状的样式

# 刑事上诉状

上诉人：×××

上诉人因××××一案，不服×××人民法院（××××）×刑初字第×号判决，现提出上诉。

上诉请求：

……

上诉理由：

1. ……

2. ……（分点论述）

综上所述，……

此致

×××人民法院

上诉人：×××

××××年××月××日

附:

1. 本上诉状副本×份;
2. 相关证据目录。

### (三) 刑事辩护词①

1. 刑事辩护词的概念

辩护词,是刑事案件中辩护人为了维护被告人利益而提出的法庭演说词。它基于事实和法律,旨在申述和辩解控诉内容,力求证明被告人无罪、罪轻或减轻、免除其刑事责任。

一份有效的辩护词应观点明确、逻辑严谨、论理深刻,能全面反映辩护人的看法及要求。通过辩护词,法院能够全面了解案情,正确处理案件,对保护被告人合法权益和维护法律尊严具有重要意义。

2. 刑事辩护词的写作要点

辩护词一般由首部、正文和尾部三部分组成。

(1) 首部。①标题:在文书顶端正中处写"辩护词"。②称谓:通常的写法如"审判长、审判员"或"审判长、人民陪审员"。由审判员一人独任审判的,则只写"审判员"。

(2) 正文。①前言:在这一部分,辩护人应明确其依法进行辩护的合法权利,并概述出庭前的准备工作、辩护内容的来源,以及对整个案件的看法和立场。②主体:辩护人应详细阐述辩护理由和观点。这包括根据被告人的行为事实和相关法律规定,论证被告人无罪、罪轻或应减轻、免除其刑事责任的依据和意见。③结尾:辩护人应先对其观点进行总结,概括全文内容,并简要提出对案件处理的意见和要求。最后,可以使用常规的结束语,如"我的发言完了,谢谢审判长、审判员",以表明发言结束。

(3) 尾部。①致送机关:在正文左下角分两行书写"此致""××××人民法院"。②署名:写明制作辩护词的律师的姓名及其所在的律师事务所名称;同时,注明发表辩护词的日期。

3. 刑事辩护词的样式与范例

(1) 刑事辩护词的样式:

## 刑事辩护词

审判长、审判员 (人民陪审员):

根据《中华人民共和国刑事诉讼法》第×××条的规定,××律师事务所接受××一案中被告人××的委托,指派本所律师担任被告人××的辩护人,参加本案诉讼。接受委托后,本律师会见了被告人,查阅了本案材料,对有关单位和人员进行了调查访问,并

---

① 《中华人民共和国刑事诉讼法》第十一条:"人民法院审判案件,除本法另有规定的以外,一律公开进行。被告人有权获得辩护,人民法院有义务保证被告人获得辩护。"

听取了刚才的法庭调查。在此，提出辩护意见如下：

……（此处为辩护理由，应分点论述）

综上所述，辩护人认为，被告人……

以上意见，希望法庭采纳。

此致

××××人民法院

辩护人：×××

××律师事务所

××××年××月××日

（2）刑事辩护词的范例：

## 刑事辩护词

审判长、审判员（人民陪审员）：

根据《中华人民共和国刑事诉讼法》第三十三条的规定，大道律师事务所接受陈某添交通肇事一案中被告人陈某添的委托，指派本所律师担任被告人陈某添的辩护人，参加本案诉讼。接受委托后，本律师会见了被告人，查阅了本案材料，对有关单位和人员进行了调查访问，并听取了刚才的法庭调查。在此，提出辩护意见如下：

首先，被告人陈某添在事故发生后主动报警并离开现场，当晚主动到公安局投案，如实供述犯罪事实，表现出了良好的自首态度。

其次，被告人陈某添积极赔偿被害人近亲属经济损失，并获得了被害人近亲属的谅解，体现出其强烈的赔偿意愿和悔罪表现。

最后，虽然被告人陈某添的行为造成了严重后果，但其无预谋的犯罪意图，以及事后的积极态度，说明其具备一定的悔罪意识。

综上所述，辩护人认为，被告人陈某添的行为构成交通肇事罪，但考虑到其自首、赔偿被害人家属并获得谅解等情节，应当对其予以从轻或减轻处罚。恳请法庭根据具体情况，依法作出公正判决。

以上意见，希望法庭采纳。

此致

××市光明区人民法院

辩护人：张某

大道律师事务所

××××年××月××日

## 四、行政诉讼类文书

### （一）行政起诉状

**1. 行政起诉状的概念①**

行政起诉状，是当公民、法人或其他组织认为行政机关及其工作人员的具体行政行为侵犯了其合法权益时，向人民法院提起的诉讼。这类诉讼旨在请求法院撤销行政机关的具体行政行为，以保护申诉方的合法权益。

**2. 行政起诉状的写作要点**

行政起诉状由首部、正文和尾部三部分组成。

（1）首部。①标题。在文书顶端正中处写"行政起诉状"。②当事人的基本情况。在行政起诉状中，应详细记录原告和被告的基本信息。自然人原告需包括姓名、性别、出生日期、民族、籍贯、职业、工作单位及职务、住址等。法人或其他组织原告应提供组织名称、地址、联系方式及法定代表人或负责人的信息。若有委托代理人，也需列明其基本信息。行政诉讼的被告限于实施具体行政行为的行政机关或法律法规授权的组织。其他未授权组织或以个人名义行事的行政机关及其工作人员不可作为被告。

（2）正文。①诉讼请求。在行政起诉状中，诉讼请求因案件具体情况而异：第一，若认为被告的行政行为存在证据不足、法规适用错误、程序违法或滥用职权，可请求法院判决撤销或部分撤销；第二，对于被告未履行或拖延履行职责的情况，可请求法院判决被告在规定期限内履行职责；第三，若认为行政处罚不公，可请求变更处罚；第四，若被告的侵权行为造成损失，可提出赔偿请求。②事实与理由。应详细说明被告侵犯原告合法权益的具体事实、原因及其造成的结果，并指出行政争议的核心问题。若起诉前经过行政复议，还应说明复议机关的决定过程和结果。理由部分基于事实叙述，依据法律法规分析，以证明诉讼请求的合理性和合法性。

在阐述事实与理由时，需要写明证据的名称、件数、来源或证据线索。有证人的，应写明证人的姓名、住址。

（3）尾部。①致送机关。在正文左下角分两行书写"此致""××××人民法院"（另起，顶格）。②附项。写明本起诉状副本的份数。③落款。由起诉人签名或者盖章，并注明起诉的日期。起诉人为自然人的，需签字并捺指印，起诉人为法人或非法人组织的，应写明单位名称，并加盖单位公章。

**3. 行政起诉状的样式**

### 行政起诉状

原告：×××

被告：×××

---

① 《中华人民共和国行政诉讼法》第二条："公民、法人或者其他组织认为行政机关和行政机关工作人员的行政行为侵犯其合法权益，有权依照本法向人民法院提起诉讼。"

诉讼请求：

……

事实与理由：

1.……

2.……（分点论述）

此致

×××人民法院

具状人：×××

××××年××月××日

附：相关证据材料

### （二）行政上诉状①

**1. 行政上诉状的概念**

行政上诉状，是当事人对地方各级人民法院第一审未生效的行政判决或裁定不服时，在法定上诉期限内向上级人民法院提起的上诉。它是行使上诉权的书面形式，触发第二审程序的开启，为第二审法院审理和裁决上诉案件提供基础和依据。

**2. 行政上诉状的写作要点**

行政上诉状由首部、正文和尾部三部分组成。

（1）首部。①标题：在文书顶端正中处写"行政上诉状"。②当事人的基本情况：在行政上诉状中，首先应按照上诉人和被上诉人的顺序，分别详细列明他们的基本情况，并注明在第一审中的诉讼地位。自然人当事人应包括姓名、性别、年龄、民族、籍贯、职业、工作单位及职务、住址等信息；法人或其他组织当事人则需提供单位名称、法定代表人、住所地、联系方式和邮政编码等信息。若被上诉人为行政机关，应列明该机关的名称、法定代表人和住所地。

（2）正文。①上诉请求：在行政上诉状中，需要明确指出上诉人希望上诉法院解决的具体事由，例如撤销原判或重新判决等。这部分内容对于明确上诉目的和方向至关重要。②事实与理由：上诉理由主要针对原审裁判的内容，而不是对抗方当事人。这部分应专注于论述原审判决或裁定在事实认定和法律适用方面的错误。需要明确指出一审判决或裁定在事实根据和法律依据上的不准确之处。

（3）尾部。①致送机关：在正文左下角分两行书写"此致""××××人民法院"（另起，顶格）。②附项：写明本上诉状副本的份数。③落款：由上诉人签名或者盖章，并注明上诉的日期。上诉人为自然人的，需签字并捺指印，上诉人为法人或非法人组织

---

① 《中华人民共和国行政诉讼法》第八十五条："当事人不服人民法院第一审判决的，有权在判决书送达之日起十五日内向上一级人民法院提起上诉。当事人不服人民法院第一审裁定的，有权在裁定书送达之日起十日内向上一级人民法院提起上诉。逾期不提起上诉的，人民法院的第一审判决或者裁定发生法律效力。"

的，应写明单位名称，并加盖单位公章。

3. 行政上诉状的样式

# 行政上诉状

上诉人：×××

被上诉人：×××

上诉人因××××一案，不服×××人民法院（××××）×行初×号判决，现提出上诉。

上诉请求：

……

上诉理由：

……（分点论述）

此致

×××人民法院

上诉人：×××

××××年××月××日

附：

1. 本上诉状副本×份；

2. 相关证据目录。

## （三）行政复议申请书①

1. 行政复议申请书的概念

行政复议申请书，是公民、法人或其他组织在其合法权益受到行政机关的行政行为侵

---

① 《中华人民共和国行政诉讼法》第六条："有下列情形之一的，公民、法人或者其他组织可以依照本法申请行政复议：（一）对行政机关作出的警告、罚款、没收违法所得、没收非法财物、责令停产停业、暂扣或者吊销许可证、暂扣或者吊销执照、行政拘留等行政处罚决定不服的；（二）对行政机关作出的限制人身自由或者查封、扣押、冻结财产等行政强制措施决定不服的；（三）对行政机关作出的有关许可证、执照、资质证、资格证等证书变更、中止、撤销的决定不服的；（四）对行政机关作出的关于确认土地、矿藏、水流、森林、山岭、草原、荒地、滩涂、海域等自然资源的所有权或者使用权的决定不服的；（五）认为行政机关侵犯合法的经营自主权的；（六）认为行政机关变更或者废止农业承包合同，侵犯其合法权益的；（七）认为行政机关违法集资、征收财物、摊派费用或者违法要求履行其他义务的；（八）认为符合法定条件，申请行政机关颁发许可证、执照、资质证、资格证等证书，或者申请行政机关审批、登记有关事项，行政机关没有依法办理的；（九）申请行政机关履行保护人身权利、财产权利、受教育权利的法定职责，行政机关没有依法履行的；（十）申请行政机关依法发放抚恤金、社会保险金或者最低生活保障费，行政机关没有依法发放的；（十一）认为行政机关的其他具体行政行为侵犯其合法权益的。"

犯时，向有管辖权的行政机关提出复议请求的法律文书。

2. 行政复议申请书的写作要点

行政复议申请书由首部、正文和尾部三部分组成。

（1）首部。①标题：在文书顶端正中处写"行政复议申请书"。②申请人的基本情况：对于公民申请人，应包括姓名、性别、出生日期、民族、籍贯、职业或工作单位及职务、住址等信息。法人或其他组织申请人应提供名称、地址、法定代表人或代表人的姓名、职务和联系电话。无民事行为能力或限制民事行为能力的公民的法定代理人信息也需包括。如委托律师代为申请，应列明律师姓名和所在律师事务所。被申请人信息包括名称和详细地址等。

（2）正文。①申请复议的目的：应明确指出申请人得知行政机关作出行政行为的日期及具体争议的行政行为内容。同时，需要明确写出申请复议的目的和要求，比如请求撤销、变更行政行为，或要求行政机关在规定期限内履行特定行政行为。②事实与理由：申请人应客观陈述与行政行为相关的全部事实，并指出行政机关在作出行政行为时所认定事实与客观情况的不符之处，列出相关证据材料。如果有证人，还应提供证人的姓名、职业和住址。在陈述事实的基础上，需引用相关法律法规，论证复议请求的合法性。

（3）尾部。①致送机关：在正文左下角分两行书写"此致""××××"（受理复议申请的行政机关）。②附项：写明本申请书副本的份数。③落款：由申请人签名或者盖章，并注明申请的日期。申请人为自然人的，需签字并捺指印，申请人为法人或非法人组织的，应写明单位名称，并加盖单位公章。

3. 行政复议申请书的样式

## 行政复议申请书

申请人：×××

被申请人：×××

申请人因不服被申请人××××年××月××日作出的行政行为，提出复议申请，要求×××。

事实与理由：

……（分点论述）

此致

××××（受理复议申请的行政机关）

申请人：×××

××××年××月××日

附：

1. 申请书副本×份；

2. 证据×份。

# 第二节　律师非诉讼类文书

## 一、非诉讼类文书的概念

律师非诉讼类文书，是指律师在非诉讼法律服务中起草或审查的各种文书。这些文书不涉及法庭诉讼程序，而是用于法律咨询、合同草拟、法律意见书、遗嘱起草等场合。

## 二、律师函

### （一）律师函的概念

律师函，也称为律师信，是律师代表客户对某一具体事实或法律问题进行说明、评估，并提出要求的专业法律文书。它主要用于表达当事人对特定事件的立场和观点，本身并不具备法律强制力。律师函的使用旨在通过正式的法律途径通知对方，以期达到解决争议的目的。

### （二）律师函的写作要点

律师函由首部、正文和尾部三部分组成。

1. 首部

（1）标题：在文书顶端正中处写"律师函"。

（2）致送对象：名称应当使用全称或者规范化简称、统称，不可省略或用不规范的简称。可在受送个人姓名后加先生或女士等尊称。

2. 正文

（1）委托声明。应当明确委托人、受委托律师事务所、受指派的律师及委托事项。

（2）事实的具体阐述。律师需要严格依据委托人提供的材料和陈述，提炼出可靠的事实进行陈述，既不夸大也不删减关键信息。事实陈述应遵循事情的基本脉络，包括法律关系的产生、变更、消灭等过程，以及双方的原因行为和结果。此外，事实陈述应遵循关联性原则、必要性原则及客观性原则，为法律分析铺垫。

（3）受委托事项的法律分析。在律师函的事实陈述和法律分析部分，首先需要客观、准确地陈述事实，确保事实的相关性和明确性。然后，基于事实进行法律分析，法律依据应明确具体，论证逻辑应严密有力。法律分析应考虑收件人的背景，使内容通俗易懂或适当专业。例如，对普通公民应简明扼要，对法律专业人士则可以使用更专业的法律术语。此部分旨在根据事实推导出法律上应有的义务分担，增强函件的说服性和权威性。

（4）要求或建议。该重点在于提出具体要求，设置合理的期限，并对送达对象不遵守律师函意见或要求可能面临的不利后果进行说明。这不仅增强了律师函的威严性，也体现了委托人的坚定法律立场。同时，内容应保持建设性，避免恶化关系或减少协商和解的可能性。

3. 尾部

（1）发函律师名称（手写）及签发日期。

（2）附注。需要说明的其他事项，如律师的电话及电子邮箱等作为律师函的附注，以便送达对象反馈回复。

**（三）律师函的样式与范例**

1. 律师函的样式

### 律　师　函

××先生/女士：

我所接受×××（以下简称我当事人）委托，就××××一事，特签发本律师函。

一、……（基本事实概述）

二、……（法律分析及法律后果）

三、……（解决问题的方法及建议）

四、……（结束语）

××××律师事务所

律师：×××

××××年××月××日

联系方式：×××律师，电话：××××

律师出具律师函时，无须照搬上述一、二、三点所列纲要语句，只需按上述结构要求表述即可。

2. 律师函的范例

### 律　师　函

致蔡某贤先生：

本所接受范某香（以下简称我当事人）委托，就蔡某贤侵犯范某香名誉权一事，特签发本律师函。

据我当事人陈述，您与我当事人于 2020 年 7 月 4 日因家门口垃圾问题发生争执。随后，您于次日闯入我当事人家中进行言语攻击，并在邻居间对其进行辱骂，侮辱其人格。名誉权受法律保护，任何人不得侵犯他人的名誉权。您的行为已侵犯我当事人的名誉权，依法应承担法律责任。鉴于此，我当事人要求您立即停止对她的侮辱、辱骂行为，公开书面赔礼道歉，并支付精神损害抚慰金 1000 元。我们希望您能重视此事，并立即采取措施解决上述问题。否则，我方将采取进一步的法律行动来解决此事。

××律师事务所

律师：胡××

××××年××月××日

联系方式：胡××，电话：×××××

## 三、法律意见书

### （一）法律意见书的概念

法律意见书，是律师或律师组织为客户提供的专业法律服务文书。法律意见书是基于特定法律事实，运用法律知识和规定进行分析、论证，从而向行政机关或相关当事人提出具体的意见和建议。这种文书涵盖了律师业务的多个方面，既可以是针对特定问题的专项意见书，也可以是综合性的法律分析报告。

### （二）法律意见书的写作要点

法律意见书由首部、正文和尾部三部分组成。

1. 首部

（1）标题：在文书顶端正中处写"法律意见书"。

（2）称谓：写明文书接收对象的名称或姓名。

2. 正文

（1）对委托人及法律文书出具人的相关情况进行介绍。

（2）对委托事项进行说明，明确委托人需要解决或咨询的具体法律问题。

（3）说明出具该法律意见书的主要依据，包括相关法律、法规等。

（4）对委托事项进行具体的法理分析，深入探讨相关法律问题，提供专业意见。

（5）明确写出对委托事项的处理意见，提供针对性的法律建议或解决方案。

3. 尾部

出具人署名盖章及签发日期。

### （三）法律意见书的样式

**法律意见书**

致：

　　××××律师事务所是具有中华人民共和国执业资格的律师事务所。现接受×××的委托，就……（相关问题），出具本法律意见书。

出具本法律意见书的主要依据：……

律师对委托事项的分析及意见：……（分点论述）

律师及律所对出具意见书应承担的责任的声明：……

本法律意见书一式两份，××× 与 ×××× 律师事务所各持一份。

××××律师事务所

律师（签名）：×××

××××年××月××日

## 四、律师见证书

### (一)律师见证书的概念

律师见证书,是律师或律师事务所在当事人请求下,对其亲眼见证或亲自审查的法律事实或行为出具的证明文件。律师见证是对法律规定的强制公证以外的法律行为的证明,如果法律要求对某些行为进行强制公证,律师应当告知当事人该见证只有完成公证程序,相关的法律行为才能得到法律的保护和认可。

### (二)律师见证书的写作要点

律师见证书由首部、正文和尾部三部分组成。

1. 首部

在文书顶端正中处写"律师见证书"。

2. 正文

(1)见证事实。见证事实即律师见证了哪种法律行为。

(2)见证材料。律师在见证过程中审查的与当事人行为相关的材料,如身份证明文件、合同文本、遗嘱等。

(3)见证结论。律师基于相关法律规定,对亲临见证现场的当事人法律行为及所审查材料的客观性、真实性、合法性进行的法律评价。

3. 尾部

见证律师签名并加盖所在律所的印章。

### (三)律师见证书(遗嘱)的样式与范例

1. 律师见证书(遗嘱)的样式

**律师见证书**

××律师事务所接受×××委托进行××××事项见证。

见证律师审查了委托人提供的×××文件。

兹证明:……

××律师事务所

律师(签名):×××

××××年××月××日

**遗　　嘱**

立遗嘱人:×××

为了××××,特请×××和×××作为见证人,并委托××××律师事务所×××律师代书遗嘱,对××××做如下处理:

一、……

二、……

三、……

本遗嘱一式×份，由××××各执一份，由律师事务所存一份。

立遗嘱地点：……

立遗嘱时间：……

本遗嘱由×××监督执行。

立遗嘱人：×××

见证人：×××

代书人：×××

××××律师事务所

××××年××月××日

2. 律师见证书（遗嘱）的范例

## 遗　　嘱

立遗嘱人：李某1

为了确保财产按我的意愿分配，特请章某和赵某作为见证人，并委托××律师事务所陈某知律师代书遗嘱，对本人的财产做如下处理：

一、市中心住房：留给女儿李某2。

二、存款：五十万元存款平均分配给女儿李某2和儿子李某力。

三、个人物品：珍贵藏品留给儿子李某力。

本遗嘱一式三份，由章某、赵某各执一份，由××律师事务所存一份。

立遗嘱地点：李某1的居所

立遗嘱时间：2023年5月20日

本遗嘱由陈某知律师监督执行。

立遗嘱人：李某1

见证人：章某、赵某

代书人：陈某知

××律师事务所

2023年5月20日

## 五、执行类法律文书

### （一）执行类法律文书的概念

执行类法律文书包括先予执行申请书、强制执行申请书和执行异议书。

（1）先予执行申请书用于紧急情况下，允许原告在判决前请求法院责令被告预付一定款项的文书。

（2）强制执行申请书则是权利人在义务人未履行法律确定的义务时，依据人民法院等作出的已生效的法律文书向法院提出的申请，要求强制义务人履行的文书。

（3）执行异议书是异议人对执行事项有异议，请求法院停止或变更执行内容的法律文书。

上述文书共同构成了确保法律判决得到实施和执行的关键手段。

**（二）执行类法律文书的写作要点**

执行类文书一般由首部、正文和尾部三部分组成。

1. 首部

（1）标题：在文书顶端正中处写"×××申请书"。

（2）申请人基本情况。无论是公民还是法人或者其他组织，都需要明确注明申请人的基本信息。对于公民，应包括姓名、性别、出生日期、民族、籍贯、职业或工作单位、住址等详细信息。而对于法人或其他组织，必须详细写明其名称、所在地址、法定代表人的姓名、统一社会信用代码和联系电话等信息。

2. 正文

（1）请求事项。请求事项应该明确、具体，分项列出请求的内容。

（2）事实与理由。该部分需详细陈述事实情况和法律依据。具体来说，先予执行申请书强调急需先予执行的事实及申请人对被申请人无对待给付义务的说明；强制执行申请书着重写明生效法律文书内容、义务履行情况及被申请人仍需向申请人承担的义务；执行异议则主要陈述提出异议的原因和案件执行对申请人权利的影响。

3. 尾部

申请人签名或者盖章，并注明申请日期。

**（三）执行类文书的样式**

**先予执行申请书**

申请人：×××

被申请人：×××

请求事项：

……

事实和理由：

……

申请人提供××××作为担保。

此致

×××人民法院

申请人：×××

××××年××月××日

附：有关证据材料

<h1 style="text-align:center">强制执行申请书</h1>

申请执行人：×××

被执行人：×××

请求事项：×××

事实与理由：

……

此致

×××人民法院

申请执行人：×××

××××年××月××日

附：生效法律文书×份。

<h1 style="text-align:center">执行异议书</h1>

异议人：×××

请求事项：×××

事实与理由：

……

此致

×××人民法院

申请人：×××

××××年××月××日

附：（有关证据及材料）

## 六、尽职调查报告

### （一）尽职调查的概念

尽职调查，是在进行证券发行、企业并购及其他交易时，对企业进行全面审查的过程。它由律师、会计师、税务师等专业人士团队从不同角度进行调查、分析，这一过程的目的是识别潜在问题，评估其影响，并提出解决方案。尽职调查确保交易合法、有序、公平，是促进企业和社会经济发展的重要环节。

### （二）尽职调查报告的写作要点

尽职调查报告一般由首部、正文和尾部三部分组成。

1. 首部

（1）标题：在文书顶端正中处写"关于目标公司××有限公司的尽职调查报告"。

（2）明确尽职调查的目的和范围，提供报告的基本背景信息，为阅读者提供必要的引导。

2. 正文

正文部分是尽职调查报告的核心，详细论述调查的具体内容和发现。该部分包括对调查对象的财务状况、业务运营、合同关系、法律风险、市场地位等方面的分析，每一个分析点都应基于事实和数据，逻辑清晰，分析深入。需要注意的是，正文应该客观、中立，避免主观偏见，确保信息的准确性和完整性。

3. 尾部

撰写人签名或者盖章，并注明撰写日期。

（三）尽职调查报告的样式

## 关于目标公司××有限公司的尽职调查报告

××尽调字第××号

本律师事务所或会计师事务所或企业清算事务公司接受××公司之委托，现就其拟收购的××公司（以下统称"目标公司"）作出尽职调查报告，在经过调卷、阅卷、调查等基础上，现就"目标公司"的尽职调查已结束，现出具该尽职调查报告，请贵司参阅为洽！

一、对目标公司法人主体资格及其历史沿革的调查

（一）……（调查重点）

（二）……（主要审阅文件）

（三）……（常见法律问题）

二、对目标公司股东、股权结构与控股股东、实际控制人的调查

（一）……（调查重点）

（二）……（主要审阅文件）

（三）……（常见法律问题）

三、对目标公司组织机构及法人治理结构的调查

（一）……（调查重点）

（二）……（主要审阅文件）

（三）……（常见法律问题）

四、对目标公司主要资产与经营设施的调查

（一）……（调查重点）

（二）……（主要审阅文件）

（三）……（常见法律问题）

五、对目标公司业务经营情况的调查

（一）……（调查重点）

（二）……（主要审阅文件）

（三）……（常见法律问题）

六、对目标公司重大合同履行情况的调查

（一）……（调查重点）

（二）……（主要审阅文件）

（三）……（常见法律问题）

七、对目标公司重大债权债务及担保等事项的调查

（一）……（调查重点）

（二）……（主要审阅文件）

（三）……（常见法律问题）

八、对目标公司同业竞争与关联交易情况的调查

（一）……（调查重点）

（二）……（主要审阅文件）

（三）……（常见法律问题）

九、对目标公司税务情况的调查

（一）……（调查重点）

（二）……（主要审阅文件）

（三）……（常见法律问题）

十、对目标公司劳动社保、安全生产情况的调查

（一）……（调查重点）

（二）……（主要审阅文件）

（三）……（常见法律问题）

十一、对目标公司近三年重大诉讼、仲裁与行政措施的调查

（一）……（调查重点）

（二）……（主要审阅文件）

（三）……（常见法律问题）

以上，即是我单位受贵司委托对"目标公司"所作的尽职调查报告，报告基准日为2024年1月19日，因时间的推移，文中部分陈述或与您阅读之时的情况有所变动，请务必留意。

尽调单位：××××律师事务所

尽调人员：×××，×××

（一般为律师或会计师或企业清算服务人员）

××××年××月××日

## 七、合同的起草与审查

### (一) 合同的概念

合同，是指自然人、法人或其他组织之间为设立、变更、终止民事权利义务关系而达成的协议。合同依法成立后，当事人必须按照合同的约定履行义务，不得私自改变或解除合同。因此，合同一旦订立，除非得到对方同意，任何一方都不能擅自更改或终止合同，以确保法律关系的稳定和当事人的利益得到保护。合同的起草和审查，也是律师实务文书中不可或缺的一环。

### (二) 常见的合同类型

1. 买卖合同①

(1) 买卖合同的概念。买卖合同是出卖人同意转移某物的所有权给买受人，买受人同意支付相应价款的合同。交付并转移标的物所有权的一方被称为"出卖人"或"出让人"，而支付价款的一方则被称为"买受人"或"受让人"。出卖人应当是标的物的所有权持有者或拥有处分权的人。买卖合同通常详细规定了合同标的物的各种具体信息，如名称、数量、质量、价款等。

(2) 起草、审查买卖合同的写作要点。

首先，验证当事人信息的真实性。在签订合同前，合同各方应互相提供资质资格证照的复印件及授权委托书。为验证真实性，可通过国家企业信用信息公示系统等平台查询这些信息。在正式签约时，双方应将资质证照的复印件作为协议的一部分进行归档保管，以确保合作的合法性和安全性。当合同的一方为个人时，应在合同中明确注明其个人信息，包括姓名、住所地、身份证号码、联系方式等。这一过程有助于保障合作双方的合法权益，防止潜在的法律风险。

其次，具体明确合同的内容。货物的名称、数量、品种、型号、尺寸等细节要具体描述；货物的价款数额应明确标注，并建议同时用大写和小写文字标注；明确约定货物的质量标准，并规定质量异议的期限②；明晰违约责任，根据货物的需求紧急程度，可约定违约方应承担的具体责任，如继续履行或解除合同等③。如有违约金，写清楚违约金的性质。

最后，选择有利的纠纷解决地点。一方面，在合同中明确争议解决方式是诉讼还是仲裁，并避免选择对自己不利的纠纷解决方式。另一方面，选择争议解决地点时，应考虑合同履行地、签订地、标的物所在地、当事人住所地等人民法院，选择更有利于委托人的管辖法院，确保合同争议得到有效解决。

---

① 《中华人民共和国民法典》第五百九十五条："买卖合同是出卖人转移标的物的所有权于买受人，买受人支付价款的合同。"

② 《中华人民共和国民法典》第五百九十六条："买卖合同的内容一般包括标的物的名称、数量、质量、价款、履行期限、履行地点和方式、包装方式、检验标准和方法、结算方式、合同使用的文字及其效力等条款。"

③ 《中华人民共和国民法典》第五百七十七条："当事人一方不履行合同义务或者履行合同义务不符合约定的，应当承担继续履行、采取补救措施或者赔偿损失等违约责任。"

（3）买卖合同的样式：

# 买 卖 合 同

卖方：＿＿＿＿＿＿＿（以下简称甲方）

地址：＿＿＿＿＿＿＿

邮编：＿＿＿＿＿＿＿　电话：＿＿＿＿＿＿＿

传真：＿＿＿＿＿＿＿　电子邮箱：＿＿＿＿＿＿＿

买方：＿＿＿＿＿＿＿（以下简称乙方）

地址：＿＿＿＿＿＿＿

邮编：＿＿＿＿＿＿＿　电话：＿＿＿＿＿＿＿

传真：＿＿＿＿＿＿＿　电子邮箱：＿＿＿＿＿＿＿

甲乙双方经过协商，本着自愿及平等互利的原则，就甲方向乙方出卖本合同约定的货物事宜，达成如下一致：

**第一条**　名称、品种、规格和质量

1. 名称：＿＿＿＿＿＿＿

2. 品种：＿＿＿＿＿＿＿

3. 规格：＿＿＿＿＿＿＿

4. 质量，按下列第＿＿项执行：

（1）按照＿＿标准执行（须注明按国家标准或部颁或企业具体标准，如标准代号、编号和标准名称等）。

（2）按样本，样本作为合同的附件（应注明样本封存及保管方式）。

（3）按双方商定要求执行，具体为：＿＿＿＿＿（应具体约定产品质量要求）。

**第二条**　数量和计量单位、计量方法

1. 数量：＿＿＿＿＿＿＿

2. 计量单位和方法：＿＿＿＿＿＿＿

3. 交货数量的正负尾差、合理磅差和在途自然增减量规定及计算方法：＿＿＿＿＿

**第三条**　包装方式和包装品的处理：＿＿＿＿＿＿＿＿＿＿＿＿

**第四条**　交货方式

1. 交货时间：＿＿＿＿＿＿＿

（如甲方在约定时间不能按期交货，乙方允许甲方顺延交货日期 15 天）。

2. 交货地点：＿＿＿＿＿＿＿

3. 运输方式：＿＿＿＿＿＿＿

4. 保险：＿＿＿＿＿＿＿

5. 与买卖相关的单证的转移：＿＿＿＿＿＿＿

**第五条**　验收

验收时间：＿＿＿＿＿＿＿

**第六条**　损失风险

货物在送达交货地点前的损失风险由甲方承担，其后的损失风险由乙方承担。

**第七条**　价格与货款支付

1. 单价：＿＿＿＿＿＿＿＿

2. 总价：＿＿＿＿＿＿＿＿

3. 货款支付

货款的支付时间：＿＿＿＿＿＿＿＿

货款的支付方式：＿＿＿＿＿＿＿＿

**第八条**　提出异议的时间和方法

1. 乙方在验收中如发现货物的品种、型号、规格、花色和质量不合规定或约定，应在妥善保管货物的同时，自收到货物后＿＿＿日内向甲方提出书面的异议；乙方未及时提出异议的，视为货物合乎规定。

2. 乙方因使用、保管、保养不善等自身原因造成产品质量下降的，不得提出异议。

**第九条**　甲方违约责任

1. 甲方不能交货的，则乙方有权解除合同，并有权要求甲方返还已支付的款项，乙方自愿放弃主张定金责任。

2. 甲方所交货物的品种、型号、规格、花色、质量不符合约定的，乙方如同意利用货物，应按质论价；如乙方不能利用的，应依据具体情况，由甲方负责调换、修理、所产生的费用由甲方支付。

**第十条**　乙方违约责任

1. 乙方若自提货物未按甲方通知的日期或合同约定的日期提货的，应以实际逾期提货天数，每日按货物总额的＿＿＿％向甲方支付违约金。

2. 乙方逾期付款的，应按逾期付款金额每日＿＿＿％计算，向甲方支付违约金或一次性支付违约金。

3. 甲方因维权而支出的所有费用（包含但不限于律师费、诉讼费用、交通费等）均由乙方承担。

**第十一条**　争议的处理

本合同在履行过程中发生争议，由双方当事人协商解决，协商不成的由甲方所在地人民法院处理。

**第十二条**　本合同未尽事宜，依照有关法律、法规执行，甲乙双方也可达成补充协议。补充协议具有同等的法律效力。

**第十三条**　本合同自双方或双方法定代表人或授权代表人签字并加盖公章之日起生效。

2. 借款合同①

（1）借款合同的概念。借款合同，是贷款人向借款人提供资金，借款人承诺在指定

---

①　《中华人民共和国民法典》第六百六十七条："借款合同是借款人向贷款人借款，到期返还借款并支付利息的合同。"

期限内返还本金并支付利息的合同。实践中，借款合同分为两类：一是金融机构与自然人、法人和非法人组织之间的合同，这种借款合同属于诺成合同，即当事人达成书面协议后即成立。二是自然人之间的借款合同，这类合同属于实践合同，仅在借款人提供借款时生效。

（2）起草、审查借款合同的写作要点。

第一，确保借款主体信息明确。合同主体应详细列明个人姓名和身份证号等信息。如为法人，合同主体和签名盖章处需明确公司名称、法定代表人以及统一社会信用代码等信息。若法定代表人代表公司签字，签字处应注明"法定代表人"或"授权代表"。

第二，区分"借条"与"收条"。借款合同的标题应为"借款合同"或"借条"，不应写成"收条"或"欠条"，因为后者主要证明了财产的给付和接收事实，并不足以证明债权债务关系的存在。同时，应通过银行转账的方式交付借款并注明借款用途，防止借款人以其他事由抗辩。

第三，规范书写借款金额。借款金额应以数字和文字两种形式清楚标注，且大小写金额需要保持一致，以防任何歧义或误解。对于"借出时直接扣除利息"的做法，应告知客户这种做法在法律上通常是不被认可的，实际借款金额应作为借款合同中的本金金额①。

第四，合法约定利息。在自然人之间的民间借贷中，利息需按约定支付，无约定则视为无息。约定利息的，利率不得超过全国人民银行间同业拆借中心公布的一年期贷款市场报价利率的四倍。即使双方约定了高于此限的利率，这部分超额利率在法律上通常不受支持。然而，即使如此，过高的利率约定也不会导致整个借款合同无效②。

第五，明确约定还款期限。当借款合同中约定了还款期限，应提醒当事人注意诉讼时效的重要性。如果借款人在合同约定的还款期限到期后未还款，出借人必须在还款期限届满后的三年内向法院提起诉讼或主张权利。

（3）借款合同的样式：

## 借 款 合 同

甲方（借款人）：＿＿＿＿＿＿

身份证号码：＿＿＿＿＿＿

电话：＿＿＿＿＿＿

---

① 《中华人民共和国民法典》第六百七十条："借款的利息不得预先在本金中扣除。利息预先在本金中扣除的，应当按照实际借款数额返还借款并计算利息。"

② 《中华人民共和国民法典》第六百八十条："禁止高利放贷，借款的利率不得违反国家有关规定。借款合同对支付利息没有约定的，视为没有利息。借款合同对支付利息约定不明确，当事人不能达成补充协议的，按照当地或者当事人的交易方式、交易习惯、市场利率等因素确定利息；自然人之间借款的，视为没有利息。"

居住地：_____

乙方（贷款人）：_____

身份证号码：_____

电话：_____

居住地：_____

甲、乙双方在平等自愿、协商一致的基础上就下列事宜达成一致意见，为明确责任，签订本合同。

**第一条**　乙方贷给甲方人民币（大写）_____，于_____前交付甲方。

**第二条**　借款用途：_____

_____。

**第三条**　贷款利息：_____

_____。

**第四条**　借款期限：

借款方从_____年____月起至_____年____月止，按本合同规定的利息偿还借款。贷款逾期不还的部分，贷款方有权限期追回贷款。

**第五条**　还款日期和方式：_____

_____。

**第六条**　保证条款：

（一）借款方必须按照借款合同规定的用途使用借款，不得挪作他用，不得用借款进行违法活动。

（二）_____

_____。

（三）_____

_____。

（四）_____

_____。

**第七条**　违约责任：

_____

_____。

**第八条**　争议解决方式：

本合同在履行过程中发生的争议，由双方当事人协商解决；协商不成的，按下列第_____种方式解决：

（一）提交_____仲裁委员会仲裁；

（二）依法向人民法院起诉。

**第九条**　本合同自_____生效。本合同一式两份，双方各执一份，合同文本具有同等法律效力。

**第十条** 本合同未作约定的，按照《中华人民共和国民法典》的有关规定执行。

甲方（签字、盖章）：　　　　　　　乙方（签字、盖章）：

签订日期：　　　　　　　　　　　　签订日期：

签订地点：　　　　　　　　　　　　签订地点：

3. 租赁合同①

（1）租赁合同的概念。

租赁合同是出租人将某物交给承租人使用和享受其收益，而承租人则支付租金的合同。合同期满后，承租人有义务将租赁物品原样返还给出租人。

（2）起草、审查房屋租赁合同的写作要点。

首先，准确描述租赁物的信息。对租赁物的数量和质量进行明确规定是至关重要的，因为这直接关系到出租人能否准确履行交付租赁物的义务，以及承租人是否能正确接受和妥善保管租赁物。租赁物的明确规定有助于避免双方在交易过程中出现误解或争议，确保租赁关系的顺利进行②。

其次，严格限定租赁物的用途。在租赁合同中，明确规定租赁物的用途对于确保双方当事人履行合同和合理确认法律责任非常重要。通过明确租赁物的使用用途，承租人可以根据租赁物的性能正确、合理地使用，从而避免不当使用导致的损失。

再次，具体约定租赁期限。根据《中华人民共和国民法典》第705条的规定，租赁期限最长不得超过20年，超出的部分视为无效③。租赁期满后，双方可续约，但续约的期限从续约之日起也不得超过20年。若租赁期限超过6个月，应使用书面形式。如果未使用书面形式，该租赁合同可被视为不定期租赁。

最后，清晰划分租赁物的维修责任。一般而言，出租人对合同中的标的物承担瑕疵担保责任，即在租赁物的使用性能不符合约定要求时，出租人负责维修。然而，日常维修和保养工作往往由承租方负责，以确保租赁物在租赁期满时能按合同要求交还给出租人④。因此，双方应在合同中约定各自在维修和保养方面的具体责任。

（3）租赁合同的样式：

———————————

① 《中华人民共和国民法典》第七百零三条："租赁合同是出租人将租赁物交付承租人使用、收益，承租人支付租金的合同。"

② 《中华人民共和国民法典》第七百零四条："租赁合同的内容一般包括租赁物的名称、数量、用途、租赁期限、租金及其支付期限和方式、租赁物维修等条款。"

③ 《中华人民共和国民法典》第七百零五条："租赁期限不得超过二十年。超过二十年的，超过部分无效。租赁期限届满，当事人可以续订租赁合同；但是，约定的租赁期限自续订之日起不得超过二十年。"

④ 《中华人民共和国民法典》第七百一十三条："承租人在租赁物需要维修时可以请求出租人在合理期限内维修。出租人未履行维修义务的，承租人可以自行维修，维修费用由出租人负担。因维修租赁物影响承租人使用的，应当相应减少租金或者延长租期。因承租人的过错致使租赁物需要维修的，出租人不承担前款规定的维修义务。"

# 租 赁 合 同

**第一条** 租赁物

1. 名称：_____

2. 数量及相关配套设施：_____

3. 质量状况：_____

**第二条** 租赁期限从_____年___月___日至_____年___月___日。

**第三条** 租赁物的用途或性质

租赁物的使用方法：_____

**第四条** 租金、租金的支付期限及方式

1. 租金（大写）：_____

2. 租金支付期限：_____

3. 租金支付方式：_____

**第五条** 租赁物交付的时间、地点、方式及验收

1. 租赁物交付的时间：_____

2. 租赁物交付的地点：_____

3. 租赁物的验收方式：_____

**第六条** 租赁物的维修

1. 出租人维修的范围、时间及费用承担：_____

2. 承租人维修的范围及费用承担：_____

**第七条** 因租赁物维修影响承租人使用_____天的；出租人应相应减少租金或延长租期。其计算方法是：_____

**第八条** 租赁物的改善或增设的他物

出租人（是／否）允许承租人对租赁物进行改善或增设他物。改善或增设他物不得因此损坏租赁物。

租赁合同期满时，对租赁物的改善或增设的他物的处理办法是：_____

**第九条** 出租人（是／否）允许承租人转租租赁物。

**第十条** 违约责任：_____

**第十一条** 合同争议的解决方式：本合同在履行过程中发生的争议，由双方当事人协商解决；也可由当地工商行政管理部门调解；协商或调解不成的，依法向人民法院起诉。

**第十二条** 租赁期届满，双方有意续订的，可在租赁期满前_____日续订租赁合同。

**第十三条** 租赁期满租赁物的返还时间为：_____

**第十四条** 其他约定事项：_____

**第十五条** 本合同未作规定的，按照《中华人民共和国民法典》的规定执行。

4. 赠与合同①

（1）赠与合同的概念。

赠与合同，是赠与人无偿将自己的财产转给受赠人的合同。不同于单方的赠与行为，只有赠与人表示赠与意愿，并且受赠人表示接受时，赠与合同才能成立。这种合同的关键在于无偿性和双方意愿的一致。如果缺少受赠人的接受意愿，即使赠与人有赠与意愿，赠与合同也不会成立。

（2）起草、审查赠与合同的写作要点。

首先，要明确赠与合同的主体。在赠与合同中，当事人的身份需要明确界定。通常情况下，赠与合同涉及赠与人和受赠人两方。在涉及多方的赠与合同中，应清晰区分每位受赠人的身份和责任。这样的明确区分有助于保障合同各方的权利和义务得到妥善处理。

其次，确保合同标的物的描述准确无误。在赠与合同中，赠与的标的物应当具体明确。无论赠与的是动产还是不动产，标的物的描述必须真实准确，以防因信息错误导致经济损失或其他纠纷。若赠与的是不动产，如房产，应明确写明房产的具体地址、自然状况、产权证号等详细信息；若赠与的是动产，如汽车，则需详细描述车辆的品牌、型号、发动机号、车架号等关键信息。详细的说明有助于确保赠与过程的透明性和合法性，避免未来可能出现的法律纠纷。

再次，明确当事人的权利和义务。在赠与合同中，赠与人通常不需承担瑕疵担保义务，但存在两种例外。第一种情况是合同附有义务，赠与物有瑕疵时，赠与人需承担相应的担保责任。第二种情况是赠与人故意隐瞒瑕疵或保证赠与物无瑕疵，造成受赠人损失时，需承担赔偿责任②。

最后，明确赠与合同的生效条件。在某些赠与合同中，公证是一个重要环节，它可以改变合同生效的时间点。通常，当事人会在合同中约定赠与合同须经过公证机关的公证后才能生效。这意味着，即使双方当事人已经签字或盖章，合同也不会立即生效，而是要完成公证程序后才生效。因此，在涉及公证的赠与合同中，当事人需要特别注意合同生效的具体时间点，以确保合同的正确执行和法律效力。

（3）赠与合同的样式：

## 赠 与 合 同

甲方（赠与人）：＿＿＿＿＿＿＿

住址：＿＿＿＿＿＿＿

---

① 《中华人民共和国民法典》第六百五十七条："赠与合同是赠与人将自己的财产无偿给予受赠人，受赠人表示接受赠与的合同。"

② 《中华人民共和国民法典》第六百六十二条："赠与的财产有瑕疵的，赠与人不承担责任。附义务的赠与，赠与的财产有瑕疵的，赠与人在附义务的限度内承担与出卖人相同的责任。赠与人故意不告知瑕疵或者保证无瑕疵，造成受赠人损失的，应当承担赔偿责任。"

乙方（受赠人）：＿＿＿＿＿＿

住址：＿＿＿＿＿＿

甲、乙双方就赠送＿＿＿＿（写明赠与标的物）事宜达成协议如下：

一、甲方将其所有的＿＿＿＿（写明标的物）赠送给乙方，其所有权证明为＿＿＿＿＿（写明证明甲方所有权的证据名称）。

二、赠与财产的状况

1. 名称：＿＿＿＿＿＿

2. 数量：＿＿＿＿＿＿

3. 质量：＿＿＿＿＿＿

4. 价值：＿＿＿＿＿＿

三、赠与目的：＿＿＿＿＿＿

四、赠与物的交付：

1. 交付时间：＿＿＿＿（写明交付的具体时间）

2. 交付地点：＿＿＿＿（写明具体的交付地点）

五、乙方应在＿＿＿＿（写明具体的期间）期限内办理所有权转移的手续，逾期不办的，视为拒绝赠与（也可以约定其他条件）。

六、合同争议的解决方式：本合同在履行过程中发生的争议，由双方当事人协商解决；协商不成的，按下列第____种方式解决：

1. 提交＿＿＿＿仲裁委员会仲裁；

2. 依法向人民法院起诉。

七、本合同未作规定的，按照《中华人民共和国民法典》的规定执行。

八、其他约定事项：＿＿＿＿

九、本合同自____日起生效（可以写具体的生效时间，也可以写自当事人签章之日起生效）。

十、本合同一式两份，双方各执一份。

赠与人：＿＿＿＿＿＿　　　　　　受赠人：＿＿＿＿＿＿

＿＿＿＿年＿＿月＿＿日　　　　　　＿＿＿＿年＿＿月＿＿日


5. 委托合同[①]

（1）委托合同的概念。

委托合同，是委托人同意让受托人处理特定事务的一种法律协议。其中，委托人是指定他方处理事务的一方，而受托人则是接受委托的一方。委托合同的核心在于委托人将某些事务的处理权交给受托人，而受托人则承担完成事务的责任。

（2）起草、审查委托合同的写作要点。

首先，审查委托合同的主体。在审查委托合同时，特别需要注意受托人的能力和资

---

① 《中华人民共和国民法典》第九百一十九条："委托合同是委托人和受托人约定，由受托人处理委托人事务的合同。"

质，这直接影响委托任务的顺利完成。通常情况下，委托人选择受托人是基于信任和了解，这属于委托人的自我判断。在审查合同时，关注点应放在受托人资质的确认上，尤其是对于需要特殊资质的任务。如果受托人是法人或其他机构，且需要指派特定人员来完成任务，那么合同中还应明确这些人员的资质和责任。这样的审查有助于确保委托任务能够有效且合法地被执行。

其次，审查委托事项。在委托合同中，明确规定委托事务的详细信息至关重要。这包括委托事务的性质、具体要求、执行的时间框架及预期结果。确保这些信息的准确性和详细性对于受托人正确、有效地完成任务非常关键。同时，受托人应严格遵守委托人的授权范围行事①。如若受托人超越了授权范围或擅自改变委托事务的性质，而导致委托人遭受损失，受托人应负有相应的赔偿责任。

再次，明确委托合同的期限。在委托合同中，明确约定完成任务的期限是至关重要的。受托人必须在约定的时间内，按照规定的质量和数量标准完成委托事务。若受托人由于个人过失而未能按时完成任务，构成违约行为。在这种情况下，如果委托人因此遭受损失，受托人应承担相应的赔偿责任。因此，合同中应对期限、完成任务的具体要求以及违约责任进行详尽的规定，以确保双方权益受到保护。

最后，确定报酬的支付时间、方式。在有偿的委托合同中，关于报酬的条款应当包括明确的支付时间、方式等细节。报酬支付方式可以是现金或银行转账。关于支付时间，通常约定在受托人完成委托任务后支付报酬。此外，如果受托人在处理委托事务时垫付了相关必要费用，委托人应一并支付这些费用。如果委托事务因受托人的过失未能完成，委托人有权不支付报酬或只支付已完成部分的相应报酬。

（3）委托合同的样式：

## 委 托 合 同

委托方（甲方）

姓名：＿＿＿＿＿＿＿＿＿

身份证号：＿＿＿＿＿＿＿＿＿

住址：＿＿＿＿＿＿＿＿＿

联系电话：＿＿＿＿＿＿＿＿＿

电子邮件：＿＿＿＿＿＿＿＿＿

受托方（乙方）

名称：＿＿＿＿＿＿＿＿＿

法定代表人：＿＿＿＿＿＿＿＿＿

营业地：＿＿＿＿＿＿＿＿＿

---

① 《中华人民共和国民法典》第九百二十二条："受托人应当按照委托人的指示处理委托事务。需要变更委托人指示的，应当经委托人同意；因情况紧急，难以和委托人取得联系的，受托人应当妥善处理委托事务，但是事后应当将该情况及时报告委托人。"

联系电话：＿＿＿＿＿＿＿＿

电子邮件：＿＿＿＿＿＿＿＿

根据《中华人民共和国民法典》等相关法律法规，甲乙双方经平等协商，就乙方代理＿＿＿＿＿＿＿一事达成合意，订立本合同。

**第一条**　委托事项

甲方委托乙方办理＿＿＿＿＿＿＿＿＿＿一事。

**第二条**　代理期限

本次委托代理期限自＿＿＿＿＿年＿＿＿月＿＿＿日起至＿＿＿＿＿＿年＿＿＿月＿＿＿日止。

**第三条**　代理权限

甲方同意授予乙方以下代理权限：

1. ＿＿＿＿＿＿＿＿＿＿＿＿＿＿＿＿＿＿＿＿＿＿。

2. ＿＿＿＿＿＿＿＿＿＿＿＿＿＿＿＿＿＿＿＿＿＿。

3. ＿＿＿＿＿＿＿＿＿＿＿＿＿＿＿＿＿＿＿＿＿＿。

**第四条**　代理费及支付

本次代理费用的金额为人民币＿＿＿＿元（大写：＿＿＿＿＿＿＿）。

代理费的支付方式采用以下第＿＿＿＿种方式：

1. 甲方于＿＿＿＿＿＿年＿＿＿月＿＿＿日前一次性全额支付；

2. 代理费分两次支付，＿＿＿＿＿＿年＿＿＿月＿＿＿日支付首付款人民币＿＿＿＿元，剩余价款于代理事项完成时付清。

**第五条**　甲方义务

1. 及时、真实、详尽地向乙方提供与委托事项有关的全部文件，并承担因违反本款而产生的对双方不利的后果。

2. 积极、主动配合乙方所从事的各项工作，并根据事实为乙方提供必要的便利条件。

3. 依照本合同向乙方支付代理费。

**第六条**　乙方义务

1. 积极、负责地为甲方提供本合同规定的代理服务，依法切实维护甲方利益。

2. 及时、迅速办理本合同规定的事项，主动与甲方保持工作联系，及时向甲方报告事项办理情况。

3. 不得向任何第三人提供本协议项下有关甲方的资料、文件以及其他基于本合同了解到的秘密等。

**第七条**　违约责任

1. 因甲方原因解除合同的，甲方不得要求退还已支付代理费用；因乙方原因解除合同的，乙方应退还甲方的代理费用，并赔偿因其未完成履行合同而给甲方造成的实际损失。

2. 甲方未能按合同约定向乙方支付代理费的，每逾期一日应向乙方支付相应＿＿＿＿%的滞纳金。

3. 非因甲方原因造成代理事项延迟完成的，乙方应向甲方承担违约责任，并向甲方支付违约金人民币＿＿＿＿元。

**第八条**　其他约定

1. 代理事务过程中，如需乙方代甲方支付费用，应由甲方按所开具的发票实报实销。

2. 如因国家政策或不可抗力造成合同目的无法实现，由此导致合同终止的，双方互不承担违约责任。

3. _____。

4. _____。

5. _____。

**第九条**　争议解决

本合同在履行过程中发生的争议，由双方当事人协商解决；协商不成的，按下列第____种方式解决：

1. 提交_____仲裁委员会仲裁；

2. 依法向_____人民法院起诉。

**第十条**　本合同未作规定的，按《中华人民共和国民法典》的规定执行。

**第十一条**　本协议自双方签字盖章之日起生效。当事人为自然人的，由该自然人签字后按捺手印；当事人为法人的，应加盖单位公章，并由法定代理人或者委托代理人签字。

**第十二条**　本合同一式两份，甲、乙双方各执一份，具有同等法律效力。


6. 承揽合同①

（1）承揽合同的概念。

承揽合同，是承揽人根据定作人的要求完成特定的工作，并交付成果，而定作人支付相应报酬的合同。现实中，承揽合同涉及多种服务类型，如加工、定作、修理、洗衣、翻译、拍照等服务。承揽合同的核心在于完成工作与支付报酬之间的交换关系。

（2）起草、审查承揽合同的写作要点。

首先，审查合同主体。在承揽合同中，核查承揽人的资信状况和履约能力是至关重要的。对于承揽人而言，确保他们具备完成特定任务的必要资质和能力是基本要求。例如，涉及修理、设计、检验等专业服务时，承揽人及其相关人员（如检验人员）必须具备相应的专业资质。对于定作人来说，对承揽人的资信和履约能力进行全面了解和调查是保障合同顺利执行的关键步骤。

其次，审查承揽标的。在承揽合同中，对承揽标的物的条款进行审查时，需要特别关注标的物的具体描述，包括其种类、数量、规格等详细信息。② 这样的特定化和明确化是为了保证双方对承揽物的理解一致，避免因模糊不清而产生的纠纷。例如，如果承揽的是加工服务，需要详细描述加工物的材质、尺寸、数量等；如果是修理服务，应具体说明需要修理的物品的型号、故障情况等。

---

① 《中华人民共和国民法典》第七百七十条："承揽合同是承揽人按照定作人的要求完成工作，交付工作成果，定作人支付报酬的合同。承揽包括加工、定作、修理、复制、测试、检验等工作。"

② 《中华人民共和国民法典》第七百七十一条："承揽合同的内容一般包括承揽的标的、数量、质量、报酬，承揽方式，材料的提供，履行期限，验收标准和方法等条款。"

再次，明确工作成果交付及验收。在承揽合同中，关于交付工作成果和验收的条款至关重要。① 这些条款应明确规定交付的时间、地点、内容、方式及相关费用承担。同时，验收条款应确立验收的标准和方式，并对可能出现的验收争议提供解决方案。此外，如果合同涉及物料的使用，还需约定剩余材料的返还时间、方式和费用责任，以确保合同双方权益的保护和明确。

最后，确保承揽合同的保密性。② 在承揽合同中，约定保密条款非常重要，其目的在于保护合同双方的敏感信息，尤其是关于承揽事项、工作进度和成果等的细节。保密条款通常包括但不限于定作人和承揽人的保密信息，以及与承揽任务相关的所有信息。这意味着承揽人需要对任何在合同执行过程中获得的信息严格保密，这不仅涵盖了直接的工作成果，也包括了相关的进展和任何可能影响定作人利益的数据。确保这些信息不被无关方获取或滥用对于维护双方的权益至关重要。

（3）承揽合同的样式：

## 承 揽 合 同

定作人：_____

承揽人：_____

签订时间：_____

签订地点：_____

**第一条**  承揽项目

| 承揽项目名称及内容 | 计量单位 | 数量或工作量 | 报酬 | |
|---|---|---|---|---|
| | | | 单价 | 总价 |
| | | | | |
| | | | | |
| | | | | |
| 合计：人民币（大写）　　　　（￥　　　元） | | | | |

**第二条**  技术标准、质量要求：_____。

**第三条**  承揽人使用的材料由_____人提供。材料的检验方法、时间及提出异议的期限：_____。

---

① 《中华人民共和国民法典》第七百八十一条："承揽人交付的工作成果不符合质量要求的，定作人可以合理选择请求承揽人承担修理、重作、减少报酬、赔偿损失等违约责任。"

② 《中华人民共和国民法典》第七百八十五条："承揽人应当按照定作人的要求保守秘密，未经定作人许可，不得留存复制品或者技术资料。"

**第四条**　定作人提供技术资料、图纸等的时间、办法及保密要求：_____。

**第五条**　承揽人发现定作人提供的图纸、技术要求不合理的，应在日内向定作人提出书面异议。定作人应在收到书面异议后的_____日内答复。

**第六条**　定作人（是/否）允许承揽项目中的主要工作由第三人来完成；可以交由第三人完成的工作是：_____。

**第七条**　定作人协助承揽人的事项与要求：_____。

**第八条**　工作成果交付的期限、方式及地点：_____。

**第九条**　工作成果验收标准、方法和期限：_____。

**第十条**　承揽人对工作成果质量负责的期限及条件：_____。

**第十一条**　定作人应在_____年____月____日前向承揽人（预付材料费/交付定金）（大写）_____元。

**第十二条**　结算方式及期限：_____。

**第十三条**　定作人未向承揽人支付报酬或材料费的，承揽人（是/否）可以留置工作成果。

**第十四条**　本合同解除的条件：

（一）定作人可以随时解除合同，但应及时书面通知承揽人并承担由此给承揽人造成的损失。

（二）_____。

**第十五条**　定作人违约责任：_____。

承揽人违约责任：_____。

**第十六条**　合同争议的解决方式：本合同项下发生的争议，由双方当事人协商解决或申请调解解决；协商或调解不成的，按下列第____种方式解决：（只能选择一种）

（一）提交_____仲裁委员会仲裁；

（二）依法向_____人民法院起诉。

**第十七条**　其他约定事项：_____。

定作人（章）：

住所：

营业执照号码：

身份证号：

法定代表人：

委托代理人：

电话：

传真：

开户银行：

账号：

税号：

邮政编码：

承揽人（章）：

住所：

营业执照号码：

身份证号：

法定代表人：

委托代理人：

电话：

传真：

开户银行：

账号：

税号：

邮政编码：

**【本章思考】**

1. 起诉状的基本结构包括哪几个部分？

2. 律师函的基本结构和要素是什么？

3. 律师见证书的作用是什么？它在法律实务中的应用场合有哪些？

4. 强制执行申请书的主要内容应包括哪些？